■ 桂林理工大学教材建设基金资助
■ 广西教育科学“十二五”规划课题（2013C024）支持
■ 教育部全国教师信息技术培训项目（TITT）培训教材

新概念交互式微课程设计制作快捷技术

陈三明 著

南开大学出版社
天津

图书在版编目(CIP)数据

新概念交互式微课程设计制作快捷技术 / 陈三明著.
—天津：南开大学出版社，2015.10
ISBN 978-7-310-04992-9

Ⅰ.①新… Ⅱ.①陈… Ⅲ.①互联网络—应用—课程设计—教材 Ⅳ.①G434

中国版本图书馆 CIP 数据核字(2015)第 229152 号

南开大学出版社出版发行
出版人：孙克强
地址：天津市南开区卫津路 94 号　　邮政编码：300071
营销部电话：(022)23508339　23500755
营销部传真：(022)23508542　　邮购部电话：(022)23502200
*
河北昌黎太阳红彩色印刷有限责任公司印刷
全国各地新华书店经销
*
2015 年 10 月第 1 版　　2015 年 10 月第 1 次印刷
260×185 毫米　16 开本　14.25 印张　335 千字
定价：42.00 元

如遇图书印装质量问题，请与本社营销部联系调换，电话：(022)23507125

内容提要

本书教授读者快速利用日常工作中的常用平台 PPT，并在此基础上深化其内涵，拓展其外延，并贯通、利用众多周边中小软件群，将分解的知识元素快速转换成可置入 PPT 中的 SWF 动画文件，进而再导出为多种表达形式的交互式微课程。整个知识转换的技术流程简洁明了，其中不仅有文字、图形、图像、图表、测验、音频、视频等元素的屏幕表达规则及相应的软件转换技术，而且有转换之后如何能协同整合为一体的理念思维。

本书是一本实操性强、能让一线教师快速成为制作交互式微课程高手的、目前在教育部全国教师信息技术培训 TITT 项目中试用效果良好的培训认证教材。

目　录

第1章 绪 论

我为什么要把绝大部分的业余时间都用在“新概念多媒体快捷技术”体系的建立、优化及推广之上呢？就是因为许多一线的教师害怕做多媒体课件、畏惧做微课，技术工具成了制约他们的拦路虎。是什么原因造成这种局面的呢？是传统教育的以讹传讹，让科班出身的现代教育技术的老师给普通的老师讲些非常难以掌握、且不被日常使用的高、大、上软件，一个软件讲一天老师们还没弄懂咋回事儿，让普通一线的老师望而却步、丧失信心，让掌握技术的讲师沾沾自喜、聊以自信，这种不走群众路线的教学该休矣。

华山只有一条路吗？有没有捷径可以走？我们讲的技术一定要从普通老师日常使用的平台入手，天天要用的无非就是 PPT 或 Word，但是要做出互动的 PPT 如何达成呢？以 PPT 做出视频类微课和交互式微课如何达成呢？这必须借助周边的一些优秀的小软件群，深化 PPT 内涵、拓展 PPT 外延，并巧妙地通过软件的集成与整合，将 PPT 延展出视频类微课程和交互式微课程，进而移植到移动终端生成 App 微课程，还可以做出 iPad 微课客户端，最终集成为游戏化课程，一气呵成。

因此，我提出了“新概念多媒体快捷技术体系”，这是十多年琢磨与积累的经验与体会，我愿意与大家分享。

“新概念多媒体快捷技术体系”打通第一课堂、第二课堂、移动课堂和翻转课堂四个教学空间，以知识的主线贯通了学生在四种不同空间的学习形式。只有这样，第一课堂（正课堂）才能吸引住学生的目光、第二课堂（课网）才能让不同进度的学生依其个性进度进行必要的补充、移动课堂（iPad 上 App 微课）才有激发学生随时随地学习的游戏内容、翻转课堂（反课堂）的形式才得以完美地实现，效果才有把握。否则就是新的信息化教学形式主义在教学上的泛滥，或者是以一种形式主义来应付另一种形式主义的任务式痛苦过程。

在视觉化快速沟通的年代，倡导娱乐化的多媒体集成技术快速学习习惯，我力图把枯燥的软件讲成生动有趣的故事会。这主要得益于我将交叉学科的认知思维迁移到知识传播领域，在精通一大批软件的基础上，精心整合了“新概念多媒体快捷技术”体系，推出了“四季”实践性较强的技术套餐：

- 推出针对“第一课堂”的新概念课堂交互式 PPT 及微课程制作技术——春季技术；
- 推出针对“第二课堂”的新概念学习课程网站云平台快速架构技术——夏季技术；
- 推出针对“移动课堂”的新概念智能终端 iPad 课堂 App 微课开发技术——秋季技术；
- 推出针对“翻转课堂”的新概念慕课实现及教育电子商务课程搭建技术——冬季技术。

这四套技术并非花拳绣腿的散打，而是一套有连贯套路体系的组合拳，花一周的时间可以掌握全套技术。作为一线的老师，这些技术足够用了。

"新概念多媒体快捷技术体系"的思想是将知识微分成元素，依各个元素在屏幕媒体上的表达特性建立个性化的屏幕视觉表达规则及屏幕语言表达规则，并对应其优选的小软件群。这些软件的优选原则是：40 岁以上的老师必须在 10 分钟之内完全学好。并非优秀的软件我都会去选择，适合的才是有营养的。那些高大上的软件，例如 Flash 或 Dreamweaver 或 PremierePro 等，确实是很强大，但也难以快速娴熟，是不适于快捷技术体系的。容易把一般老师弱弱的自信心彻底打垮的软件我不选取。"新概念多媒体快捷技术体系"优选的软件功能及组合完全可以完成有些超级大软件的功能，能量不差，学起来上手快，学有兴趣，能为一线学科老师所快速掌握，这就够了，学习接地气。

简单的技术练到秒杀的程度也是您的核心竞争力，把复杂的简单化，本身就有智慧。

按照上面的理念，就可以将分解的知识元素经过二度消化、三度转换后自动转换变成了多媒体动画符号，融合到老师们都会但个个都不敢说保证精通的 PPT 平台之中（走接地气的群众路线），大幅提升 PPT 的视觉展示效果及互动亮点的表达，进而再转换成 Flash，制作出优质的视频类微课和交互式微课，再简单编程封装转化成 App 移动课件，融合到学习课网的云平台上。这样您就会发现，云的技术您也掌握了一些，并不太难，大数据后台统计哪些知识难点哪些学生没有掌握，然后有针对性地对这些学生推送 App 微课，进行个性化辅导，针对性也提高了。作为教师的您，学完之后显得自己很有高手的味道，这也是技术带给您的成就感。

这个过程就是一个知识的流注转换过程，知识经过了流程再造后形成的"春""夏""秋""冬"四季技术打通了教师的四个教学空间，用一根主线贯通了知识传递的各个过程。让普通的老师无法想象地独立设计出高端、大气、上档次的多媒体艺术品：自己制作一流的互动 PPT、一流的学习网站、一流的 App 移动课件。互联网时代知识并不值钱，知识转换成艺术品就有了价值，也就有了经济效益。到最后制作游戏化课程，您做的 App 微课程就有了市场的需求啦。

"新概念多媒体快捷技术"皆能品尝、都能学会，因为教学接地气，学有成效，因此广受好评。快速得手不求人，自信满满有成就！学会全套技术的关键是掌握"春季技术"——新概念课堂交互式 PPT 及微课程制作技术，它是牵一发而动全身的首要技术，掌握好了，其他的技术也会迎刃而解。互联网时代，不要忽视屏幕 PPT 的互动展示。我这里指的 PPT 不只是单指 PowerPoint，而是基于页面展示的都是 PPT，泛 PPT。

基于 PPT 的多媒体展示技术已经成为信息时代个人的门面，如同以前写得的一手好字，它不仅能在极短的时间内传播您的知识与理念，获得领导或同行的认可，而且能增强您的职场信心，它能增强您的气场，它有可能成为您人生的转折。

您想想，您拿着 iPad，戴上无线耳麦，利用 HDMI 无线传输将 iPad 上的焦点缩放微课传到工程化大屏幕投影仪上，走动着讲解您做的一流的微课，与学生或受众互动，这本身就是一种明星式的表演，控场能力极强的展示，会快速传达您的思维与理念，多过瘾，这有可能会成为未来教师讲课的新常态。

作为教师，这套技术将跟随您一生，一定要把它练到条件反射的秒杀程度。我总认为，不一定要去钻研精深的技术，把简单的技术修炼到秒杀的境界，也是个人优质的生产力。因此，这套技术您更是不可或缺的随身技术。

图1-1 新概念多媒体快捷技术体系框架

您可以想象一下，当您把自己的人生领悟或专业知识变成一件视觉艺术品，并得到了学生的夸奖与认可，不管是从内容还是形式上让他们心悦诚服，使他们对您的崇拜升级，让她们更愿意在愉悦的心情下学习您传授的专业知识，让您的知识与理念更形象、更有效地传达给学生，我想没有什么事情能比这个给您带来生活上的快乐更强烈了。工作即生活，工作快乐生活亦快乐，为什么不来个生活再制造？制造表达的人生快乐。

成就感来自于受众的认可度。更何况您在学习、制作知识艺术品的过程中，软件集成技术散发的智慧能给您带来无限的思维启迪。

当老师就是要有趣地传播知识，您做的工作并不是原始创新，而是一种二次创新或者说是集成创新。我们可以想想，优秀的有想象力的人可以成为一个故事专家，若能把故事写下来，就是第一次升华，成为了作家；若能编出一个可操作、可演练的脚本或剧本，就是剧作家，是第二次升华；若能把剧本导演成一部影视剧，就是一个演艺家或者导演，是第三次升华；若把电影变成实景剧卖游客的门票，时时进账，是第四次升华。所有的升华不就是来源于头脑中最原始的一个想法？

每一次升华都是文化的沉淀与跃升，其表现形式因为不同人诠释的不同而有不同的经济价值与传承价值。从一个想法到一个故事到一本书到一套剧本到一部优秀的奥斯卡电影再到一个一直都在表演的实景剧，在层层的升华过程中，文化符号才有了价值与底蕴，才有了让您无法想象的票房。先有价值，再有价格，才有财富。懂了这个理儿，万事皆同理。

因此，新概念交互式PPT及微课程制作技术是把教师作为职业的工作者必须要学习而且要掌握得非常娴熟的一套技术，它就像是农夫的春耕农活，是秋收的基本技能，学习它正如一句古语“磨刀不误砍柴工”，不浪费自己的时间。

世间万事万物，从另外一处角度来欣赏，便是一片风景。我们要将学习多媒体集成技术变成一种业余娱乐活动，对老师来说，它更是一种情趣高尚的课外娱乐活动。当您掌握软件达到一定量的时候，您就能领悟到多媒体集成技术带给您的思维启迪，您就可以领会并认识到什么叫“左右逢源、游刃有余”啦，其中的乐趣和享受，只有深知其味者能体验，这就是技术的内涵美，学好它能让您铺垫出技术的深厚底蕴，散发出技术的外在气质，高手的自信与淡定就是这么来的。

本书作为教育部全国教师信息技术培训项目（TITT）培训教材，其出版得益于桂林理工大学教材建设基金资助、“广西矿冶与环境科学实验中心”资助、广西教育科学“十二五”规划课题（2013C024）：基于“新概念 PPT”视觉展示集成技术的地学科普教育教学手段创新研究项目支持，也非常感谢于弘、薛玉梅、王正言、刘敏、薛丽君、崔欣、冯兵、战英华、毛艳丽等老师的大力协助。不足之处在所难免，请多建议，于再版时更正。

第 2 章　PPT 美化与焦点缩放展示的完美融合型微课

要做好微课，必须先做好 PPT，要做好 PPT，只用自身的功能不足以表达，需要拓展其外延。因此您的 PPT 一定要安装上相应的外围扩展插件后，才能做得出优秀的 PPT，进而可以生成优质的微课程。

您的 PPT 至少要有这几个软件配套：美化大师、动画助手、iSpring Suite、放映助理等。

PPT 当然用 2013 版本更好，同时必须至少要 Office 2010 版本，如果现在您还保留在 2003 版本上还乐此不疲，并视为习惯，那只能说明您的技术思想很落后啦，回家应该面壁一分钟才对。

2.1　PPT 外围装饰“美化大师”

PPT 美化大师只要在百度中搜索一下，就可以在其官网上下载最新版本的免费软件。这个软件必须在电脑连接网络时才能运行。美化大师能让用户在制作 PPT 的时候做到最大程度的美化，其功能之强大，瞬间让您的 PPT 变得高、大、上。

2.1.1　安装 PPT 美化大师插件

运行浏览器，在搜索栏里输入“PPT 美化大师”，然后进行搜索，找到第一项进去，按照提示，免费下载安装插件。或者直接输入 http://meihua.docer.com/网址，在线安装，如图 2-1 所示。

图 2-1　在线安装 PPT 美化大师

安装完之后，点击“开始体验”即可打开 PPT 程序，如图 2-2 所示。首次运行时会自动打开 PPT 美化大师教程。

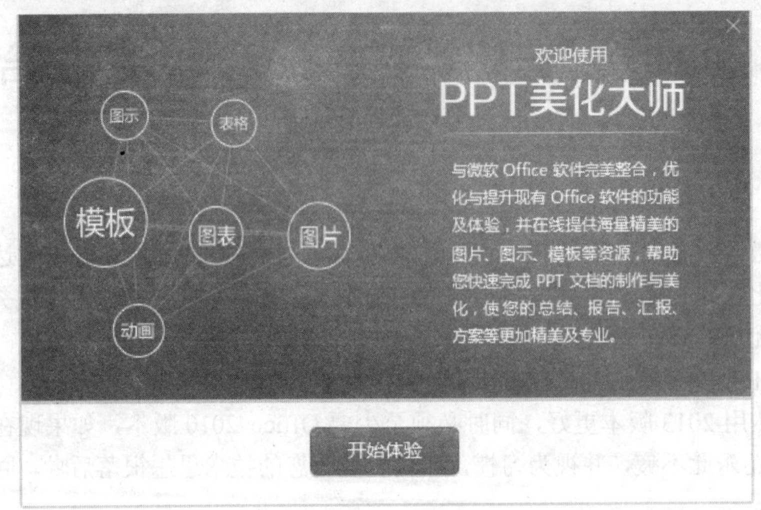

图 2-2　PPT 美化大师“开始体验”界面

可以看到在 PPT 的界面上有一点点小变化，多出了一个“美化大师”的选项，侧边栏也出来一排功能，如图 2-3 所示。

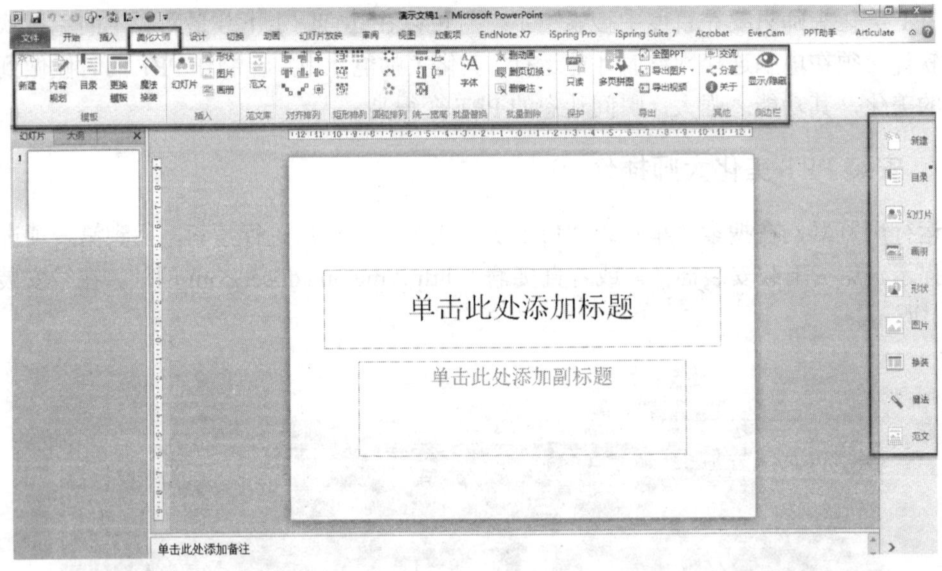

图 2-3　在 PPT 界面上的美化大师选项

2.1.2　PPT 美化大师的编辑

点击“美化大师”菜单选项，就可以看到它下方的所有选项了，选项分区如图 2-4 所示，是竖着来分栏的。以后要先看竖线分割功能块，再看里面的小功能，叫迷你 TAB 型菜单块。

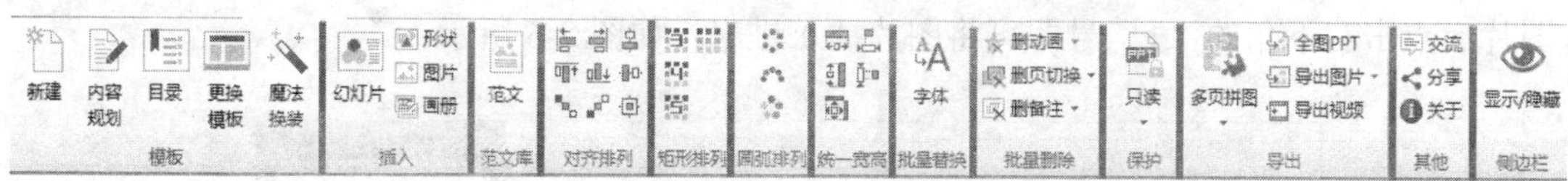

图 2-4　“美化大师”菜单选项分区

2.1.3　PPT 美化大师的使用

从模板开始，点击美化大师的模板选项栏，可以进行新建、内容规划、目录、更换模板和魔法换装，魔法换装是小孩玩的，意义不大。

通常使用最多的就是：打开以前做好的简陋 PPT 文件，然后用美化大师更换模板了。在线模板库里有至少八种形式的模板可选择，如图 2-5 所示；也可以输入关键字进行搜索。

图 2-5　美化大师的在线模板库

选中需要的模板后，直接点击当前选中模板的右下角“套用至当前文档”按钮即可完成更换模板的操作。当然，建议你用多个模板文件，进入到母板视图里再组合成新的 PPT 模板。

接着，整体风格美化之后，再针对个别页面进行一些美化。在 PPT 界面美化大师的“插入”选项栏里或者是文档的右侧栏里，选择幻灯片、形状、图片和画册插入进来都是可以的。

根据当前文档编辑需要加一些图片，直接上百度搜一些图片都是带背景的或者有标识的、像素低的不能用的，影响美观；点击侧边“图册”按钮，里面都是专业高清图片排版，一键插入到文档，快捷又方便。

PPT 里面免不了加一些小图标或者透明背景元素，点击右侧栏的“形状”　“图片”选项看看，总会有一款是适合您的，同时里面的素材省去了您自己去抠图修图的麻烦。选中图片后点击右下角的“+”号即可将图片插入进来，如图 2-6 所示。

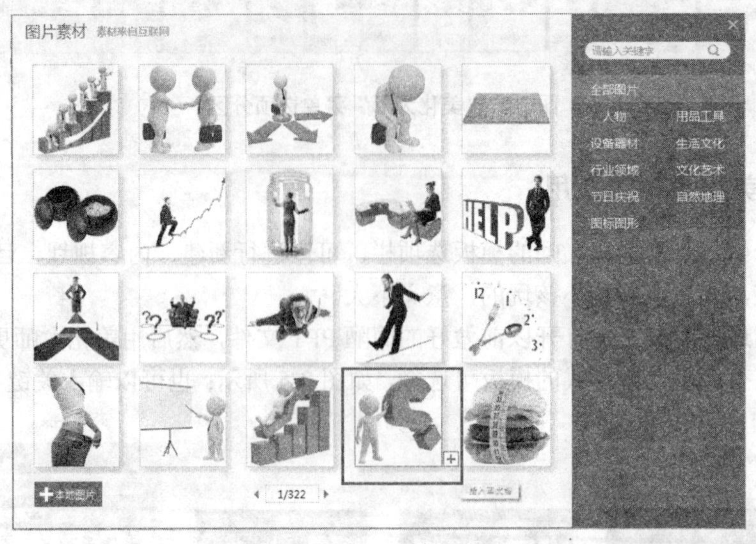

图 2-6　在美化大师的图片素材库里插入图片到当前文档

在美化大师的范文库里，对齐排列、矩形排列、圆弧排列、统一宽高等选项栏的选项基本功能和操作方法与 PPT 程序的类似，都是辅助编辑和美化 PPT 的工具。

在编辑完成 PPT 之后可以利用美化大师的导出选项功能，导出 PPT 为多页拼图、全图 PPT、导出图片和导出视频。导出视频就可以成为视频类微课。

美化大师就是这么简单，简单的东西有强大的用途，这就是人生的哲学。教学是将复杂的东西简单化，大道至简。

2.2　焦点缩放 Focusky 制作展示型微课

Focusky Presentation Maker Pro 是一款动态多媒体演示制作工具，程序内置了很多精美的模板，采用所见即所得的编辑模式，全中文的操作界面。允许加入图片、文字、视频、音频、在线媒体等素材，轻松地制作出良好缩放效果的多媒体演示幻灯片，弥补 PowerPoint 的不足。

制作好的演示幻灯片可以以网页、高清视频、应用程序（支持 Windows 和 Mac 两种程序）、压缩包、上传到云服务器等多种方式发布分享。

Focusky 软件与 Prezi 软件类同，但 Prezi 云端软件的导出难以放在 PC 机上使用，一定要接云端才能运行。您想想哪有这么好的宽带网或无线宽带给您宽松的环境呢？因此，我认为要以 Focusky 替换 Prezi 软件，如果以后有人跟您说个所谓的高大上 Prezi 软件时，您就明白有个 Focusky 更强。

打开安装程序包，双击“Focusky.exe”文件运行安装，按照提示顺利完成 Focusky 程序的安装。这时找到 Focusky 桌面图标，右键“以管理员身份运行”单击它，Focusky 就可以使用。

2.2.1　Focusky 界面介绍

运行 Focusky 程序，在首界面里默认为左侧的“在线模板”按钮是打开的，可以看到好多漂亮的模板；还可以点击右上角的“选项”按钮进行模板的选择，或者在搜索栏里进行模板查找，如图 2-7 所示。

图 2-7　Focusky 程序的首界面

界面的正上方有“新建空白项目”、“导入 PPT 新建项目”、“打开工程”按钮选项，通常我们是在下方挑选喜欢的模板后直接点击它进入 Focusky 的编辑界面，而刚才选中的模板同时在当前的编辑界面里了，如图 2-8 所示。

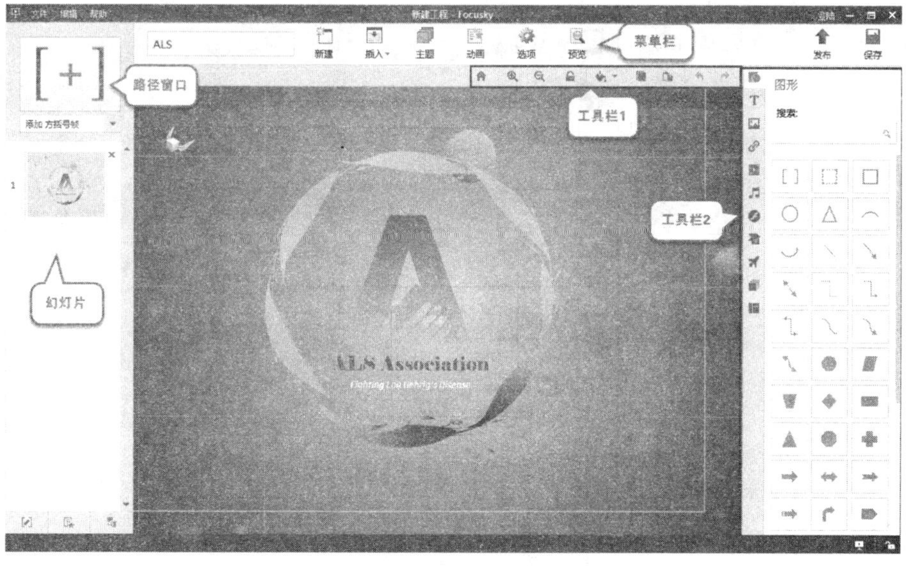

图 2-8　Focusky 的编辑界面

在简洁的 Focusky 编辑界面里，我们可以看到左侧上方是设置路径窗口，下方是幻灯片显示窗口；正上方是菜单栏选项；正中间就是可见的编辑区域，而编辑区域的上方和右侧的浮框栏都是工具栏。

2.2.2 Focusky 的多媒体内容编辑与整合

Focusky 编辑界面里的工具栏选项是整个编辑工作的重要部分，工具栏 1 的按钮选项是对整个画面的辅助编辑，其按钮功能如图 2-9 所示。

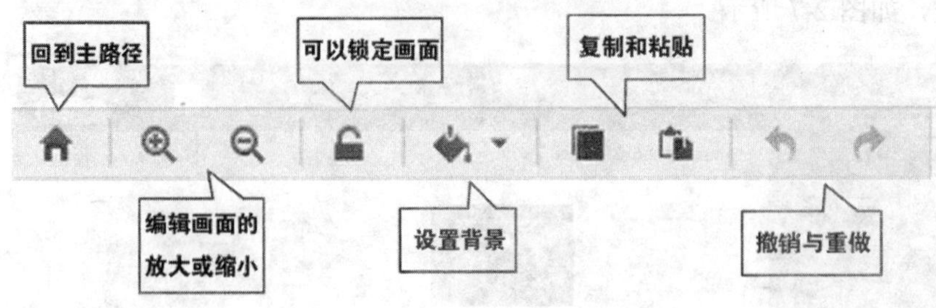

图 2-9 Focusky 工具栏 1 的按钮功能（锁定画面很重要）

工具栏 2 的按钮选项与菜单栏的“插入”选项操作相同，其功能是对文档进行添加内容、布局内容等，如图 2-10 所示。分别单击图形按钮、艺术图形按钮、特殊符号按钮和布局按钮，右侧会出现选项。Focusky 与 PPT 很相像，PPT 里能编辑或添加的内容在 Focusky 里同样能实现；点击“主题”菜单选项就是工具栏 2 的“主题”图标选项。

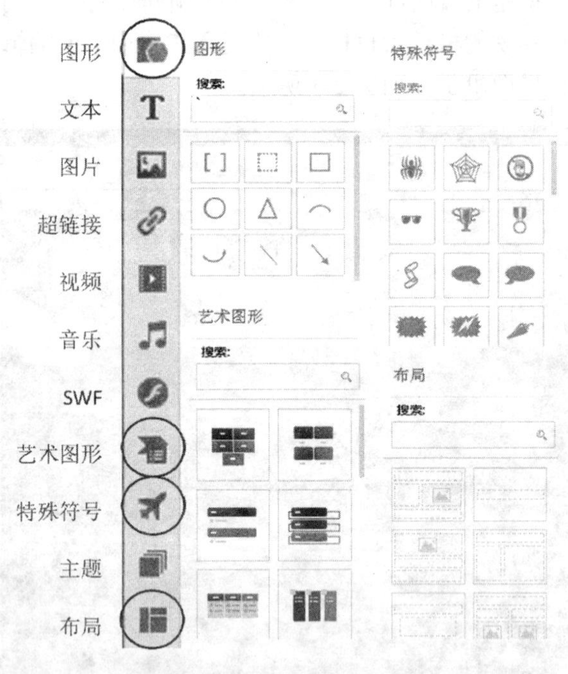

图 2-10 工具栏 2 的内容及功能

有人问，我就在 Focusky 里面做 PPT 可不可以啊？完全可以，但是支持 Focusky 程序的中文字体很少。如果正在为字体烦恼，加载字体特慢，特别建议您：在 PPT 里生成图片后再放进来，或者挖文字成为图像，相信这会是很好的一种选择。Focusky 是 PPT 的补充而不是替代。

2.3　PPT 美化大师与 Focusky 的完美结合

2.3.1　PPT 生成图片后如何在 Focusky 中展示

打开 Focusky 程序，单击“导入 PPT 新建项目”按钮，如图 2-11 所示，选择需要导入的 PPT 文件后点击“打开”。

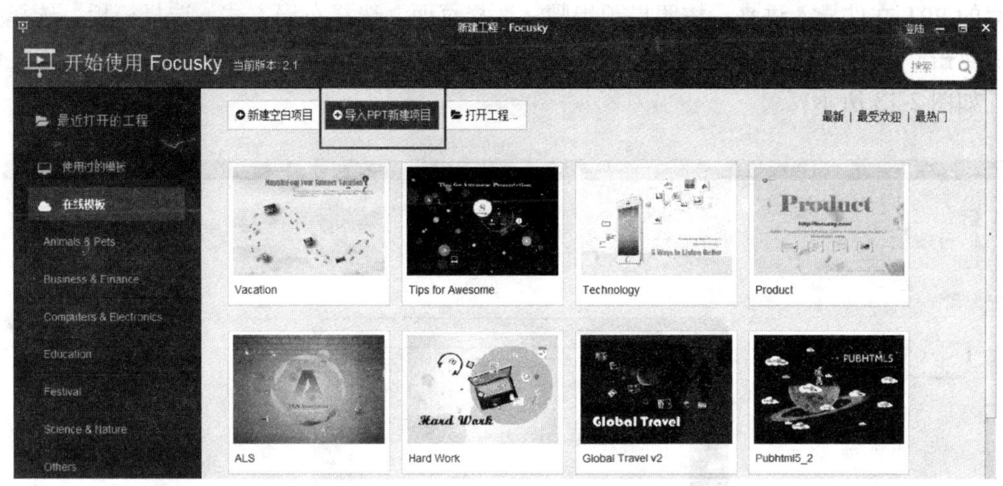

图 2-11　选择“导入 PPT 新建项目”

您会发现在“从已有的 PPT 文件中创建一个工程”选项界面里的第二步的“选择页面”里原 PPT 的背景是空白的，而且有些内容没有被识别出来，如图 2-12 所示。因此，需要在 PPT 里做一项烦琐的工作：内容转换为图片。

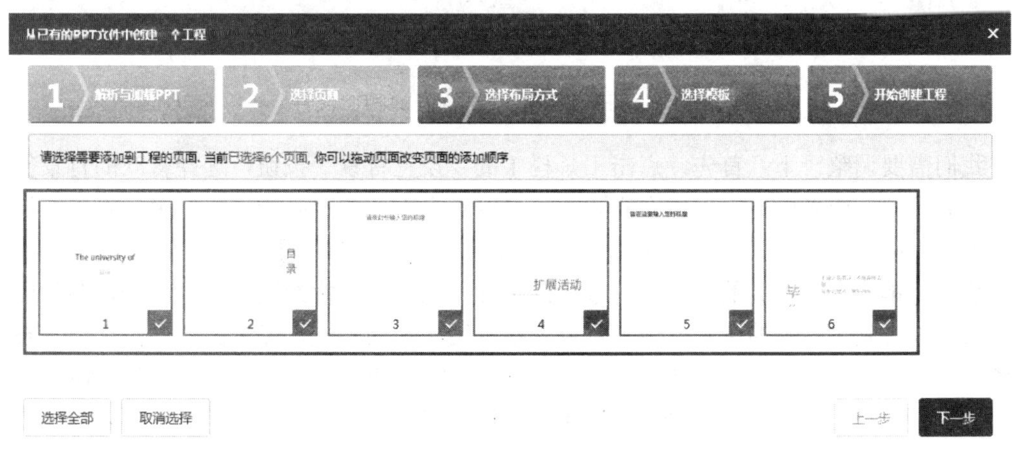

图 2-12　“从已有的 PPT 文件中创建一个工程”选项界面

就是刚才所说的，字体没有，因此有些内容是空的，您可别以为是系统坏了，有些老师不懂，还重新启动了计算机，这就是方向性的问题了。因此一定要把 PPT 用美化大师先生成图片型的 PPT 后，再导入到 Focusky 之中。

打开做好的 PPT 文件，从第一张幻灯片开始，全选当前幻灯片的内容；点击“组合”按钮进行成组；然后拷贝，再点击右键选择粘贴为“图片”后删掉原可编辑的内容。这样做的效果就是把内容全部转换为可移植图片 png 格式，需要注意的是在做之前需要先把原文件备份，方便日后有需要更改时好操作啊！接下来就是把剩下的每一张幻灯片内容转换为图片了，其操作方法都是一样的。这是用拷贝粘贴的方式来完成图片化过程。

完成 PPT 的图片转换后，运行 Focusky，单击“导入 PPT 新建项目”按钮，选择刚才保存的 PPT 文件导入进来。按照提示步骤：选择页面、选择布局方式、选择模板，选择完成后点击“下一步”按钮即可。导入进来后就可以看到在 Focusky 编辑界面里的 PPT 文件了，如图 2-13 所示。

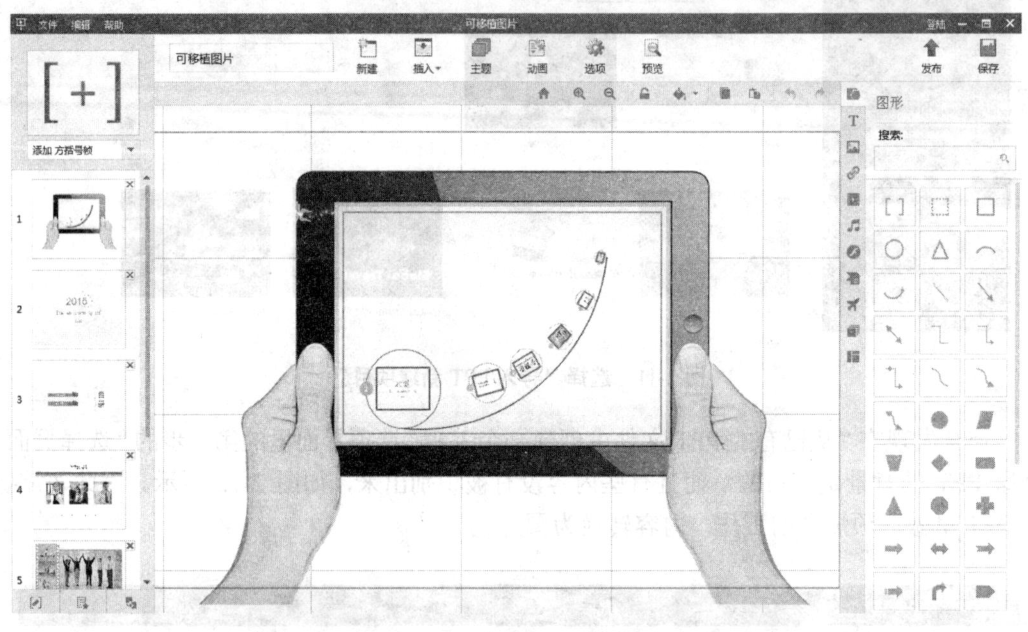

图 2-13 在 Focusky 编辑界面里的 PPT 文件

我们需要调整一下，首先，点击工具栏 1 的“设置背景”按钮，选择喜欢的背景色，可以是纯色填充或者应用它的填充样式，也可以点击下方的“高级选项”手动设置，设置好了单点“应用”按钮就可以替换。

然后，单击工具栏 2 的“图片”按钮，选择一幅好看的背景图片插入进来，图片插入进来后可以看到最右侧的图片选项，可以直接应用图片的样式、编辑图片等；选中状态下的图片的右上侧出现三个快捷按钮，分别是放大进入物体、添加到路径和删除物体，如图 2-14 所示。现在需要把图片放入 iPad 中，鼠标移到图片的控制点上拖拽可以自由放大或缩小，调整大小与 iPad 屏幕大小一样即可，这时点击右侧图片选项的“图层”选项，选择“下移一层”按钮点击，连续点击几遍，目的是要把图片遮盖住的 PPT 内容全部移到图片的上面来。

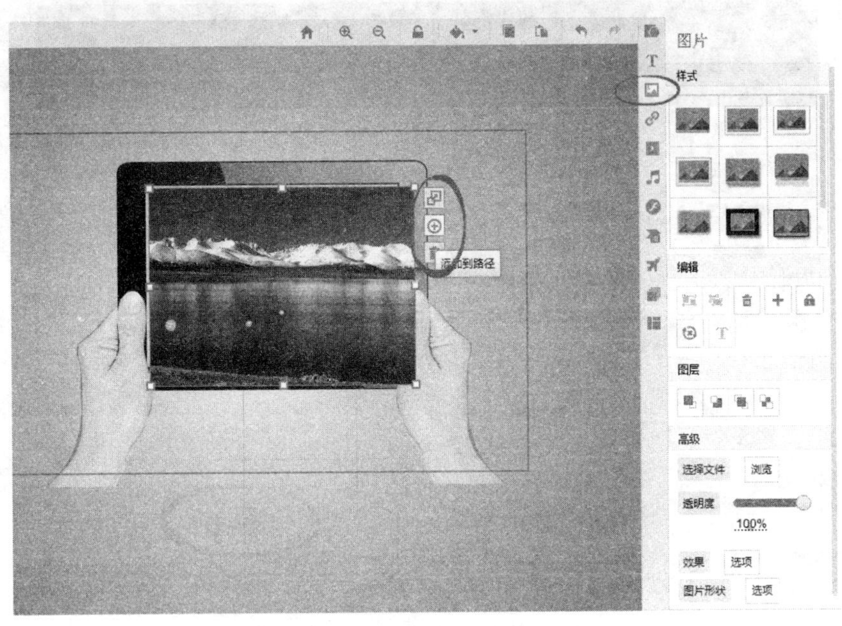

图 2-14　插入图片后编辑界面

接着，分别选中每一个路径的图形，然后在“图形”选项的“高级”里修改边框色为黄色，边框大小加粗；或者按住键盘上的 Shift 键逐个单击选中路径图形，再进行统一修改，如图 2-15 所示。仔细读图是一快速的学习方法。

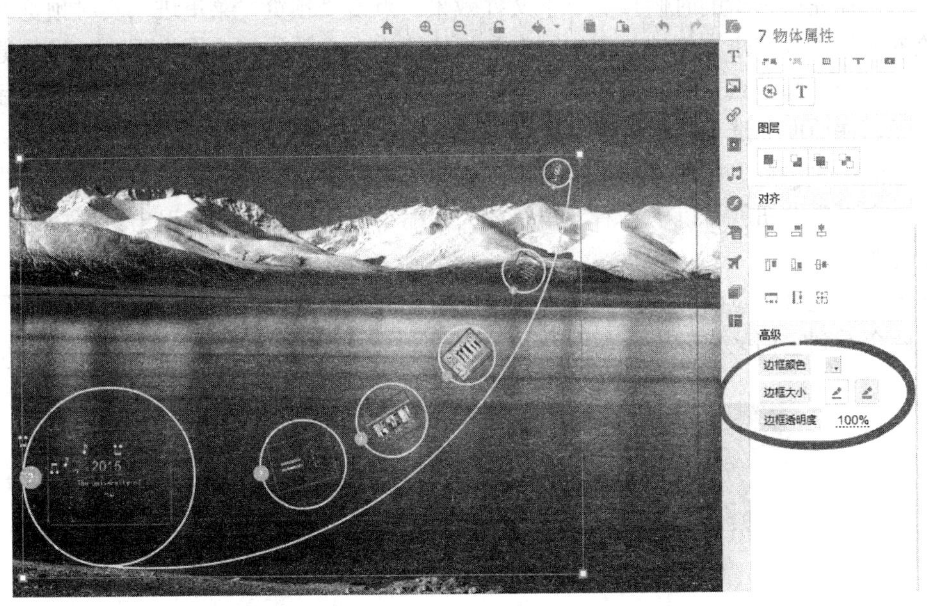

图 2-15　调整路径图形的边框颜色和大小

再接着，我们进行“选项”菜单的设置。在弹出的“选项”对话框里设置关于设置、分享设置、预加载设置和展示设置，在展示设置里点击“添加音乐”按钮添加一首背景音乐进来，其他的设置保留默认即可。如图 2-16 所示。

图 2-16 在弹出的“选项”菜单里进行相关的设置

最后，在完成编辑的时候预览一下文件效果。点击“预览”菜单进入实时预览界面，在预览界面里可以点击右侧的“缩略图”图标按钮查看文件的缩略图大纲；如果感觉手动播放有点麻烦，那就点击“自动播放”按钮；背景音乐的声音按钮就是这个喇叭图标；分享与关于，在前面“选项”设置时可以不选中它们，因为有的文件不需要分享出去和知道作者信息的；“主页”按钮我们是经常用到的，如果想快速的调整画面为初始播放的状态就点击“主页”按钮就可以了。右下角有放大、缩小、前进、后退和退出全屏按钮，其功能大家是明白的。

如果在预览时预览画面的按钮没有显示，怎么办呢？直接移动鼠标至右侧或者至右下角时，就会看到它们又出现了，如图 2-17 所示。

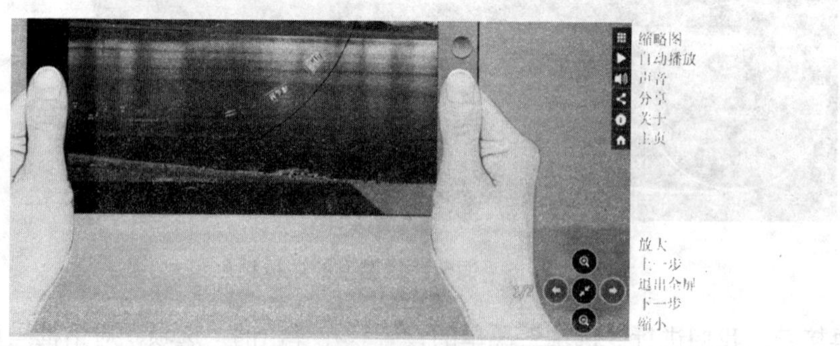

图 2-17 预览画面的按钮

经过检查，没有问题了就可以发布 Focusky 文件。点击“发布”菜单按钮，在弹出的“发布 Focusky”对话框里选择发布类型，常用发布类型为“网页”格式，网页格式中就有 Flash 动画的格式 SWF，选中它点击“下一步”按钮；进入下一步里选择“保存到目录”的路径，设置标题，“高级选项”里还可以输入关键字与描述，完成设置后单击“发布”按钮。

工作量少的文件可以使用这种方法，或者是某个内容的操作步骤使用这种方法来实现展示动画，应该是不错的；而工作量大的 PPT 文件可以使用美化大师固化 PPT 为全图 PPT 后再进行 Focusky 操作。

2.3.2　美化大师固化 PPT 为图后，Focusky 如何导入 PPT 生成动画

首先，在 PPT 编辑界面里单击“美化大师”选项，选择“导出”项单击“全图 PPT”按钮，如图 2-18 所示。然后，在弹出的“提示”对话框里点击“确定”，随后会进行转换。最后在已经转换完成的全图 PPT 界面里，点击“文件”菜单的“另存为”选项，保存全图 PPT 即可。

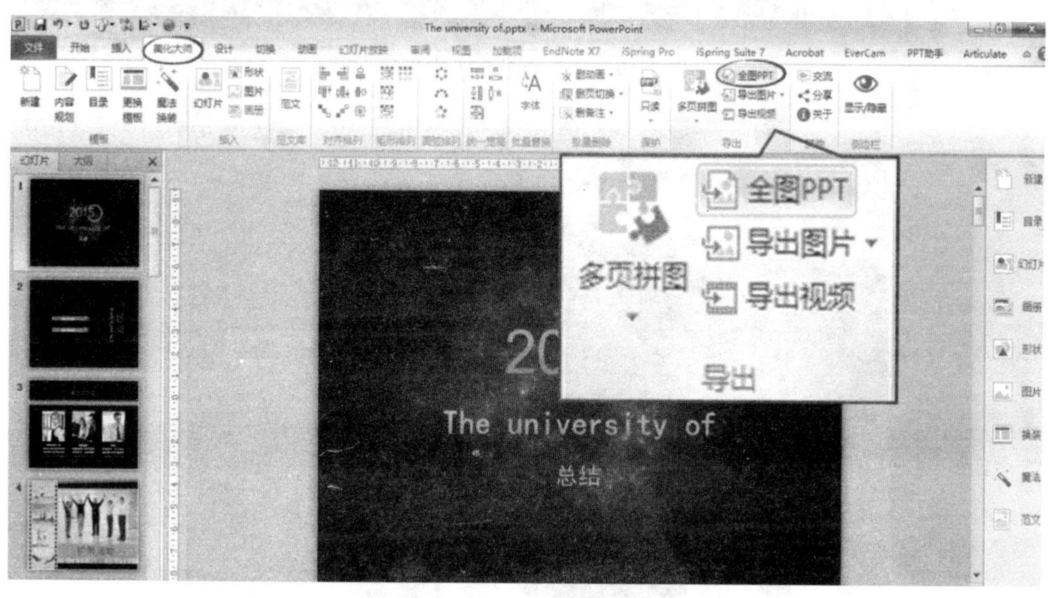

图 2-18　“美化大师”选项里点击导出为“全图 PPT”

打开 Focusky 程序，在首界面里选择下面的一个模板“ALS”点击后进入编辑界面。单击“文件”菜单，在下拉列选项里点击“导入”项，选择全图 PPT 文件导入进来，这时会看到导入进来的全图 PPT 文件放置在右侧栏里了，如图 2-19 所示。这里要注意，必须用 PPT 的美化大师拼图到 Focusky 中，否则有些字体或背景就残缺不全，无法转换！

开始编辑文件前先保存一份 Focusky 文件，在“文件”菜单里选择“另存工程为”进行保存。点击界面中的标题文字清除掉；单击“插入”菜单的“图片”按钮，添加本地图片，选择一幅 png 图片插入进来，然后，调整图片大小和位置，可以点击选中图片右上侧的“添加”按钮添加到路径，如图 2-20 所示。

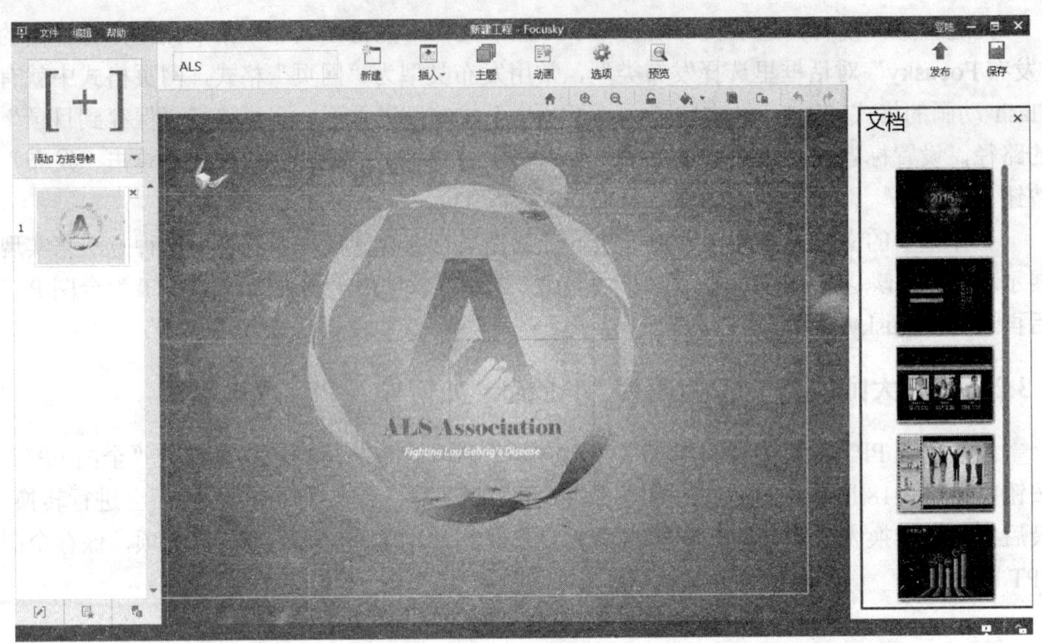

图 2-19　导入全图 PPT 文件后

图 2-20　插入图片后调整大小和位置并添加到路径

首先，选中文档的第一张幻灯片图片拖拽到屏幕，左侧的路径窗口自动添加了这张图片的路径，调整它的大小，把它放置在图片男生的笔记本上，并进行图片旋转，如图 2-21 所示。

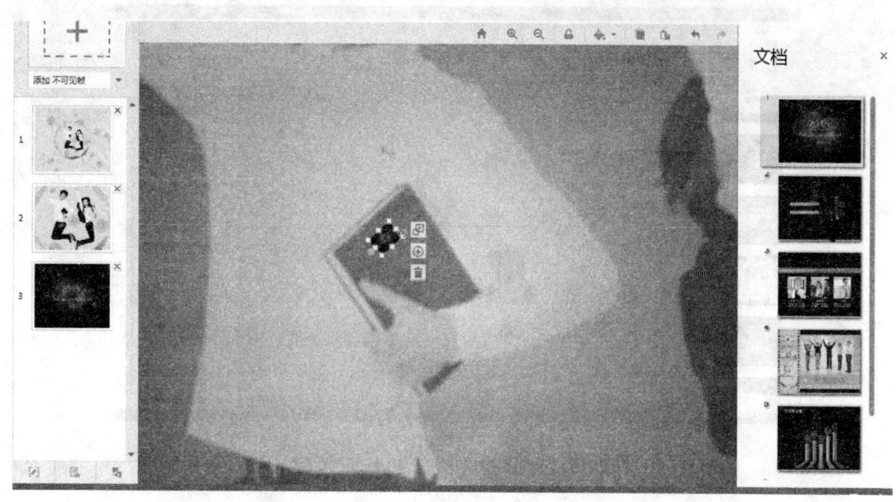

图 2-21　拖拽第一张幻灯片图片至屏幕并调整大小与放置位置

然后，按照文档的先后顺序拖拽第二张幻灯片图片到屏幕，与第一张幻灯片图片操作一样，调整大小与放到合适的位置后，接着继续选中右侧“文档”的幻灯片直接拖放到屏幕中，第三张、第四张 Focusky 程序会自动地以拖入屏幕幻灯片的先后时间排序的。

若不小心把后面幻灯片图片先放进来了，不用担心，直接在左侧的路径窗口选中需要变换先后顺序的幻灯片按住鼠标往前移或者往后移就行了；还可以在屏幕中直接把幻灯片图片删掉，然后重新拖入进来即可，路径窗口会自动随着更新。

如果在编辑时已经把“文档”面板关闭，怎么办呢？在右侧栏的最下方有个“显示隐藏的文档面板”图标按钮，点击它就可以显示“文档”面板了。

如果是已经保存了的 Focusky 编辑文件，但是在重新打开时发现“文档”面板不在了，它们的内容是不是丢失了呢？不是的，Focusky 也有缺点：已经放入屏幕的内容会随着 Focusky 文件被一起保存了，面板中的文档就没有被保存进来。重新操作一遍导入全图 PPT 就可以了。

最后点击图 2-22 上方的“选项”菜单，在弹出的“选项”对话框里不勾选“关于设置”的显示关于和不勾选“分享设置”的显示分享，“预加载设置”可以选择保持默认即可，不作修改，“展示设置”里点击“添加音乐”按钮添加一段好听的背景音乐进来，设置完成后点击“保存”。单击菜单栏的“预览”，这时就可以预览整个编辑完成的效果了。

右侧的图标按钮没有了“分享”与“关于”，点击“下一步”按钮切换到下一张幻灯片的内容，回到前一张幻灯片就点击“上一步”按钮，如图 2-23 所示。有的时候想查看哪一张幻灯片的内容，鼠标点击画面上的内容就能直接进入物体实时查看了，很是方便。

规则性的查看内容时可以使用“放大”按钮放大，屏幕同样是可以缩小的，因为下方还有个“缩小”按钮，点击它就可以实现画面的缩小。快捷性的放大或缩小画面，点击想查看的某个部位或内容直接使用鼠标滚轮向前推是放大画面，往后推是缩小画面。

图 2-22 调整完成后的画面效果

图 2-23 预览编辑完成后的效果

中间是“退出全屏”，在预览时点击它就是退出预览界面，在发布成网页文件时，点击它就是退出了全屏播放模式。

快速回到开始页面（主页面）就点击“主页”按钮。背景音乐可以关闭或开启。在录制或者演讲时可以点击“自动播放”按钮，默认的自动播放时间为 4 秒，可以在“选项”菜单里自定义播放时间。点击“缩略图”按钮查看整个文件的缩略图大纲，可以有目标性的选择播放哪张幻灯片内容来进行讲解。

预览后没有需要修改的就可以进行发布了。点击菜单栏上的“发布”按钮，在“发布 Focusky”对话框里选中“网页”后单击“下一步”，如图 2-24 所示。

注意到图 2-24 中，第一是动画可以发布到云服务器上，这是未来的一个方向，所有的东西都放在云上；第二是网页；第三是生成视频类微课；第四是生成独立程序；第五是生成 App 课件在 iPad 上运行；第六是压缩文件。

在“网页”设置选项里，选择保存路径和输入标题名，点击“发布”如图 2-25 所示。

会用 Focusky 做微课，您在任何场所都将会是场上的亮点人物。技术改变自己的命运，完全可能。在信息不对称的场所，展示最为重要。用新的展示吸引观众的眼睛，Focusky 是个不错的选择，您不能不用到它。

下一步

图 2-24　选择发布为网页格式

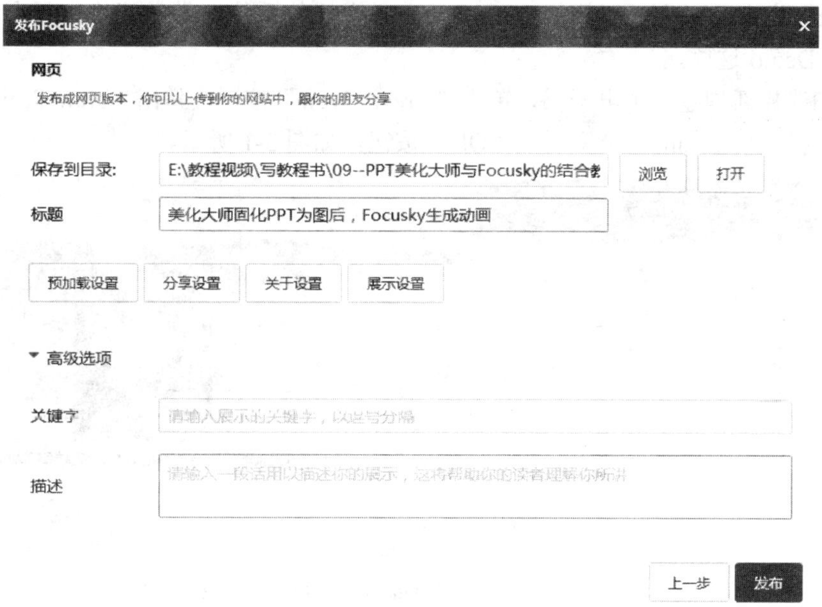

发布Focusky
网页
发布成网页版本，你可以上传到你的网站中，跟你的朋友分享
保存到目录:　E:\教程视频\写教程书\09--PPT美化大师与Focusky的结合
浏览　打开
标题　美化大师固化PPT为图后，Focusky生成动画
预加载设置　分享设置　关于设置　展示设置
高级选项
关键字　请输入展示的关键字，以逗号分隔
描述　请输入一段话用以描述你的展示，这将帮助你的读者理解你所讲
上一步　发布

图 2-25　设置发布选项

第 3 章　三维翻页电子书型微课的设计制作

3.1　标准版三维翻页电子书微课

标准版三维翻页电子书软件 3D PageFlip Standard 可以通过导入 PDF、Word、PPT 和 Excel 文件后，转化成很有创意的 3D 翻页电子书，做成展示型微课，能吸引学生的目光。

首先运行安装，打开软件包后双击“3D PageFlip.exe”，应用程序开始安装，以默认路径安装。运行 3D PageFlip Standard 程序，进入主界面向导，中间栏的“创建新的”里有四个选项，Create new 为制作新的电子书，Import Office 为导入 Office 文档来制作电子书，Demo 为电子书主题（模板），3D Demo 为软件系统自带的三维电子书模板，一般要选 3D Demo 这项。

我们选择新创建一个电子书，单击“Create New”按钮，弹出“New Project”选项，在这里选择“Magazine”类型后点“OK”按钮，如图 3-1 所示。

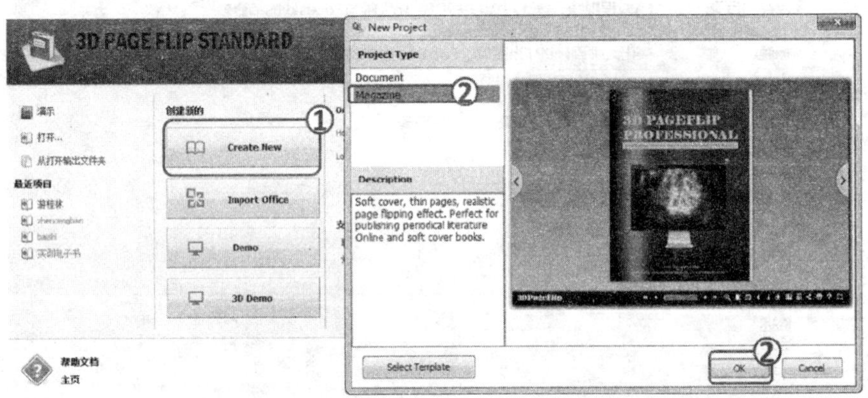

图 3-1　选择“Magazine”电子杂志类型

进入“Import PDF”对话框，浏览选择源 PDF 文件的路径；设置导入页面范围，可以是所有页面或者自定义范围；可以选择不同种类的渲染引擎，为一些特别的 PDF 文件避免失真；自定义设置页面质量和大小。导入 PDF 的链接；导入页文本为搜索目的等，设置完成后点击“立即导入”按钮，如图 3-2 所示。

任何 PPT 或 PDF 或图片文件夹都可以生成三维电子翻页的展示型微课。

导入 PDF 完成后，可以看到在 3D PageFlip Standard 编辑界面的上方有 Import PDF、Apply Change、转换到 3D 书籍、Upload Online 和 Manage Online Books 五个按钮选项。

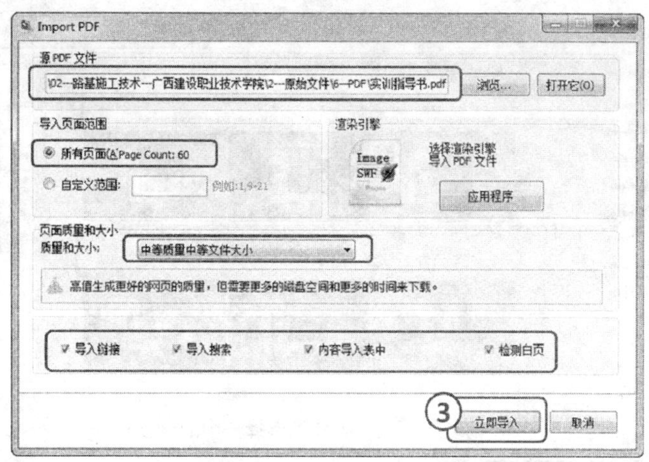

图 3-2 设置“Import PDF”对话框选项

点击“Import PDF”选项即可重新导入一份 PDF 文档进来，或者按下小三角按钮在下拉栏里更改为“Import PPT”，点击它选择 PPT 文件导入，如图 3-3 所示。

图 3-3 选择导入的类型选项

Office 文档导入时会出现些错误信息，不建议使用“Import Office”项。如果是制作电子相册就使用“Import Image”项，单击它直接导入图片后，可做成翻页相册，这也是挺好的。

“Apply Change”即为书籍经过修改后就点击“应用修改”按钮，应用更新内容或设置。

“转换到 3D 书籍”点击它即可输出为不同的格式：HTML、ZIP、EXE、3DP，移动版本和刻录到 CD 等。

“Upload Online（在线上传）”和“Manage Online Books（管理在线翻页书）”必须是在连网的状态下使用，可以实现在线上传电子书和管理在线书籍。

左侧工具栏的“设计设置”里点击“Float”按钮，弹出“选择一个模板”对话框，在这里可以任意选择一个 Flash 模板或者点击右上角的“Get More Themes Online（在线获取更多的主题模板）”文字链接跳转到网络，即可在线下载更多的 Flash 模板。点击“导入主题”按钮还可以导入自己制作的“.thm”格式的 Flash 模板，如图 3-4 所示。

图 3-4 Flash 模板的选择

左侧的设置模板选项里可以对模板的工具栏进行设置，如重命名标题、文字颜色等。Logo 设置，如导入 Logo 图片或文字，显示或隐藏 Logo 文件。自动播放设置，如自动播放时限定 3 秒钟翻一页，语言更改为“Chinese（中文）”。背景音乐，如添加一首好听的轻缓的背景音乐也是一种好的选择。显示按钮项里设置有些不需要的按钮显不显示。下载项里可以不作设置，如果是在线上传电子书籍时就把文件或者 URL 添加进来。设置 Flash 显示器，如背景可以更改为纯色或其他图片，翻页的角度设置等。设置 Flash，如放大为 130%，以及倾斜角度设置为 15 度。设置完成后，如图 3-5 所示。

图 3-5 左侧的模板选项设置

切换到“目录”项，如果原 PDF 里已创建有目录表，在导入后就会显示在这里，如果还没有创建，可以在这里创建一份电子书的目录标签。点击“新增加一页”按钮即可。还可以增加子页面，同时可以对添加的标签进行上移、下移或删除。

重命名标签文字和修改链接页面怎么办呢？双击标签文字可以更改标签文字，或者在下方的“标题”里输入标题名字；在下方的“页面”里输入链接的页码，或者把书翻到需要添加标签的页面后点击止方的增加标签按钮，即可创建链接页面的标签。设置完成如图 3-6 所示。

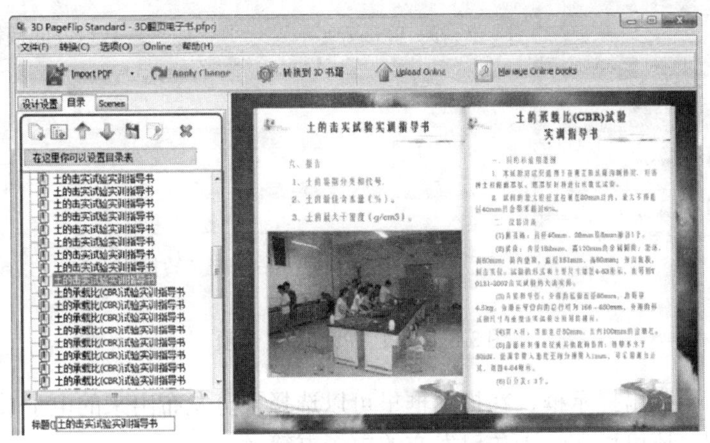

图 3-6　编辑“目录”标签

切换到“Scenes”里双击“Grassland”场景应用它，效果如图 3-7 所示。还有好多场景可以选择，双击它即可应用，一本漂亮的 3D 翻页电子书即将完成。

图 3-7　应用“Grassland”场景

最后一步也是最关键的一步，单击“转换到 3D 书籍”，在“Publish”输出格式选项里可以输出为 Flash/HTML5、ZIP、EXE、3DP、To FTP Server、Screen Saver 和 Email to，根据需要选择适合输出的格式。

我们选择输出为“Flash/HTML5”，点击“Flash/HTML5”按钮后在“Publish”里浏览要发布到文件夹的路径，文件命名和 Html Title 命名。同时选中下方的制作手机版本和制作 ePub 格式，可以实现制作输出 iPad、iPhone 和 Android 移动设备上的翻页电子书籍，也可以制作 ePub 格式的在线图书存档，或者选中刻录到 CD，实现个人方便携带和收藏的电子书籍。设置完成后，点击“转换”，如图 3-8 所示。

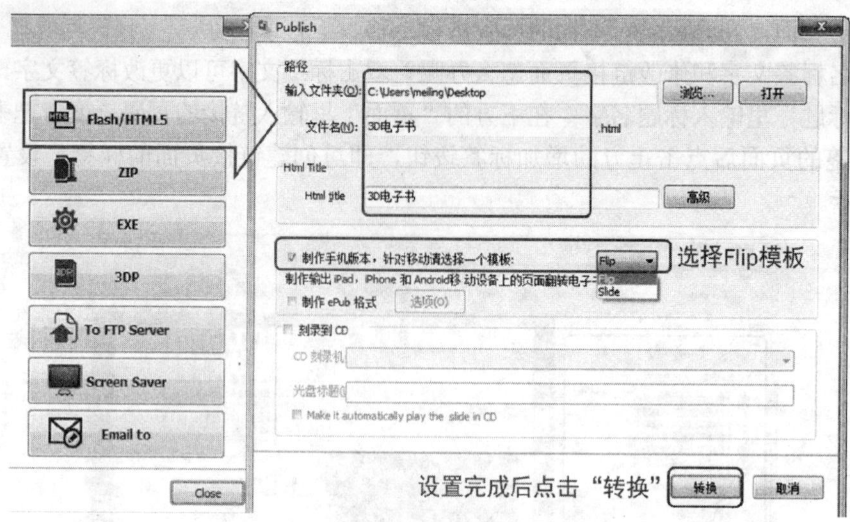

图 3-8　设置“Publish”选项

转换完成后会弹出提示框，在提示框里可以选择预览发布出来的电子书籍，可以打开放置的文件位置，还可以在线上传已发布的电子书籍。

3D PageFlip Standard 可以很方便地创建出漂亮的 3D 杂志、目录、电子手册、电子书和 Flash/HTML 等，并支持联机或脱机使用，是快速制作 3D 视觉动画电子书不可缺少的程序。

但是有老师会问，如果我需要修改其中的某个页面，并修订页面中的某个部件，该怎么办呢？当然这个标准版本是无法完成的，若要完成修改，必须借助于下面的专业版本翻页软件。

3.2　专业版三维翻页电子书微课

进入专业版三维翻页软件主界面会显示一个电子书制作向导，如图 3-9 所示。Create New 为制作新的电子书，Import Office 为导入 Office 文档来制作电子书，Demo 为电子书主题（模板），3D Demo 软件系统自带的电子书教程样品。

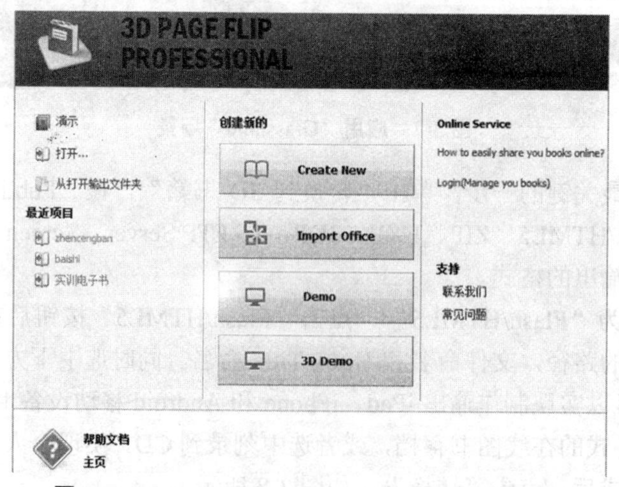

图 3-9　3D PageFlip Professional 专业版本打开界面

3.3　新建专业版的电子书微课

点击 Create new 创建新电子书，进入电子书类型选择，默认为 Magazine 类型，如图 3-10 所示。

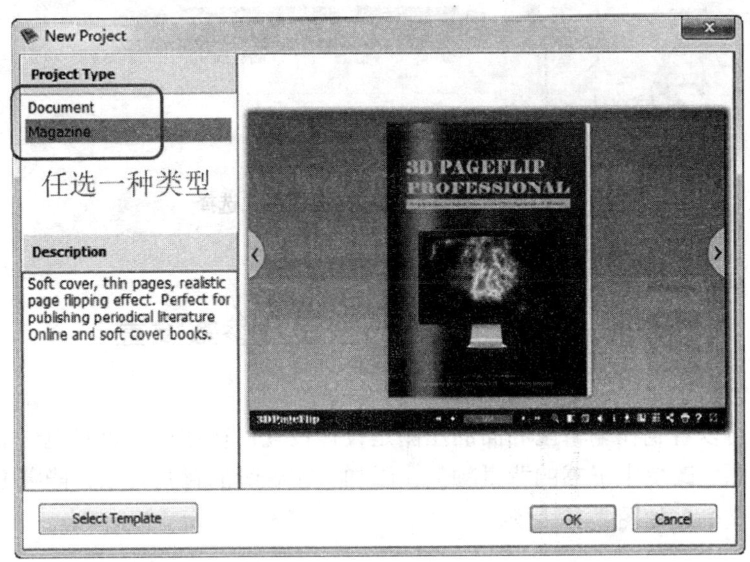

图 3-10　3D 书籍的类型选择

弹出导入文件选项框，我们在导入文件路径里选择本地文件（默认为 PDF 文件），在下方的选项栏里选择相关的设置项：自定义导入页面范围、页面质量和大小、导入超链接等，如图 3-11 所示。

Import PDF
源 PDF 文件
文件路径
D:\2014\05---桂林文化旅游英语---广西师范大学外语学院\2---原始文件\5--PDF\帯(
浏览...
打开它(O)
导入页面范围
所有页面(A Page Count: 72
自定义范围:
例如:1,9-21
渲染引擎
选择渲染引擎导入 PDF 文件
应用程序
页面质量和大小
质量和大小:
中等质量中等文件大小
高值生成更好的网页的质量，但需要更多的磁盘空间和更多的时间来下载。
导入链接
导入搜索
内容导入表中
检测白页
设定好后点击
立即导入
取消

图 3-11　设置导入文件选项框

导入源文档可以是 PDF、图片、Word、PowerPoint、Excel，如图 3-12 所示。

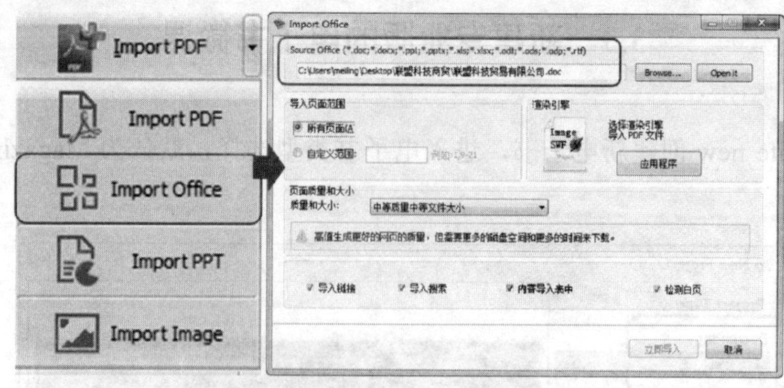

图 3-12　导入 Office 文档的格式选择

3.4　三维翻页界面按钮及参数设置

导入之后可以看到在编辑主界面的左侧是设计设置，在这里可以对电子书进行调整，比如重命名标题、改变电子书的背景颜色、添加一首好听的背景音乐、隐藏 LOGO 图片、设置语言为中文等，如图 3-13 所示。

图 3-13　自定义设计设置选项的相关参数

在 Panoramic 选项挑选喜欢的模板，可以导入已有的本地磁盘模板，也可以到官方网站下载一些相应的模板，如图 3-14 所示。

在目录栏每个页面的标题名可以更改，可以添加标签链接页面，也可以删掉现有的某个页面等，如图 3-15 所示。

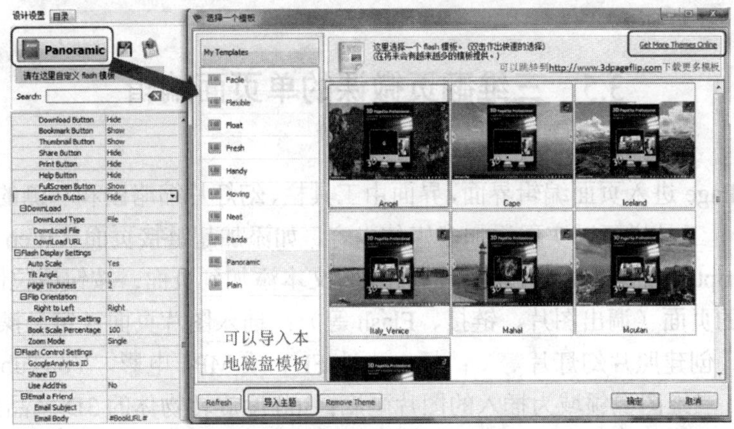

图 3-14 Panoramic 选项的主题选择

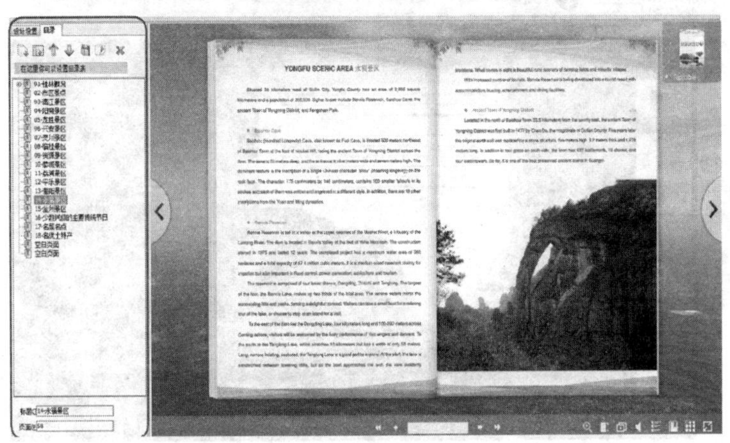

图 3-15 编辑目录选项

在 Scenes 选项可以自定义 Flash 背景，有很多好看的 Flash 背景双击它即可改变，回到上方工具栏，最后点击 Apply Change 全部更新应用。如图 3-16 所示。

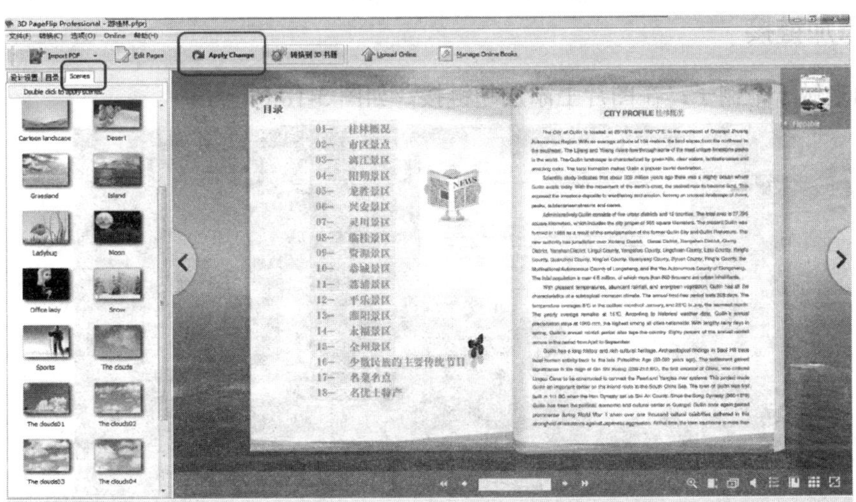

图 3-16 在 Scenes 选项更换 Flash 主题背景 Apply Change 应用更新

3.5 三维翻页微课的单页面编辑

单击 Edit Page 进入页面编辑界面，界面由工具栏、幻灯片缩略图和右侧的参数栏组成，如图 3-17 所示。工具栏可以实现添加多媒体内容，如添加超链接页面（Web 页面/ Web 弹出图片/ JavaScript 函数）；添加音频、Flash；将文本添加到页面；按钮或位图按钮添加到各种互动操作的页面（调出图片、链接、Flash 等）；插入图片页面（定义操作，如网页、打开弹出图片、创建照片幻灯片等）；插入本地 FLV 或 MP4 电影，YouTube 视频页面，定义游戏行为；三维图像领域为插入的图片画廊；360 度旋转物体的 3D 产品展示。手动工具有：放大/缩小、删除、复制、剪切、粘贴、撤销、重做、帮助。

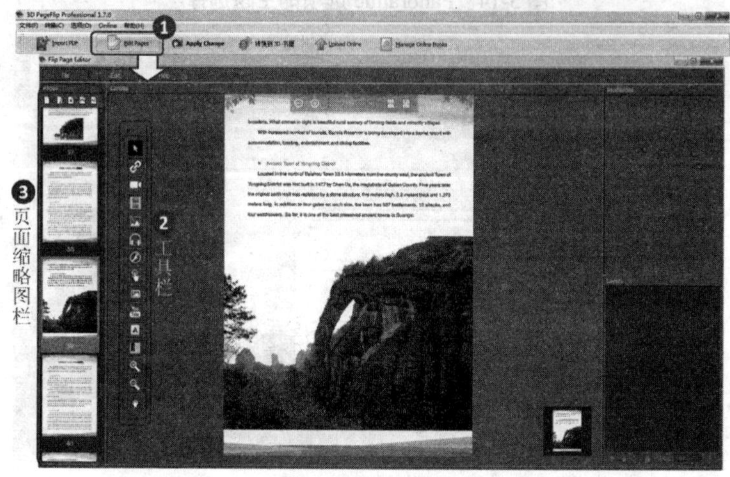

图 3-17 页面编辑界面

页面缩略图栏上方编辑按钮可以插入 PDF /图像/ SWF 额外的页进来；删除页面；上移或下移当前页面。

3.5.1 添加链接

我们来做一个例子：在图片上添加超链接，如图 3-18 所示。

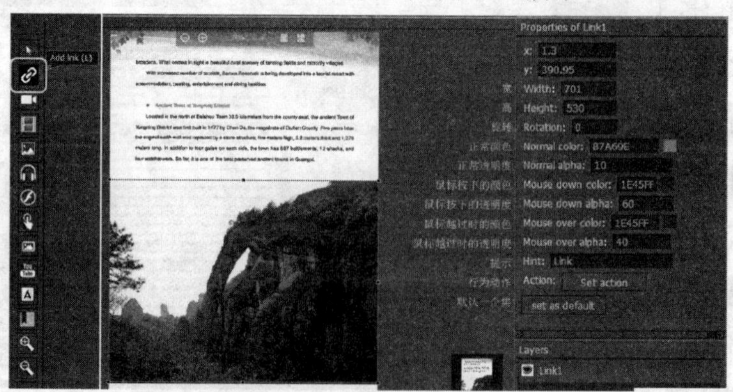

图 3-18 在页面里创建超链接

更改一点设置，添加动作事件，如图 3-19 所示。

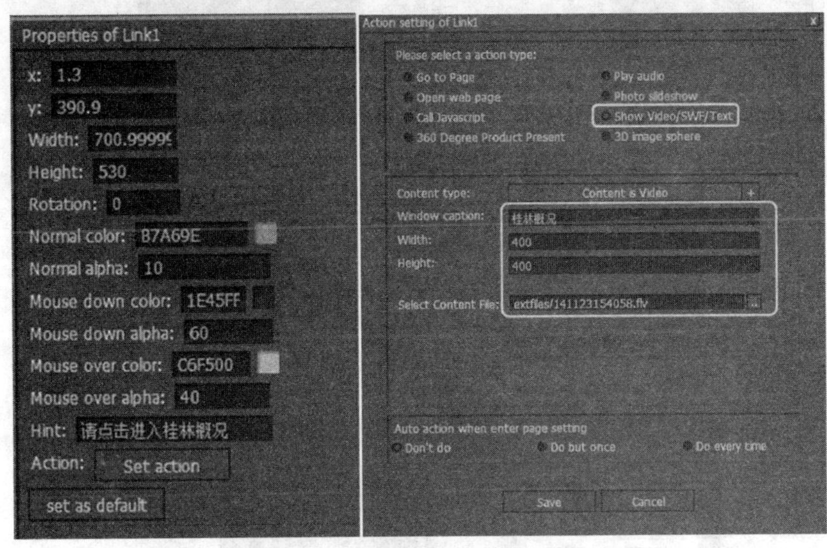

图 3-19　超链接参数设置和添加播放视频动作事件

最终效果：鼠标越过图片时颜色改变了，还提示“请点击进入桂林概况”字样，单击图片时弹出一个视频框，播放视频，如图 3-20 所示。

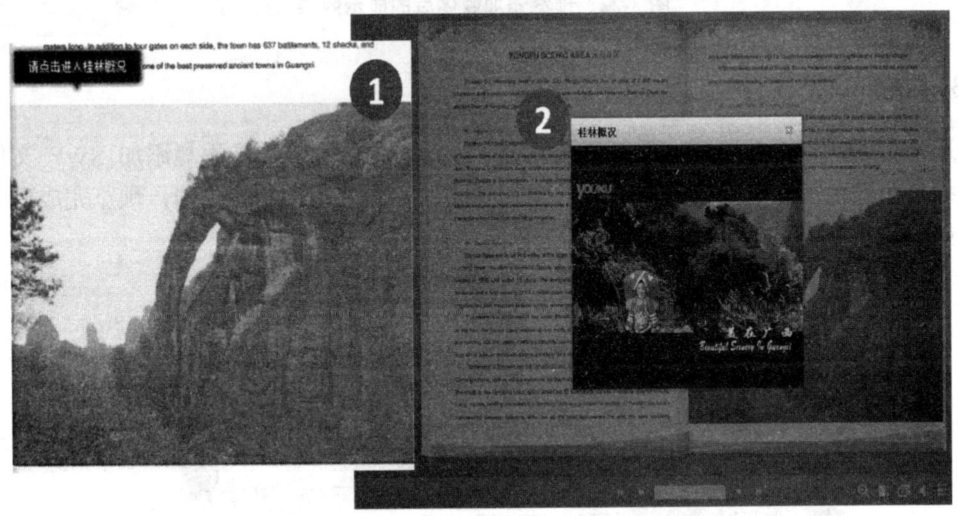

图 3-20　预览添加超链接后的效果

3.5.2　添加媒体（视频）

添加视频的页面和视频路径时，需要注意右边的参数，尤其是 VideoPath 找到视频的路径，下面的 View in 3D Space（在三维空间展示视频）效果尤其鲜明，同时下面还加入了什么情况下开始播放与停止的动作 Action，如图 3-21 所示。

最终效果：刚开始视频没变化，当鼠标点击时恢复原底图片随即视频框弹起开始播放视频，如图 3-22 所示。

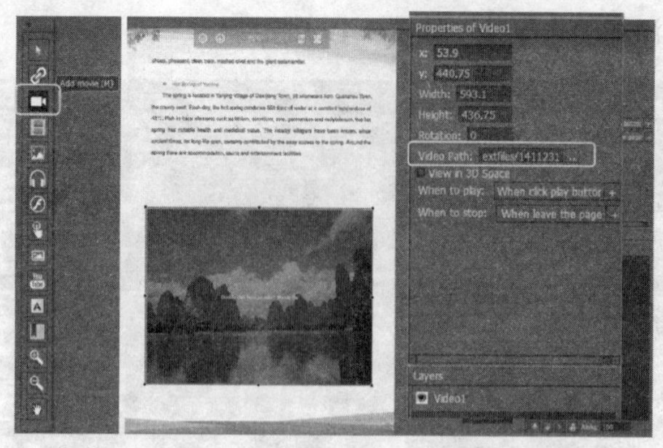

图 3-21 添加视频的页面和视频路径

图 3-22 预览添加媒体后的显示效果

3.5.3 添加网络视频

选择添加网络视频按钮，在下方图片处画个矩形框，在右侧参数栏添加 SWF 文件路径，缩略图片路径，填写弹出视频框的宽和高，保存并关闭页面编辑器，预览完成后的效果。如图 3-23 所示。

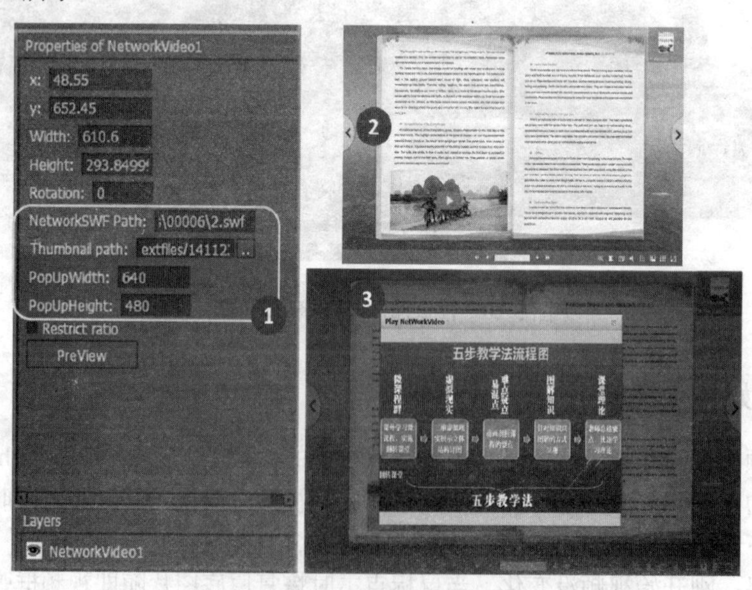

图 3-23 添加网络视频的相关参数设置和最终显示效果

3.5.4　添加图片

为页面添加图片的操作和上述类似，如图 3-24 所示。我们在动作事件选项添加三维圆球图片展示，相关设置如图 3-25 所示。

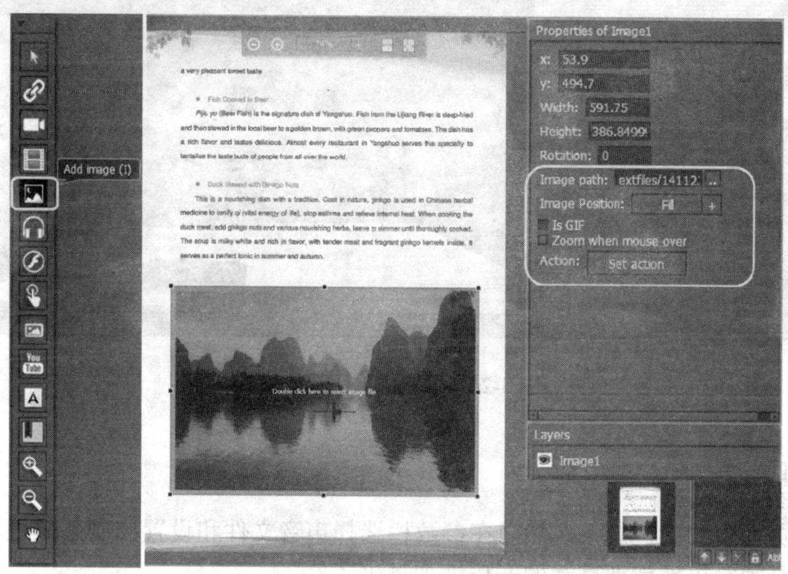

图 3-24　添加图片按钮和设置参数栏选项

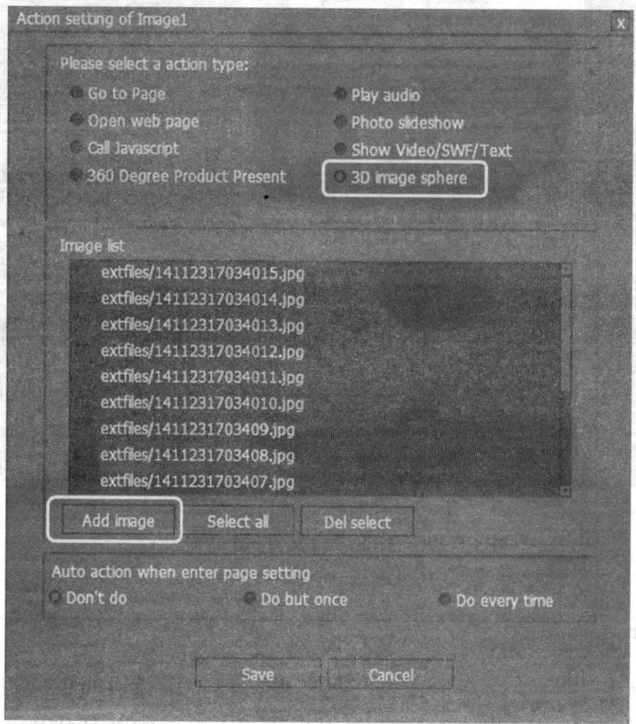

图 3-25　添加三维圆球图片展示设置

设置完成后，我们回到主界面查看添加的图片效果，如图 3-26 所示。您会发现：当鼠标越过图片时它变大了，点击图片时会弹起一个虚拟的三维圆球，圆球的图片就是刚刚我们添加的图片，可以点击查看大图。

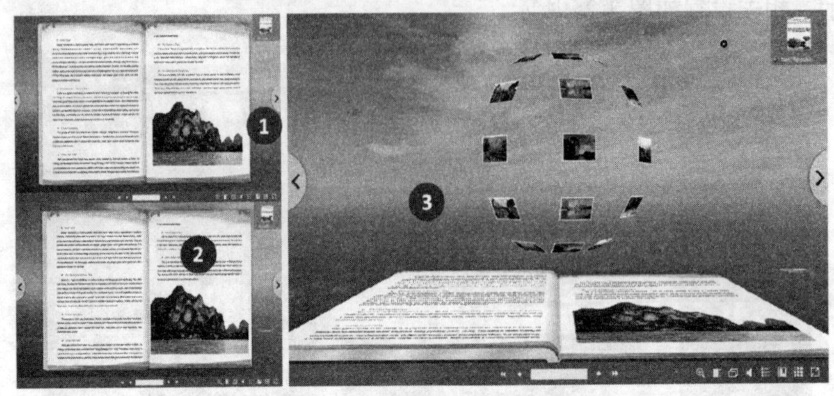

图 3-26 预览添加图片效果

3.5.5 添加声音

首先在页面上绘出控制条，然后在参数栏选择声音文件和设置控制条颜色，如图 3-27 所示。是不是很简单地就把喜欢的音乐添加进来了？

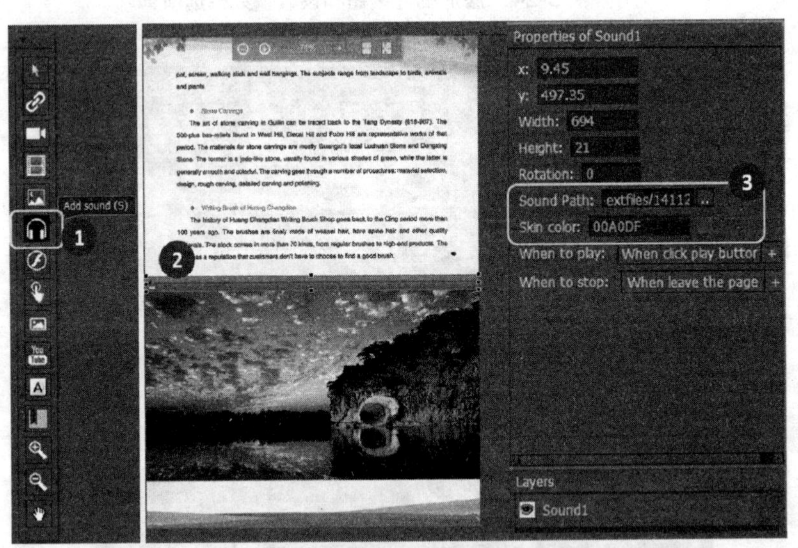

图 3-27 添加声音文件的操作步骤

3.5.6 添加 SWF

添加 SWF 文件操作方法与添加声音类似，参数栏选项还更少些，只要选择 SWF 文件路径，限不限制文件比例均可。我们在这里添加一只“鼠标跟随的蝴蝶”，如图 3-28 所示，鼠标指向什么地方它就跟随到什么地方。

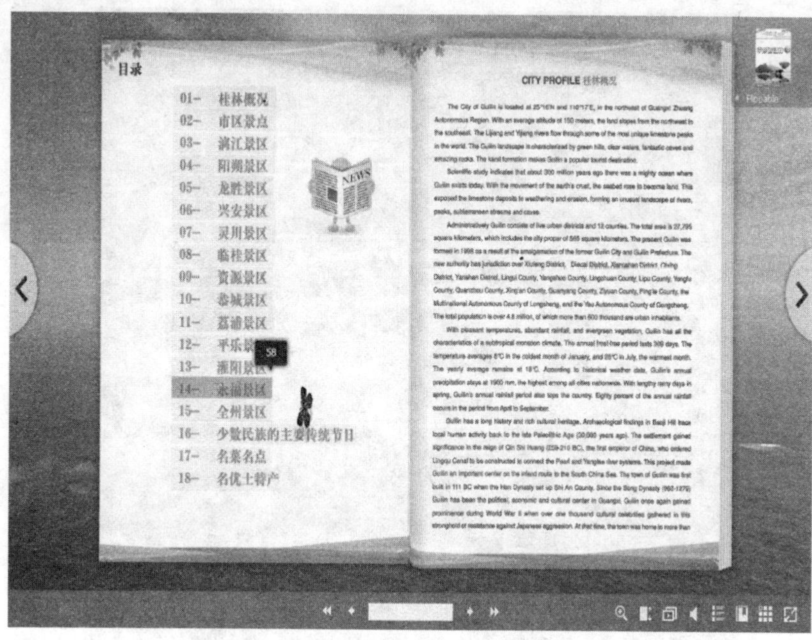

图 3-28　预览添加 SWF 文件的页面效果

3.5.7　添加按钮

添加按钮的相关选项设置完成后，如图 3-29 所示。我们为它添加一个弹出框，然后播放视频，设置如图 3-30 所示。最终效果：点击按钮时弹出视频框，播放视频，如图 3-31 所示。

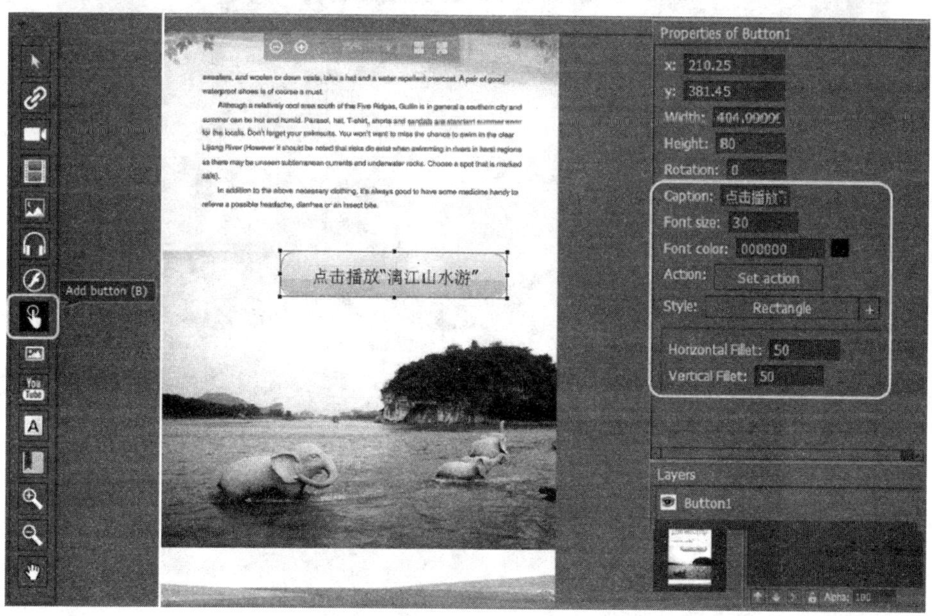

图 3-29　添加按钮的操作步骤和参数设置

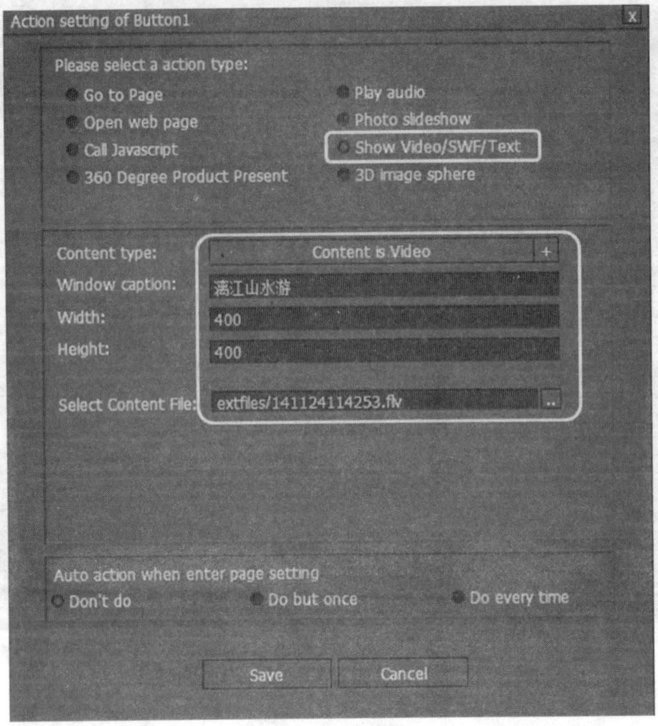

图 3-30 添加显示媒体动作事件和动作事件的参数设置

图 3-31 点击按钮弹出视频播放

3.5.8 添加位图按钮

添加位图按钮的操作和上述类似，进行参数设置和添加动作事件，如图 3-32 所示。最终效果：鼠标越过图片时变成另一张图片，点击时播放图片幻灯片，如图 3-33 所示。

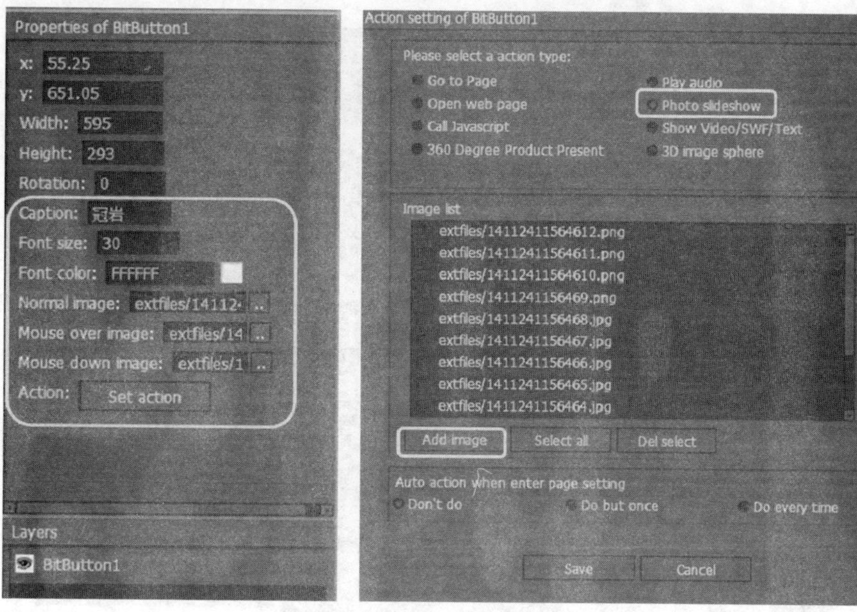

图 3-32　添加位图按钮相关参数设置和添加图片幻灯片动作事件的设置

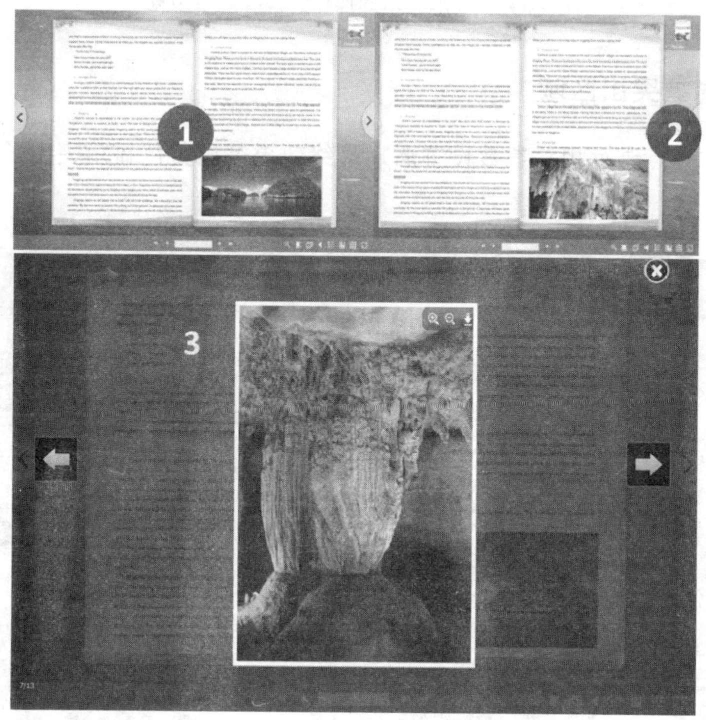

图 3-33　当鼠标越过时图片改变，点击时图片幻灯片播放的效果

3.5.9　添加文本框

首先选择添加文本按钮，在参数栏文本处输入添加的文本，设置字体大小、颜色、字体（SimSun）等。其操作步骤和预览效果如图 3-34 所示。

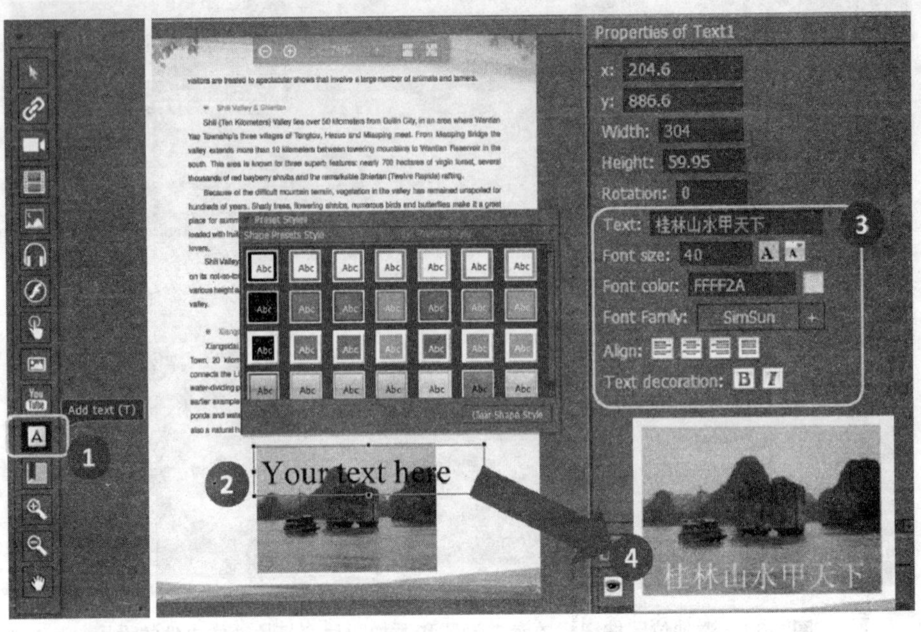

图 3-34 添加文本的操作步骤和效果预览

3.5.10 添加对象突出区域

为图片添加亮点进行相关参数设置后，最终效果是用黄色显示突出了区域部分，如图 3-35 所示。

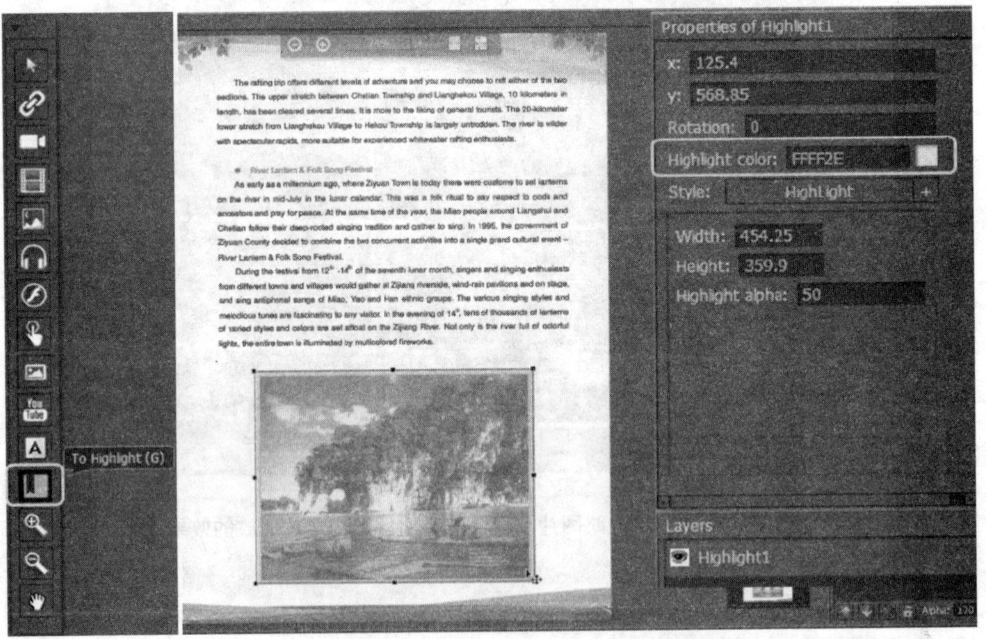

图 3-35 在页面中为图片添加亮点和参数设置

3.6　转换到 3D 书籍发布展示

转换为电子书对外发布可以输出为七种形式，如图 3-36 所示。

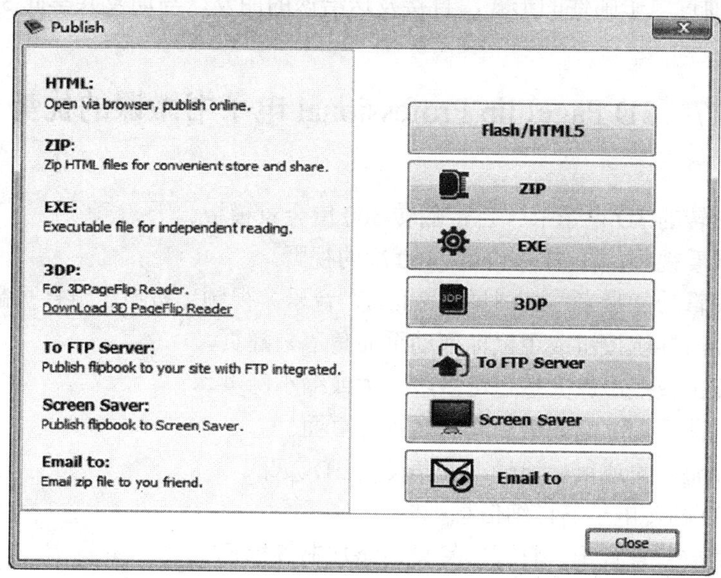

图 3-36　发布 3D 电子书的发布形式选择

Flash / HTML5：允许上传网站查看，本地磁盘存储，发布至 iPad、iPhone、Android 设备，刻录到 CD，输出设置如图 3-37 所示。

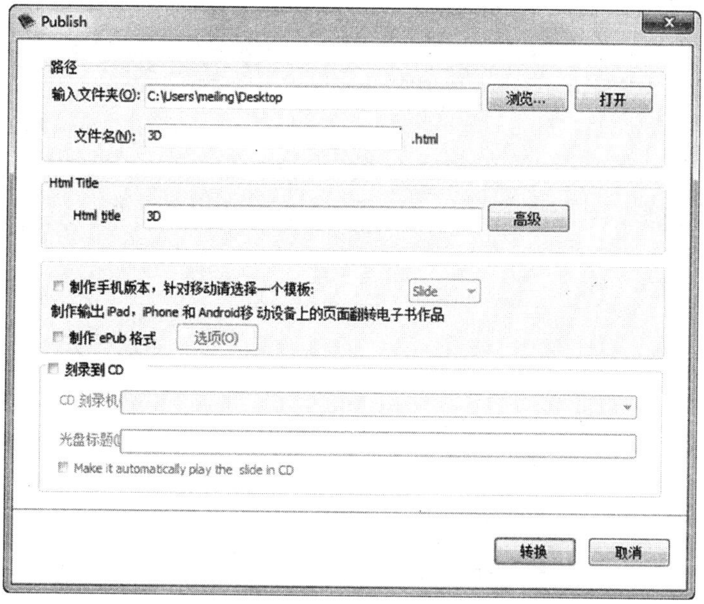

Publish
路径
输入文件夹(O): C:\Users\meiling\Desktop　浏览...　打开
文件名(N): 3D .html
Html Title
Html title 3D　高级
制作手机版本，针对移动请选择一个模板: Slide
制作输出 iPad，iPhone 和 Android移动设备上的页面翻转电子书作品
制作 ePub 格式　选项(O)
刻录到 CD
CD 刻录机
光盘标题
Make it automatically play the slide in CD
转换　取消

图 3-37　发布为 Flash / HTML5 形式的设置

ZIP：是 Flash / HTML5 的 ZIP 文件，方便携带。

EXE：用户控制播放，也可通过电子邮件发送。

3DP：3DP 是一种特殊的格式，可供 3D PageFlip 读者在线或离线阅读。

To FTP Server：FTP 服务器通过集成 FTP 选项，将 3D 电子书直接上传到您的网站。

Screen Saver：集成一款比较有个性的屏幕保护。

Email to：通过电子邮件的形式，直接发送给您的朋友，与朋友共享此 3D 电子书。

3.7 3D PageFlip Professional 电子书微课的优势

- 旋转的 3D 电子书：自带翻转 360 度全景模板。
- 观看视频：在 3D 空间与 360 度的视野。
- 编辑功能带来：3D 对象、Flash、音乐、视频、按钮、链接页翻书。
- 使用导航按钮或用鼠标拖动页面角落来翻页。
- 双击或点击放大按钮可多级放大或缩小网页。
- 视图页面缩略图可快速到达目标页面。
- 调整倾角或鼠标滚轮改变角度的 3D 效果。
- 3D 翻转电子书详细信息视图。
- 播放背景音乐、打开书签窗口添加书签标记。

第 4 章　新概念 PPT 文字型微课设计制作

4.1　微课程制作的前提——优质字体的安装

在还没开始做 PPT 之前，如果您的电脑系统是重装的，建议您先安装字体，有些好的字体在网上可以下载得到。您要把我整理的字体安装到电脑上，就省心一大半了。

字体怎么安装呢？网上下载好字体后，打开文件夹，Ctrl+A 全选字体，点击鼠标右键，选择“安装”，如图 4-1 所示，它就自动地开始安装了。

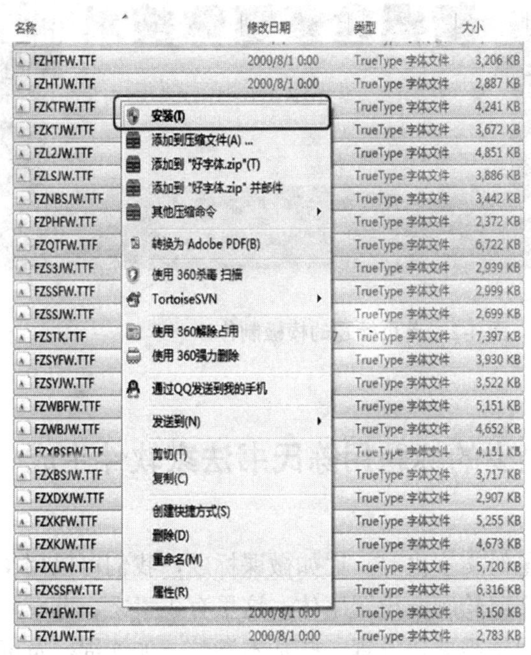

图 4-1　鼠标右击“安装”字体

4.2　做 PPT 型微课之前必须设计好母板

首先，多模板打开，选择可用元素后（借用其他模板的元素）设计适合自己的模板，在母板视图中进行编辑。

然后，标题字体选择厚实粗点的字体（例如，方正超粗黑体），根据我们的研究，PPT页面中，设置段落前间距 18 磅，行间距 1.35 倍，首行缩进 2 字符，在中文版式选项里把按中文习惯控制首尾字符和允许标点溢出边界这两项打上勾，这样就不至于有些 PPT 中逗号和句号跑到一行的前面去了。以上的参数设置方便后面的内容添加。

最后，色彩搭配的原则是，暗色背景加亮色，冷色背景加热的颜色（例如，深红色标题字+蓝色副标题或正文；深红色的导航底图搭柠檬黄的标题文字），整体统一、和谐与平衡。如图 4-2 所示为首页标题的模板制作。

图 4-2 首页标题的模板制作

4.3 文字极少的标题用陈氏书法家软件生成

微课中需要展示极少数重量级文字内容，比如微课标题，我们可以用 Ougishi 软件进行设计制作。首先用鼠标画出文字轮廓，设置字体，这里有王羲之、苏轼、刘庸等大书法家的字体可以进行选择，然后根据需要，设置一些基本参数，如连绵、宽度、抑扬、飞白等，最后点击“变换”就完成了。例如我们写好“苏轼”体“春天”，截图后插入 PPT，作为微课的标题，是不是有种独一无二的感觉？微课瞬间感觉高大上了。

打开陈氏书法家软件文件夹，无需安装，直接双击“Ougishi4lb14.exe”图标运行即可。打开“书写窗口”了，在这里我们要像书法家一样，首先运笔，运笔时注意轻重缓急，慢慢来。然后是书写的字形，要像一个字，隐隐约约能认得出来的，间架结构、形神兼备，最好能多练习楷体字形，从大楷起步，逐步进笔。最后就是文字的布局了，大小统一，排放的顺序不能错了，横向书写时是从左到右和由上至下看的，纵向书写时是从上至下和由右至左看的，图 4-3 所示的是书写例子。

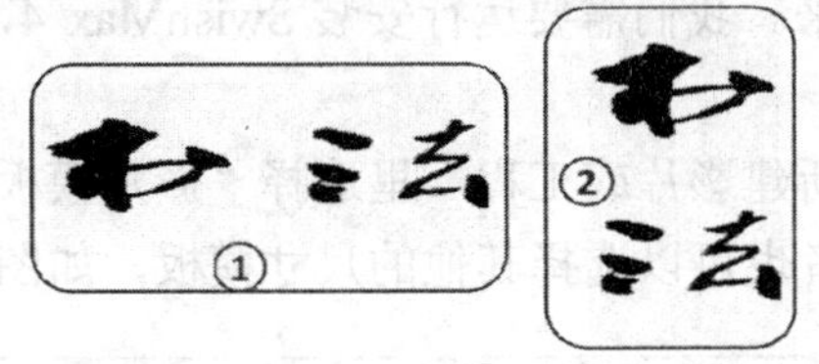

图 4-3　电脑书法书写实例

现在来做一个例子，按住鼠标左键在上面写入“桂林山水”这 4 个字，写得还算勉强可以。写得不好主要是鼠标的原因，呵呵。然后，在右侧的工具栏里把参数调整为：草书 1，笔脉 7，轻笔 2，连绵 23，宽度 40，抑扬 100，飞白 23，调整完成了再看看前后对比效果，如图 4-4 所示。我的书法水平有限，建议您把自己的名字写出来，生成书法图，然后截图后给自己的学生或孩子看看，是否有明星签字的范儿？

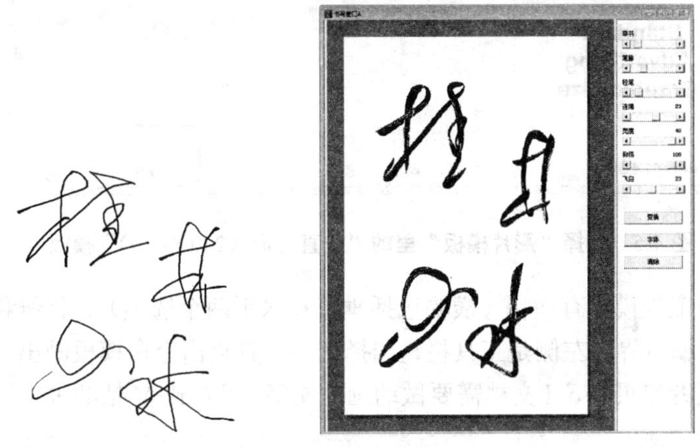

图 4-4　书写的文字和参数调整后的效果对比（先鼠绘文字再生成）

工具栏的“字体”按钮和上方菜单栏的“字体”选项都是一样的，书写入文字后，点击“字体”选项选中某一种书法字体直接应用就行了，无需自己动手调整，也可以自己另行调整。更改墨笔颜色就在菜单栏的“色彩”选项里进行设置，还有菜单栏的其他选项都可以辅助您写好书法字。

最后在“文件”菜单里选择“输出”，保存类型为“*.jpg”。回到 PPT 幻灯片页面中，点击“插入”后选择“图片”，把书写的文字图片插入进来。单图片用双色调叠合展示的操作方法已经在前面有讲述，这里就略过。

在中国韵味比较浓重的 PPT 内容，或者是在制作有些微课程的标题上，这些极少文字的表达就用陈氏书法家程序来把文字变为书法文字的图片，再放到 PPT 里做成不同效果的动画或者图片格式效果不同的动画效果来展示，这也是一种很好的创新作品。

4.4　微课中少数文字动画用 SwishMax 表达

PPT 里插入一段文字，在少数文字的状态下可以运用 SwishMax 添加动画效果，然后转换成 SWF 文件再插入进来。我们需要运行安装 SwishMax 4，按照安装向导点击“下一步”继续，顺利完成安装。

打开 SwishMax，在“新建影片或工程”里选择“影片模板”里的“垂直矩形（240×400）”，点“确定”，或者也可以选择其他的尺寸模板，如图 4-5 所示。

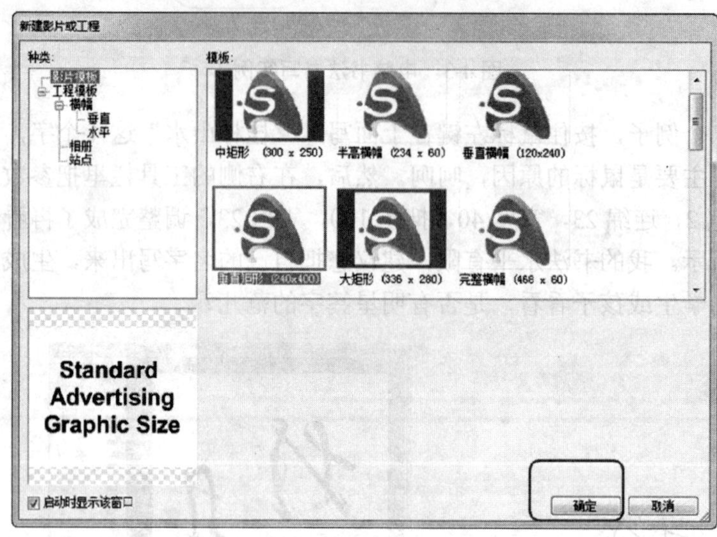

图 4-5　选择“影片模板”里的“垂直矩形（240×400）”模板

影片模板下的工程模板有横幅（横幅包括垂直和水平两个选项）、相册和站点选项。选择一个模板后，在编辑界面左侧是工具栏，选择文字工具点击空白模板画出一个文本框，可以直接输入文字或者拷贝 Word 文档需要做动画的文字，用 Ctrl+V 粘贴进来，如图 4-6 所示。

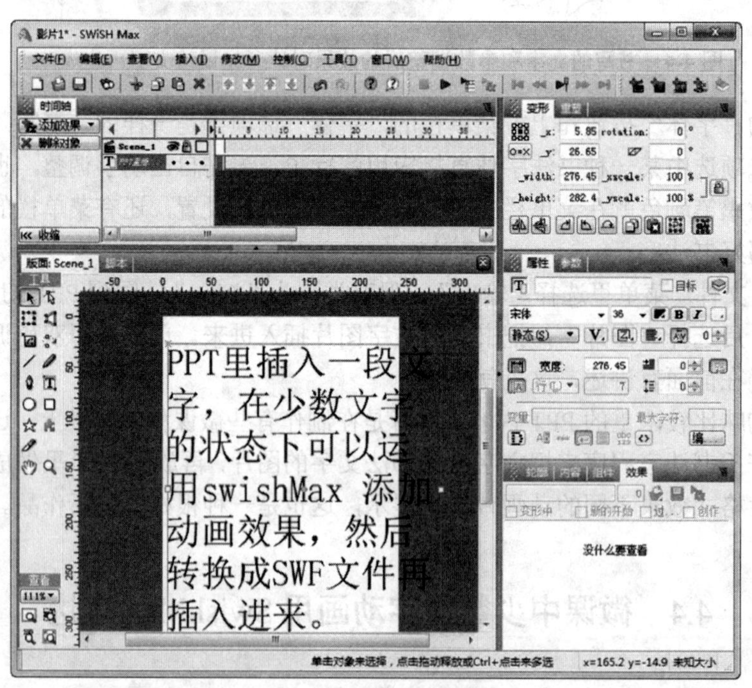

图 4-6　在 SwishMax 空白模板里输入文本或者粘贴 Word 文本

如果文字超出模板界面怎么办呢？模板的尺寸大小都是可以再编辑调整的。点击空白模板，空白模板的四周出现了控制点，鼠标移到某个点的位置，当鼠标变成两头箭头时左右拖动它可以放大或缩小模板区域，如图 4-7 所示。

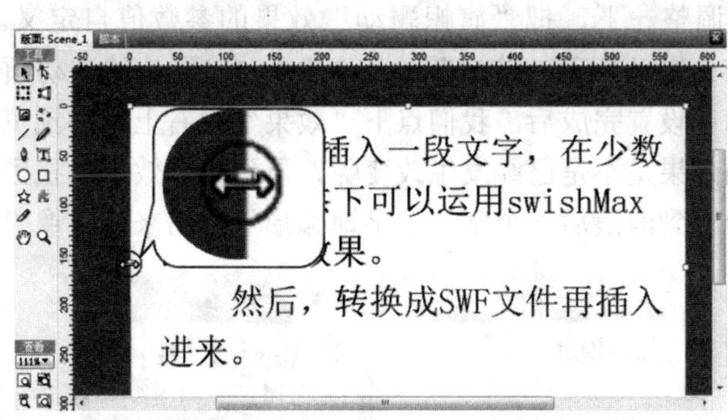

图 4-7　调整模板尺寸

然后，在编辑界面的右侧是参数选项和其他的选项，选择更改字体为粗实一点的字体，字体大小、颜色等都可以在这里进行修改。

最后，把鼠标移到左上角“时间轴”的“添加效果”选项，点击下拉列表，选择适合的动画效果，我们添加一个“旗帜飘动”效果，如图 4-8 所示。这里有好多种动画效果，最好每一种动画都尝试下，总结出最常用的和最适合自己的几种动画效果就行，因为有些太炫的和快速变动的动画效果就不太适合微课表达。

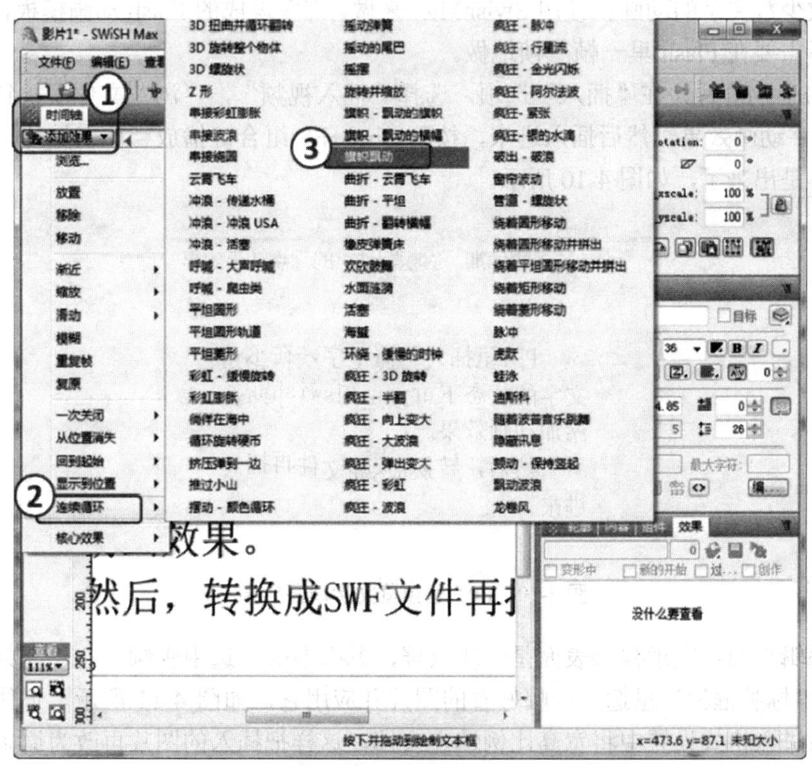

图 4-8　添加“旗帜飘动”效果

在黑色背景上，慢慢地将一行行的大黑体文字淡入淡出，配上背景音乐，这是常见的一种文字型微课形式。

文字应用动画效果之后，预览一下，如果觉得效果不是很满意，可以在右侧的工具栏“效果”选项里稍微调整一下，把“旗帜飘动”效果的参数值自定义。默认飘动的大小是 15，我们修改为 5；默认飘动的波浪节数从 2 改为 1；默认的波动倾斜是-.5，我们修改为-.2，如图 4-9 所示。设置完成后，我们点下“效果”栏右上角的预览按钮，预览下刚刚设置了的参数的动画效果是不是已经发生改变呢？再到核心效果里找到打字效果，放在波浪效果之后，您就会看到波浪后一个字一个字地弧形呈现出来，很像“活字印刷”。

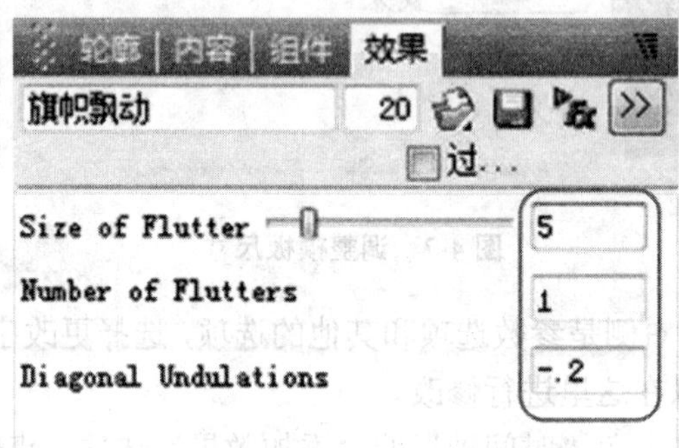

图 4-9 “旗帜飘动”效果的参数调整

现在我们在“文件”菜单选择“导出”，选择导出为“SWF”，保存到文件夹。以后如果是要做少数文字的动画就使用 SwishMax 来做，许多现成的 Flash 动画模板，直接应用就行了，不需要在 Flash 里一帧一帧地做。

回到 PPT 幻灯片，在“插入”选项，选择“插入视频”，“浏览文件”找到刚刚做好的 SWF 文字动画效果，然后插入进来，按下 Shift+F5 组合键播放当前幻灯片，查看，文字动画是不是出来了，如图 4-10 所示。

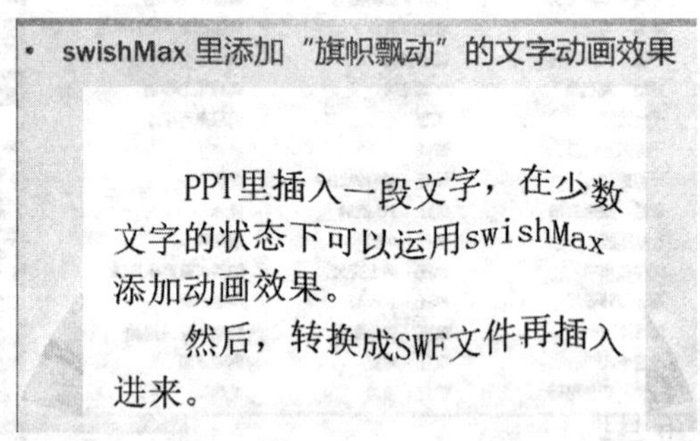

图 4-10 PPT 里预览文字动画效果

回到编辑界面，发现视频表面是一块黑屏，怎么办呢？选中视频，在“视频工具”的“格式”的“标牌框架”里选择一幅好看的图片并应用它，如图 4-11 所示。记住格式里的长宽，然后进入格式设置中将宽高比例锁定去掉，这样把插入的图片再改为原来的尺寸就不会有黑边了。

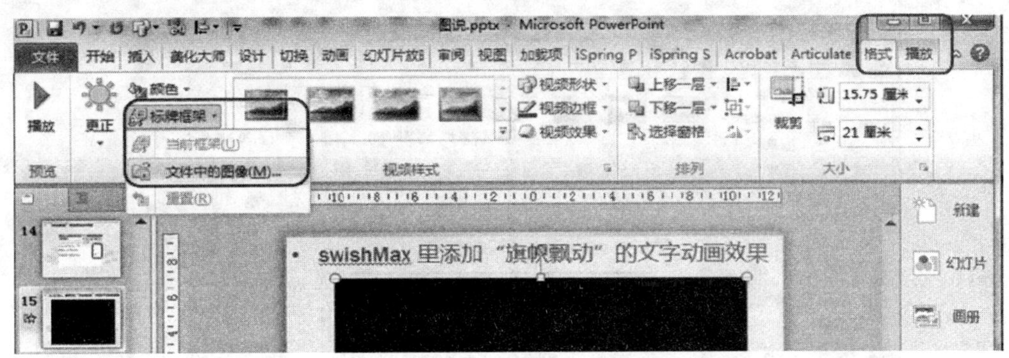

图 4-11　视频添加“标牌框架”

需要注意的是，应用的图片尺寸大小必须和视频尺寸大小是相同的，如果图片和视频的尺寸不一致，播放出来的视频是有黑框的。图片尺寸的更改可以使用 PhotoShop、Snagit 或者其他的图像处理软件。

最后发现没有播放视频时，视频的黑屏幕变成了一幅好看的图片，当播放视频时，屏幕图片就不见了，视频播放一点都不受影响。

4.5　篇章文字用 Flash Paper 生成 SWF 置入

运行安装 Flash Paper 之前要把 Word 关闭，在 Flash Paper 安装包里找到“初始化.bat”右击“以管理员身份运行”进行初始化。然后，在文件夹里找到“Setupx32.exe”双击它进行安装，如果您的电脑系统装的是 64 位的就选择“Setupx64.exe”双击它进行安装。

然后打开一个 Word 文档，在“文件”菜单“打印”下选择打印机“Macromedia Flash Paper”后点击“打印”，如图 4-12 所示。

图 4-12　选择“Macromedia Flash Paper”打印机

打印完成后在 Flash Paper 编辑界面可以对打印的文档“保存为 Flash”和“保存为 PDF 文档”，我们选择“保存为 Flash”的 SWF 文件。

最后，回到 PPT 幻灯片中，将 SWF 文件直接插入，如图 4-13 所示。插入进来之后，我们是不是同样的可以给视频添加个“标牌框架”呢？看看前面一节内容给视频加一个标牌框架吧。

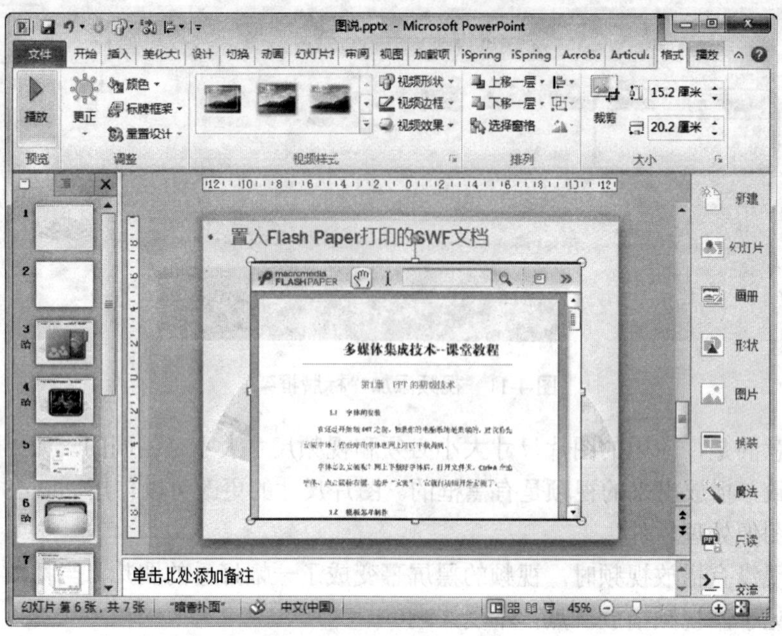

图 4-13　PPT 里插入刚刚打印的 SWF 文件

如果在 Flash Paper 编辑界面里我们想保存为 PDF 文档，还可以进行加密，在“文件”菜单的“选项”里设置密码等，如图 4-14 所示。生成既不能选择又不能打印的加密型 PDF 文件。

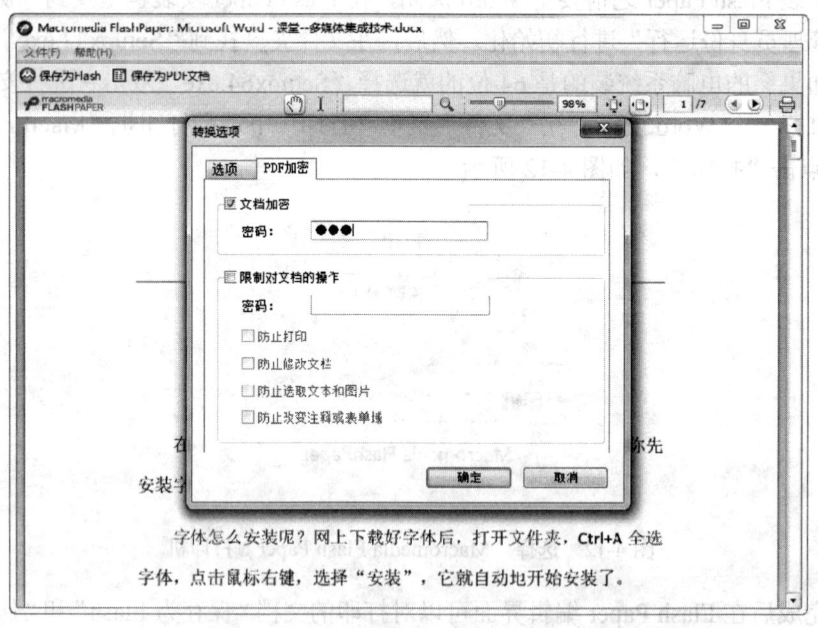

图 4-14　Flash Paper“文件”菜单的“选项”里可以设置 PDF 加密

文档保存为 PDF 格式之后，就可以导入 FlipPowerPointPortable 做成翻页电子书或者导入 Pdf to 3DpageFlip 做成 3D 视觉效果的电子书，这是不是另一种的转换啊？而且展示效果很好。PPT 里没办法插入 PDF 文件，只能运用超链接来实现播放 PDF 文档。

4.6　文字的处理形式

4.6.1　文字的 2.5 表达规则

文字的 2.5 表达规则就是，在一张幻灯片的文字最多不超过两段半，每段不能超过两行半，文字每页最多增加一两个亮点（例如，用颜色或加粗突显出来），如图 4-15 所示。

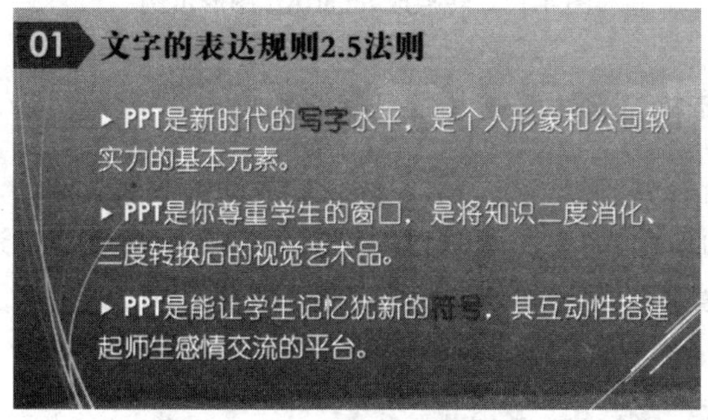

图 4-15　文字的 2.5 法则示例

4.6.2　文字精简成等字数的标题式表段

挑出主干，精简洁，每段的文字数量尽可能地一致，如图 4-16 所示。

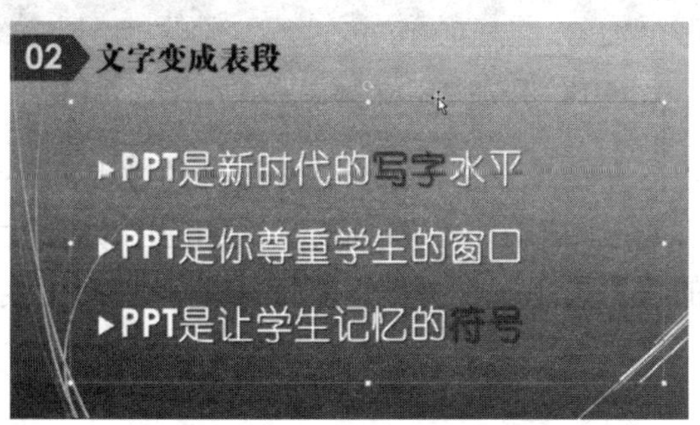

图 4-16　文字变成表段示例

4.6.3　标题式表段转换成 SmartArt 图形动画表达

美观从修饰外貌开始，Microsoft PowerPoint 自带有 SmartArt 图形转换选项，在开始的段落栏的右下角处。根据文本逻辑性选择 SmartArt 样式，将文字快速变成了图形。再看看菜单的右上方，会有格式及设计两项，进行相应的设计选择和匹配格式，如图 4-17 所示。

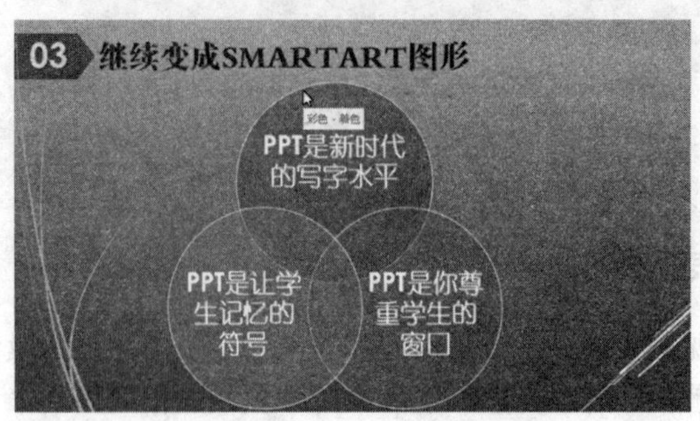

图 4-17 转换成 SmartArt 图形示例

4.6.4 SmartArt 再转换成不同的动画表达形式

检查文本是否还存在共同性，更简洁表达它们之间的关系（例如，层次、并列、平行、套迭等）。然后，添加动画效果，可以自由设置为逐个进入或整批进入。这里我们可以添加个“缩放”，设置为“上一动画之后”，持续时间“0.25”秒，延迟时间“0”秒，如图 4-18 所示。

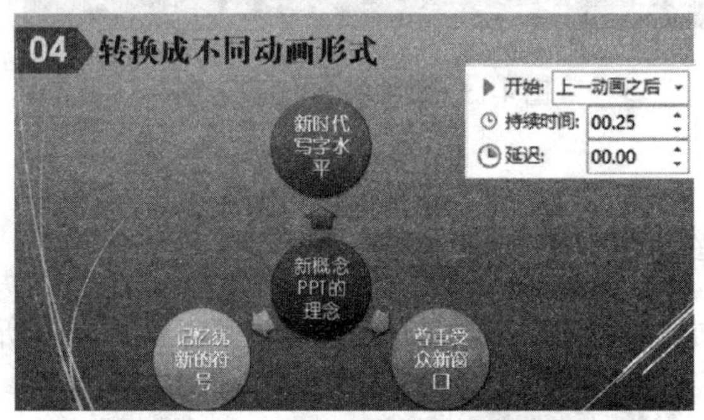

图 4-18 添加“缩放”效果的动画设置示例

从“二度消化”到“三度转换”是一个学习与提升的过程，文字要经过思考后精炼，变成尽可能少文字，尽可能多图形图像，继而转换成相应的动画，才能表达好微课程。

限制您的只有自己的僵化思想，只要把思路打开，任何东西阻挡不了您自由的想象！

第 5 章　新概念 PPT 微课中的动态报表处理

数据变成图形化报表是一种视觉转换，在 PPT 中的内置转换效果一般，若是需要表达得更为直观，Swiff Chart Pro 软件是一款很不错的补充。Swiff Chart Pro 是操作方便简单的统计图表制作工具，根据输入的数据，或者直接导入 CSV、XLS、TXT 文件中的数据，可以绘制出带有动画效果的条形统计图、饼形统计图、折线统计图等，最后以 SWF 格式输出。

首先，我们打开 Swiff Chart Pro 程序文件夹，双击“SwiffChart.exe”直接运行，无需安装。然后，在 Swiff Chart Pro 编辑界面里创建想要的统计图类型，编辑或导入数据，并且进行动画设置和其他的设置。最后，导出为 SWF 动画格式文件。

下面我们来做一个简单的例子，操作方法以六个步骤来具体讲解，即可完成动态图表的制作。

5.1　步骤 1：“开始”选项新建图表

在 Swiff Chart Pro 界面会看到菜单栏上的选项里只有一个“开始”选项可用，其他选项为灰色区域。这时我们单击左边工具栏的“新建图表向导”按钮，弹出新建图表向导编辑框。在“图表类型”里选择“条形图”图表类型，或者选择柱状图、折线图和饼图等任意一种图表类型都可以。之后点击“下一步”，如图 5-1 所示。

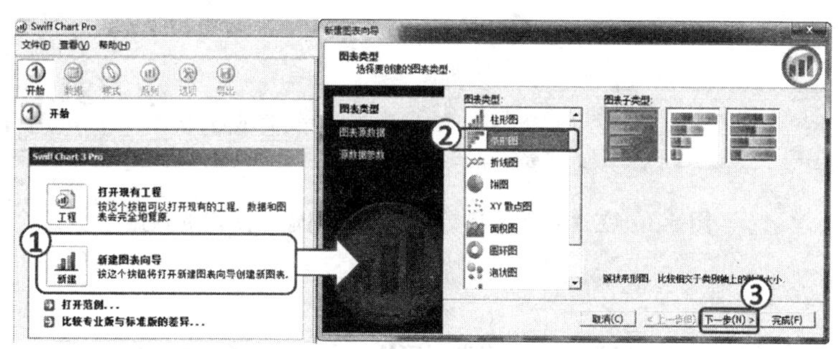

图 5-1　在“新建图表向导”里选中“条形图”图表类型

接着在“图表源数据”里可以选择“手动输入数据”、从 Excel 工作表粘贴数据进来或者手动输入、也可以选择“从文件导入数据”、从 Excel 文件或其他文本文件中导入数据创建新图表。选中第一项“手动输入数据”后，点击“下一步”，如图 5-2 所示。

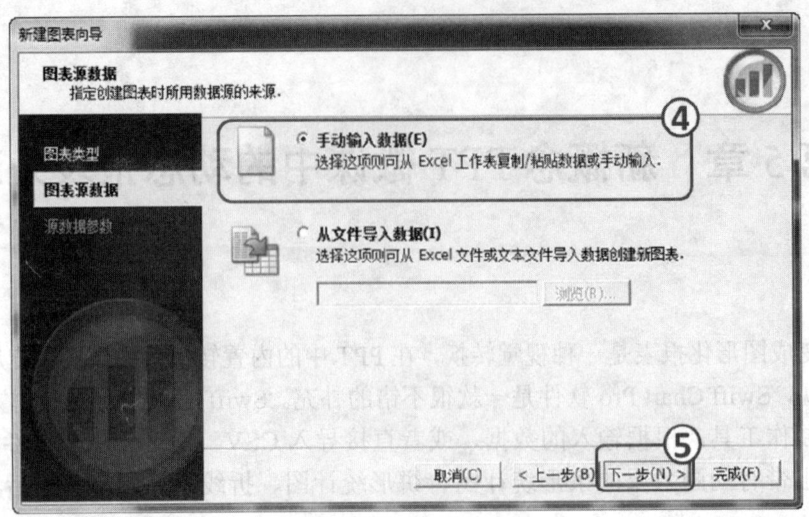

图 5-2 选择“手动输入数据”项

最后在“源数据参数”里参照给出的案例格式，点击表格中的最大化按钮，在表格里分别双击单元格进行更改，输入所需的数据，或者直接拷贝外部文档的数据后再粘贴到单元格中，数据输入完成后点击“完成”按钮，如图 5-3 所示。

新建图表向导 ⑥ 最大化

编辑 预览

	语文	数学	英语	化学	历史	物理	政治
王芳	89	96	85	86	88	80	91
杨阳阳	90	87	89	81	90	85	90
李莉	86	91	86	87	83	81	88
郭小朋	93	89	90	83	80	87	84
欧阳春	88	95	88	84	85	82	81

⑦ 输入所需的数据

⑧ 取消(C) < 上一步(B) 下一步(N) > 完成(F)

图 5-3 在“源数据参数”的表格里输入所需的数据

5.2 步骤 2：“数据”选项编辑工作表

进入到“数据”选项，如果发现数据需要更改或者添加、删减的，直接双击单元格同样可以修改表格里的数据，或者点击“编辑工作表”旁边的小三角，在出现的下拉列表里选择需要修改的选项，如图 5-4 所示。

比如，单击“插入”后，在对话框里可以选择是插入行或是插入列；“添加数据系列”，点击后自动在表格的右侧增加一个新的系列；“编辑源数据”，点击后可以在源数据对话框里设置系列的值，更改系列值后在右侧的图表框里就会很明显的看得出来；单击“分隔符”可以在数字处理框里设置分隔符。

Swiff Chart Pro - [055班期末考试得高分的同学成绩表.sfc]

文件(F) 编辑(E) 查看(V) 数据(D) 图表(C) 格式(F) 窗口(W) 帮助(H)

开始 数据 样式 系列 选项 导出

编辑工作表 ▾　缩小

剪切(T) Ctrl+X
复制(C) Ctrl+C
粘贴(P) Ctrl+V
插入(I)...
删除(D)...
添加数据系列(A)
编辑源数据(U)...
分隔符(S)...

数学	英语	化学	历史	物理	政治
96	85	86	88	80	91
87	89	81	90	85	90
91	86	87	83	81	88
89	90	83	80	87	84
95	88	84	85	82	81

如发现有数据需要修改或添加、减少时，在选项里进行修改

图 5-4　“编辑工作表”选项

在图表编辑区域上方的选项栏里，单击“图表类型”，在下拉列表里可以任意更改成另一种图表类型。选中工作区内的某个对象或形状后“属性”按钮才可以选择，否则变灰色区域不可编辑。“动画”按钮点击后可以进行整个图表的动画设置。想要实时预览编辑后的效果就点击“预览”按钮，如图 5-5 所示。

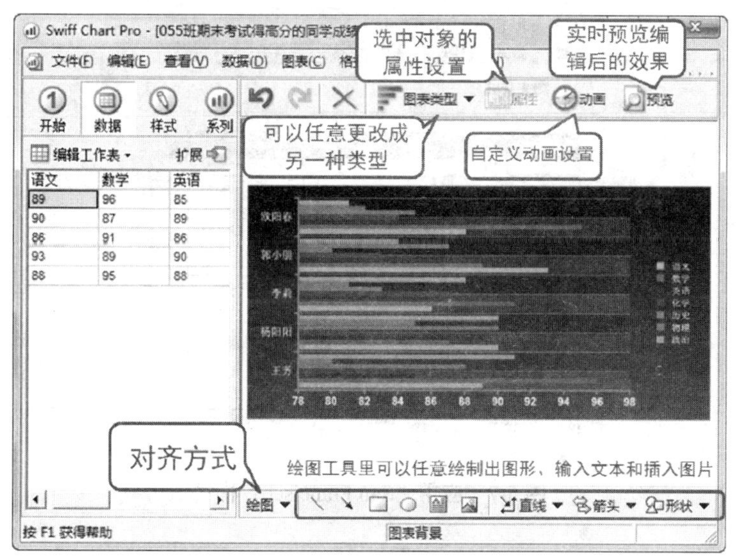

图 5-5　图表编辑栏的界面选项介绍

底部为绘图工具栏，可以使用工具栏的图形或形状任意的绘制出图表所需的图形，添加文本框手动输入数据文本。也可以根据情况需要插入相关的图片或者是 LOGO 图片。

单击“图片”图标按钮，选择一张可爱的图片插入进来，调整大小和位置，如图 5-6 所示。

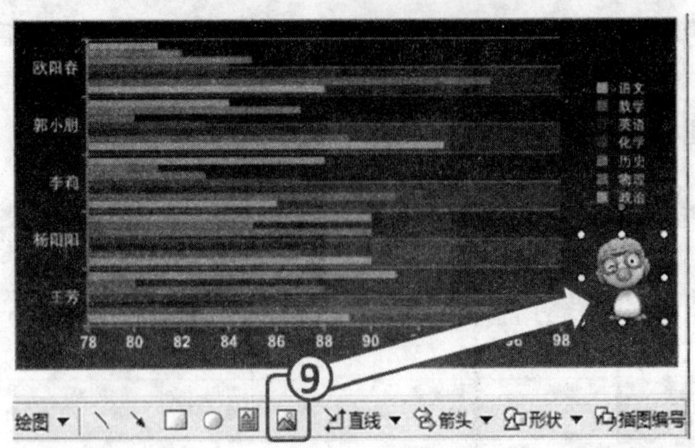

图 5-6　单击“图片”图标按钮，选择一张图片插入进来

5.3　步骤 3：“样式”选项选择应用图表样式

切换到“样式”选项，可以更改成任意一种风格的样式，有三维的、颜色组合的和相近色变化的等，直接点击选中的样式即可在右侧看到已附上这种样式的效果。这里我们选中第一个“San Francisco”样式，如图 5-7 所示，应用样式之后图表的数值形状变成立体的了。

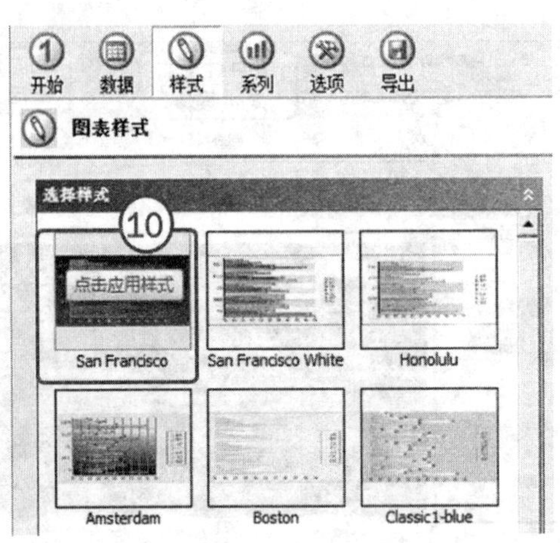

图 5-7　应用“San Francisco”样式

5.4　步骤 4：“系列”选项系列设置

在“系列设置”选项栏里可以进行自定义设置来逐个更改数据选项，或者可以在“选择样式”里选择某一种样式，直接应用就可以了。选中某个对象直接双击后都可以进行修改，很是方便。

自定义设置数据选项，选中“语文”数值的形状后，在左侧的“数据系列选项”里可以更改颜色与效果、编辑标记和数据系列格式等，还可以更改数据系列类型。点击“更改颜色与效果”之后弹出“数据系列格式：语文”对话框，“图案”项里更改效果类型为第一种，“数据标签”项里标签包含“值”和“系列名”，分隔符选择为“（空格）”，如图 5-8 所示。

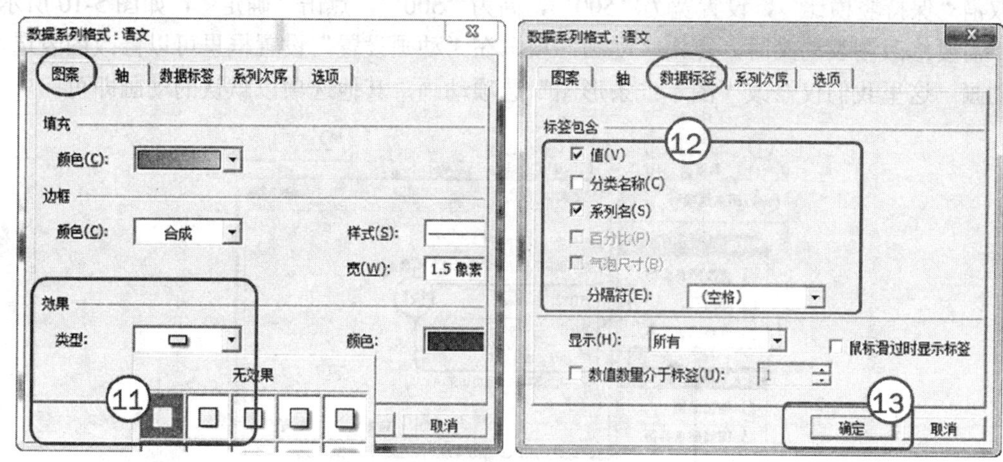

图 5-8　设置“数据系列格式：语文”的选项

点击“数据标签选项”里的“数字格式”项，弹出“数据标签格式：语文”对话框，可以在这里设置“字体”栏里的标签文字的字体和颜色；“数字”栏选择数字的分类并应用及分隔符号设置；“边框及底纹”栏选择底纹的填充颜色和边框的颜色及边框的样式，还可以增加边框及底纹的效果；“对齐方式”栏自定义设置标签位置和标签方向。

“数据标签格式：语文”对话框里我们不做修改，继续下一个数据系列选项设置，其操作方法都是一样的，也只需更改前面讲述的“图案”和“数据标签”两项即可。最后全部设置完成后的图表效果如图 5-9 所示。

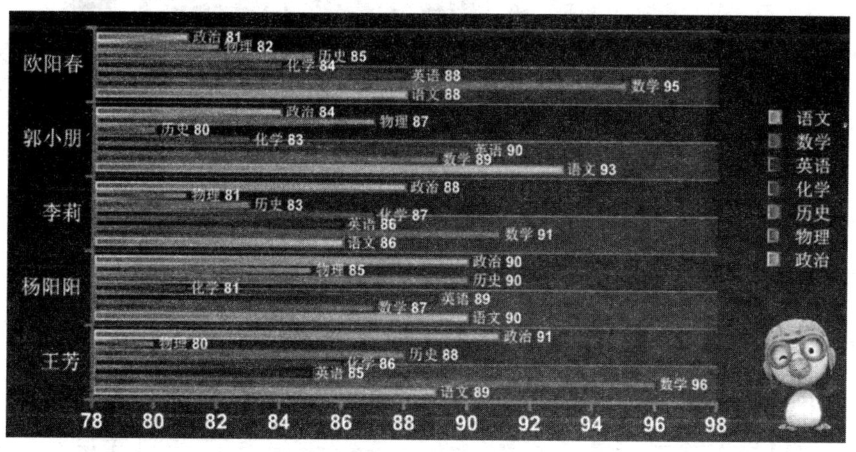

图 5-9　设置完成后的图表效果

5.5 步骤 5：“选项”里设置图表参数

切换到“图表选项”栏，点击“调整图表大小”，在弹出的“调整图表大小”对话框里取消“保持竖横比”，设置宽为“500”，高为“500”，点击“确定”，如图 5-10 所示。

需要修改图表动画时，点击“动画”项，在“动画设置”设置框里可以修改图表选项的动画。这里我们仅修改“图示：条形图”选项动画，其他选项以默认的动画即可。

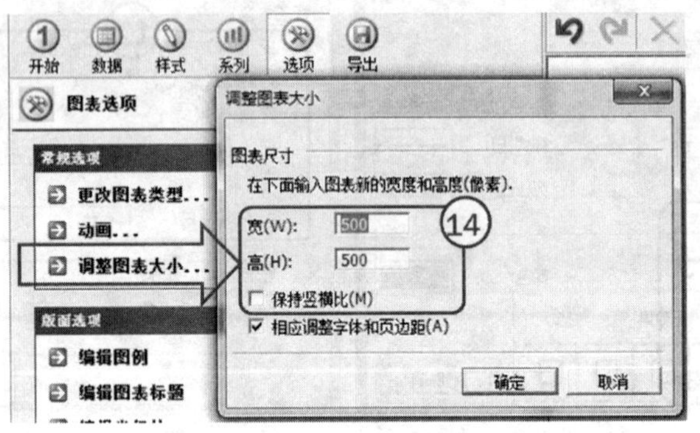

图 5-10 更改图表大小为 500*500

图示：条形图的动画类型为“上升”，终点为“10 秒”，重叠为“平滑”；结束前持续时间为“10 秒”；结束类型为“衰减”，持续时间为“10 秒”，如图 5-11 所示。设置完成后点“确定”，点击编辑栏的“预览”按钮，预览更改设置后的动画效果。

“版面选项”里可以编辑图例、图表标题、坐标轴和网格线，可以自定义图表和图示的背景颜色，也可以插入一幅图作为图表或图示的背景，这里我们不用修改它。实际上有种很好的修改办法就是在修改对象时，直接双击需要修改的形状或数字，弹出编辑对话框后都可以在编辑框里进行修改和设置。

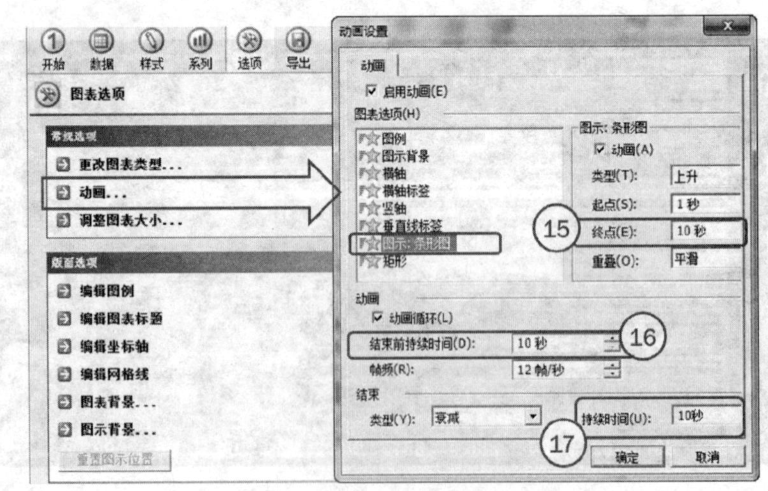

图 5-11 设置“图示：条形图”的动画

5.6　步骤 6：“导出”选项将 SWF 导出后置于 PPT 之中

已制作好的动态图表需要导出来时，请在“预览”按钮上点击，不要关闭预览，然后在“导出”选项里单击“导出为 Flash 影片”，在弹出的“另存为 Flash 动画”对话框里保持默认的设置，或者根据自己的需要进行设置，点击“保存”按钮后存储 Flash 动画文件到自己的文件夹里，如图 5-12 所示。

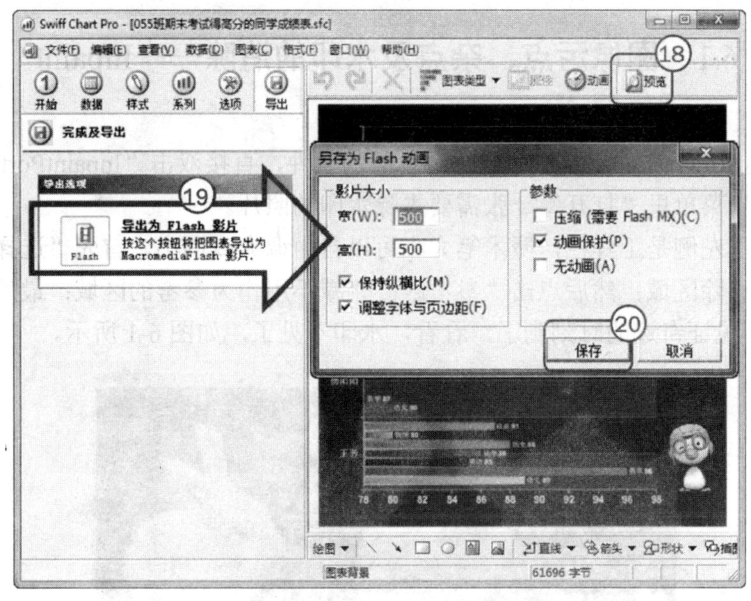

图 5-12　导出 Flash 动画设置

需要注意的是，导出动画时一定要在预览的状态下保存，否则导出来的 Flash 动画文件在播放时是没有动画的，导出的动画在 PPT 中若放映不出，再回来选预览后再导出。

回到 PPT 幻灯片页面中，选择“iSpring Pro”插件选项，单击“插入”栏的“Flash”按钮，插入刚刚导出的 SWF 格式的动态图表文件，预览时就可以看到动态图表的效果了。在 PPT 里缩放视频或 SWF 文件时，按住 Shift+鼠标拖动边框角点的控制点是等比例缩放文件。

第 6 章　新概念 PPT 图形图像型微课的处理

6.1　图像污点、杂点及水印的消除——Inpaint

Inpaint 软件是不需要安装的，是个绿色版的软件，直接双击“InpaintPortable.exe”运行，在“文件”菜单里“打开”一张需要去除水印的照片。

编辑界面里左侧是工具栏，魔术笔大小可以自由调大或调小。首先“选择”在水印上面画出红色的移除区域；然后点击“参考区”删减不用作为参考的区域；最后单击下方的“处理图像”。见证奇迹的时刻到了，看看，水印不见了，如图 6-1 所示。

图 6-1　使用 InpaintPortable 编辑器去掉兔子身上的水印

6.2　图像截取软件——截图王 Snagit

Snagit 是 Windows 应用程序，是一款屏幕、文本和视频捕获、编辑与转换的优秀软件。可以捕获 Windows 屏幕、DOS 屏幕；RM 电影、游戏画面；菜单、窗口、客户区窗口、最后一个激活的窗口或用鼠标定义的区域以及通过网络可以共享计算机屏幕上的一切。

图像可保存为 BMP、PCX、TIF、GIF、PNG、JPEG 和视频动画格式。通过内嵌编辑器可以为图像添加水印和图片效果等，也可以选择自动将图像发送到 Snagit 虚拟打印机或 Windows 剪贴板中，或者直接发送 E-mail 分享给好友。

打开 Snagit，选择捕获模式，配置里有“图像”挖图，“视频”截取正在播放的视频文件，“文本”捕获本地磁盘的可编辑的文本。

按下键盘上的“PrtScn”（PrintScreen）键或点击右下角的红色开始按钮，捕获对象，如图 6-2 所示。还可以进行相关设置，例如：捕获的区域是全屏或是自定义等。

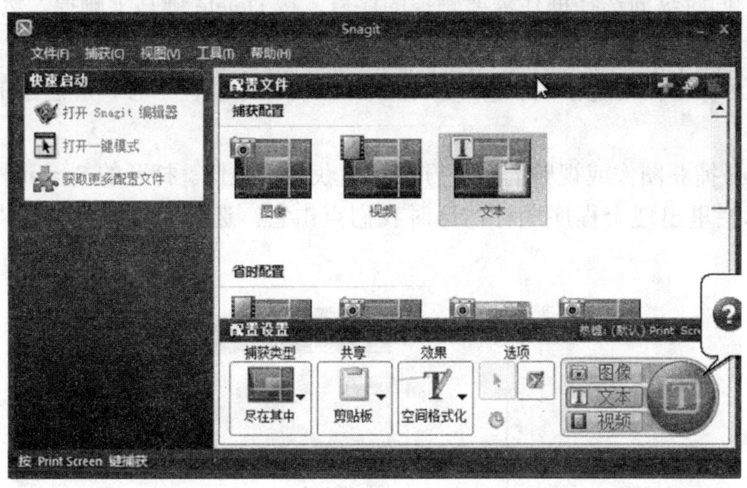

图 6-2　打开 Snagit 界面选择捕获配置

现在我们来做一个例子：打开一个文件夹，里面包含有很多个文件，但我们只想要每个文件的文件名备一份到 Word 就行了，那怎么办呢？当然，在不怕效率低和乏味的前提下，一个一个地拷贝、粘贴也是可行的，不推荐这样做。这时我们打开 Snagit 选择捕获文本模式，按下快捷键 PrtScn 直接像截图一样，按住鼠标左键画框，把需要的文件名全部截在捕获区内，如图 6-3 所示。松开鼠标时自动截好放到 Snagit 编辑器，这时直接选择文本拷贝，粘贴到 Word。

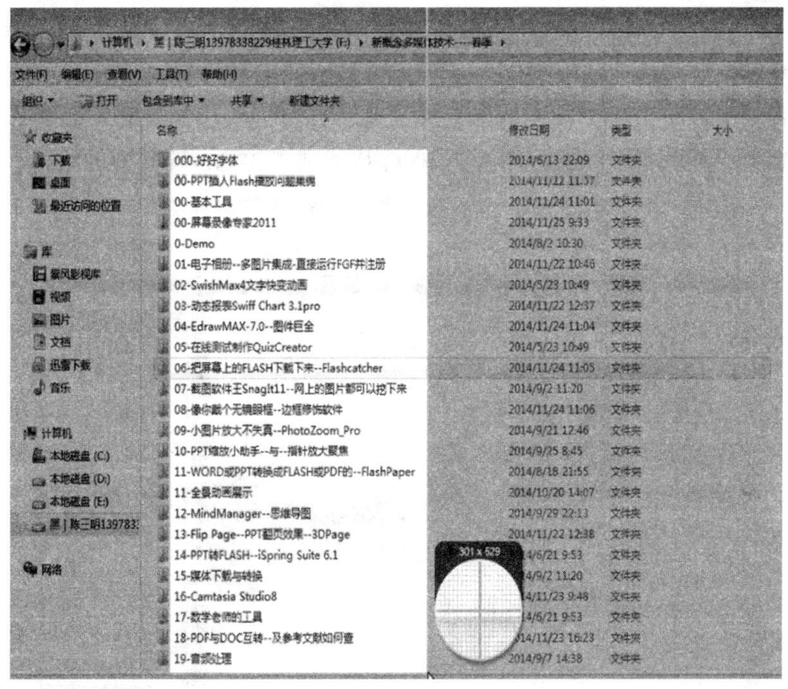

图 6-3　直接框选截取本地文件夹的文字

突然发现粘贴过来的文件名的序号不想要也不想一个一个的删它怎么办？在 Word 编辑里按住 Alt，同时纵向选择框住需要删掉的序号，按 Delete 键马上删掉。然后，在 Word 编辑里选择添加其他的数字序号。如何排列文件名的顺序？直接选择往上移或往下挪的文本（文件名），保留在框选中的状态下按住鼠标左键往上或往下移，应用了的序号也会自动地更新。

使用 Snagit 捕获图像或视频的操作方法和捕获文本类似。打开的 Snagit 程序会在电脑的右下角显示栏里出现个程序图标，这时我们点击它，选择“模式”里的“图像”，如图 6-4 所示。

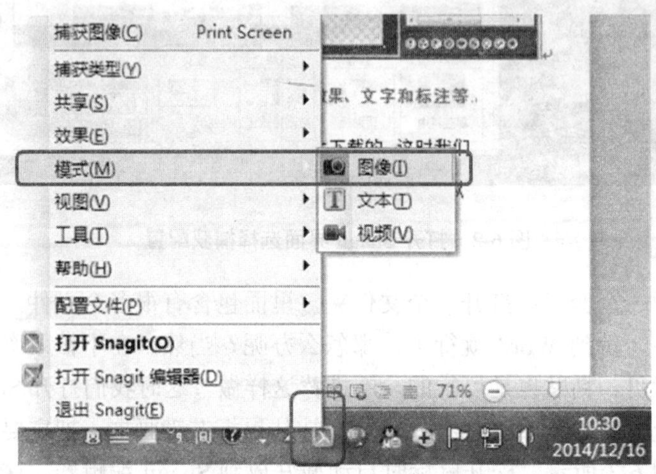

图 6-4 点击电脑显示栏的 Snagit 程序后选择捕获模式

或者直接回到主界面后，再单击选择捕获“图像”模式，按下键盘上的“PrtScn”键，可以全屏或者自定义选择挖图区域，直接框选需截取的图像，然后挖就是了。

在 Snagit 编辑器里可以为截图添加文字说明、标签、格式效果等，如图 6-5 所示，也可以自由裁剪图片大小，最后保存图片为 PNG 格式或者 JPGE 等其他的格式。

图 6-5 在网上挖取图像后在 Snagit 编辑器里可以添加图片效果、文字和标注等

经常在网站上有好的视频或是动画没办法下载的，这时我们就选择捕获“视频”模式，按下“PrtScn”键，框出（自定义）虚拟视频的窗口大小，点击虚线边上的红色按钮“rec”，等待三秒钟它就自动地开始录制视频了，如图 6-6 所示。当然这个录制视频也可以把屏幕上所有的操作全部录下来，成为一节微课程。

图 6-6　使用 Snagit 录取在线视频

当我们就截取到这部分时，按下 Shift+F10 组合键结束当前视频的录制，或者点击下方的白色小方形“停止按钮”完成视频的截取。当然这种录制也可以把您在电脑上的所有操作过程录制下来，有些微课程只需要对着屏幕边讲边录即可，用 Snagit 视频录制功能足够简单了。

回到 Snagit 编辑面板，可以预览刚刚录取的视频，如图 6-7 所示，然后保存视频格式为 MP4。除了用 Snagit 录制视频的视频外，还可以用 Snagit 录制我们正在本机上操作的每一个步骤，操作方法都是同样的。

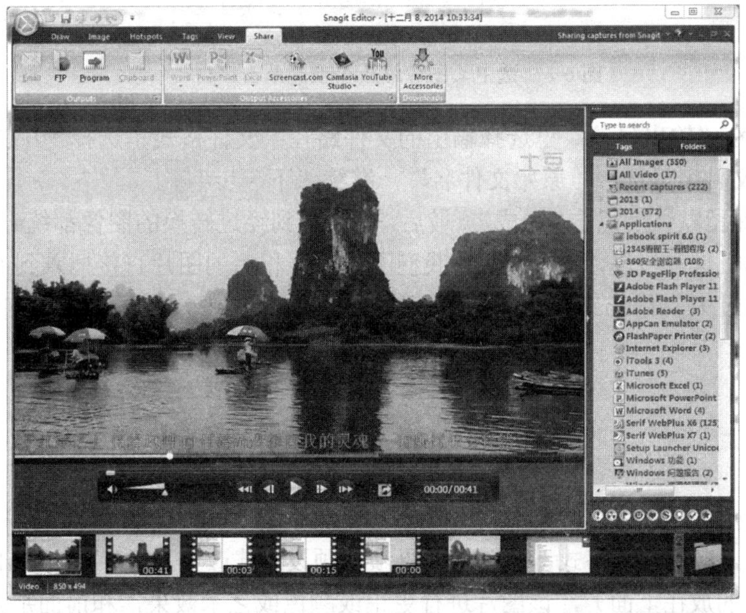

图 6-7　在 Snagit 编辑面板预览刚才录取的网络视频

安装了 Snagit 程序后我们进行图像的批量转换也是很方便的。

首先，把需要转换的图像放到同一个文件夹里。

然后，选中文件夹后点右键找到“Snagit”程序图标，移到 Snagit 位置时会出来“批量图像转换”和“使用 Snagit 编辑器打开”这两个选项，我们单击“批量图像转换”选项。弹出“转换过滤器”对话框，在“转换过滤器”里分 4 步完成图片的批量转换。

步骤 1：可以点击“添加文件“按钮继续添加图片文件进来一起进行转换。

步骤 2：点击“修改”按钮，在下拉列表选项里可以统一进行图像更改，如颜色模式、图像缩放、添加标题、边框等。这里选中“图像缩放”项，单击“33%”后，继续“下一步”，还可以对一个文件夹里的所有照片进行变色调、加个框、加阴影、加水印、调对比度与亮度等，如图 6-8 所示。

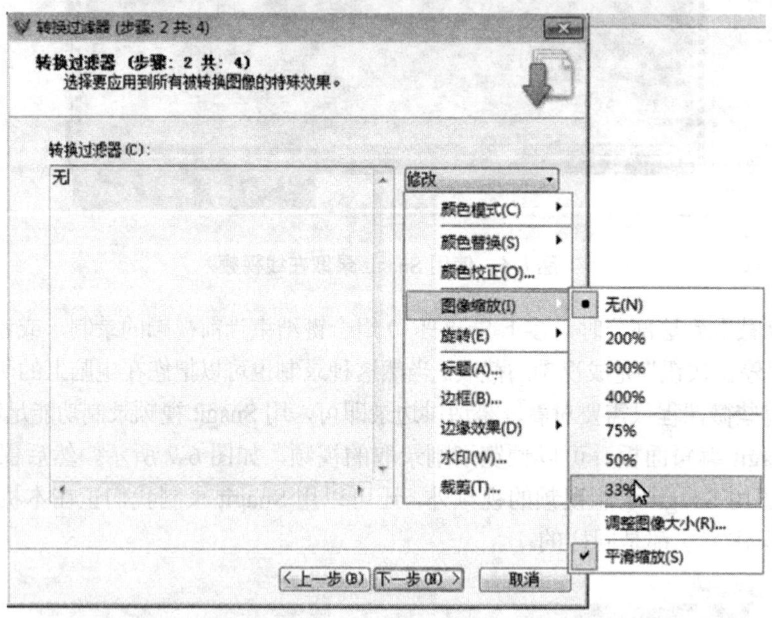

图 6-8 选中“图像缩放”项，单击“33%”

步骤 3：在“输出目录”里选择输出的文件路径；文件格式里选择“JPG—JPEG 图像（*.jpg）”；文件名里选中“原始文件名”，继续“下一步”。

步骤 4：保留默认后点击“完成”。最后，可以看到经过转换的图像都统一缩小了 33%。现在的数码相机像素极高，文件很大，我们不能将照相后的图片直接插入到 PPT 中，这样容易导致文件过大。用 Snagit 处理后的图片插入到 PPT 之中，也不至于经常因为文件大而致 PPT 死机。

6.3 单图片用双色调叠合展示效果好

插入图片，应用图片格式，在图片效果项把预设格式改为“无”，按 Ctrl+D 键复制一份（需要展示的放在上面），该图片进行更正或颜色或艺术效果，和前面那张图片是不同风格的就行了，如图 6-9 所示，最终视觉效果是同一图片两种风格转换。

图 6-9　两张同样的照片其中一张添加了 25%的黑白效果

图片没有对齐怎么办呢？我们选择其中的一个然后按住 Ctrl+鼠标点击另一个，在对齐选项里选择横向居中对齐和纵向居中对齐。

添加淡出动画（或者适合的动画效果），在动画选项栏中设置“上一动画之后”，持续时间“13 秒”（或是合适展出时间），延迟时间“10 秒”（或是自定义），完成后点击预览效果。图像过 10 秒后慢慢地淡出为另外一种风采，过程用了 13 秒，这是视觉错觉产生深刻印象的一种方法！可以先单色再彩色或者相反呈现，其效果都不错。

6.4　三张照片表达时必须主次黄金分割布局

在插入进来的照片中三张照片大小一样，怎么排列好些？

挑出一张主要的图片放大，其他两张只能当次要的并排在一侧。选中其中一张图片，添加格式效果，预设效果为“无”。做好一个样品了，后面的两张图片可以直接双击格式刷一刷，添加动画，统一选择“上一动画之后”，预览效果时发现它们三个是不是依次出来，如图 6-10 所示。

图 6-10　三张照片的表达方式

6.5　多张照片展示采用图片 Flash 生成工厂

多于三张图片时就要考虑 Flash Gallery Factory 图片处理成电子相册，再插入进来。

现在开始运行安装 Flash Gallery Factory 5.0 豪华注册版，点鼠标右键“以管理员身份运行”。在开始界面可以选择幻灯片模式或者画廊模式，如图 6-11 所示，选择之后单击“开始幻灯片模式”按钮或者单击“开始画廊模式”按钮，进入编辑界面。

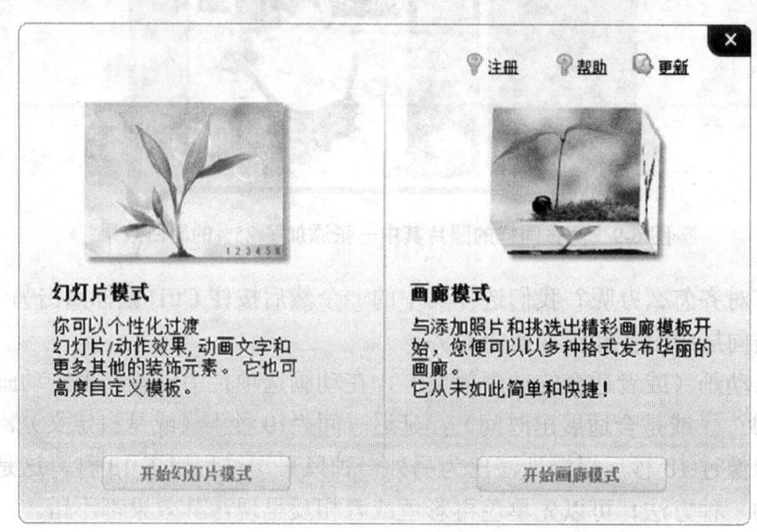

图 6-11　可以选择“幻灯片模式”或者“画廊模式”

6.5.1　幻灯片模式

进入 FGF 主界面，默认的浏览图片文件夹，我们选择需要导入进来的图片的文件夹路径，这时文件夹里包含有的图片都显示在界面里，按 Crtl+A 键全选，点击下方工具栏的“添加照片”按钮全部添加进来，或者选中图片直接拖放到下方媒体框完成图片添加，如图 6-12 所示。

图 6-12　点击“添加照片”按钮添加照片

工具栏上点击“添加音乐”按钮，选择本地文件夹里的一首好听的背景音乐添加进来，效果很好。

在工具栏里选中某张照片单击“编辑照片”按钮，可以对单个照片进行裁剪和艺术效果等，如图 6-13 所示。工具栏上还有“插入音乐”按钮、“删除照片”、“旋转”按钮和“添加引导界面”选项。

图 6-13　“编辑照片”里可以对单个图片进行编辑

点击菜单栏的“模板”，这里有好多好看的模板，一般模板有简单的、抽象的和高级的；主题模板有节日用的、适宜场合的和两者的扩展；或者可以自定义模板，也可以是默认模板。

总有一款是适合您的，看中哪一款就直接双击它，应用后在右边可以预览到效果。

这里我们选择一般模板的抽象的“Blue meteor”模板，应用它，如图 6-14 所示。

图 6-14　应用抽象的“Blue meteor”模板

菜单栏的“效果”选项里单击“过渡”按钮，可以自定义每一张图片的过渡效果，同时可以设置过渡时长。当然，我们可以不用编辑这一项，因为添加照片进来的时候它已经默认的为每一张图片添加了过渡效果。

单击“动作”按钮，还可以为每一张图片添加运动效果，图片似乎有“活”的感觉，但不能太炫了容易看得眼花头晕就不好了。切换到菜单栏的“装饰”选项里，正文设置、剪贴画、卡通制作和声音统统都可以往这里面添加，这不是“锦上添花”吗？偶尔添加一些装饰是很好的，但不能太多，“画蛇添足”和“画龙点睛”之间的差距就是美学修养的差距。

最后，在菜单栏的“发布”选项里可以选择多种输出格式，在这里我们只需要“创建SWF影片”，选择输出文件夹和自定义文件名，点击“发布”，如图6-15图所示。

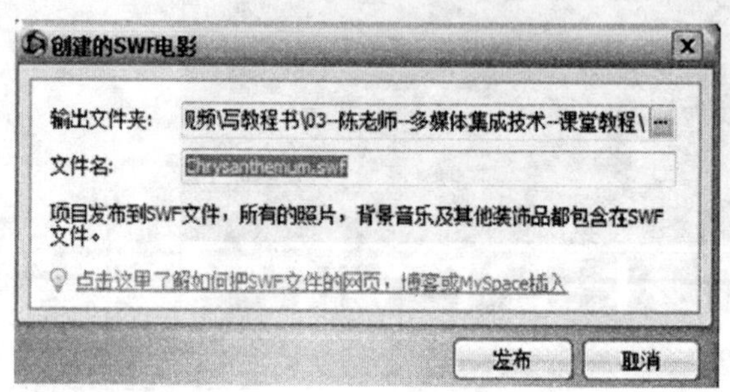

图6-15 发布为SWF文件

SWF文件可以插入PPT幻灯片页面中，选择插入视频选项，把刚刚做好的SWF文件插入，按Shift+F5键从当前幻灯片预览。电子相册是不是出来了？视频再添加个“标牌框架”，前面已经介绍怎么操作的了，方法都是同样的。

6.5.2 画廊模式

FGF里的“画廊模式”和“幻灯片模式”是可以自由切换的，很方便不需要重新打开一遍然后选择模式。在“幻灯片模式”的菜单栏右侧有个“切换到画廊模式”的按钮，点击它就可以切换到画廊模式；在“画廊模式”的菜单栏右侧有个“切换到幻灯片模式”的按钮，点击它就可以切换了，旁边的“背景”选项里可以对发布的SWF文件进行设置，如图6-16所示。

图6-16 “画廊模式”和“幻灯片模式”可以自由切换，“背景”里设置发布选项

在“画廊模式”下您会发现菜单栏上只有“浏览”、“模板”和“发布”三个大的选项，和“幻灯片模式”有些不同，选择项少了两个。基本操作都是一样的，其他的设置项也基本相同，只有“模板”选项里的模板样式改变了，有“高级”和“3D主题”的模板，而且还可以填充背景颜色或者填充背景图片。

我们在这里选择“3D主题”的“万花筒（36-pic）”，填充一张“天空”的背景图片，如图6-17所示。括号里的“36-pic”代表着有36张图片的位置，超过36张照片的，后面图片是出不来的；没到 36 张图片的，添加的照片就会有重复。

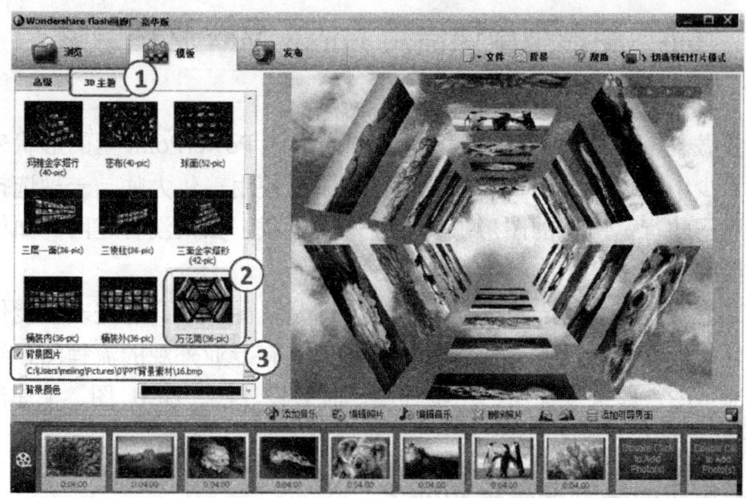

图 6-17 选择“3D 主题”的“万花筒（36-pic）”，填充一张“天空”的背景图片

“发布”选项里可以：

- 保存为“SWF”交互式动画文件；
- 手动在网站上发布“幻灯片或画廊”相册；
- 转换成“XML”代码文件；
- 发布“HTML”网页浏览文件；
- 独立运行的“EXE”文件；
- 通过用户登录 E-Mail 后直接发布“SWF”相册邮件给好友；
- 直接设置为“屏幕保护程序”或者是“EXE”屏幕保护的安装程序。

我们用得最多的是第一项，同样的在这里我们选择“创建 SWF 影片”，如图 6-18 所示。

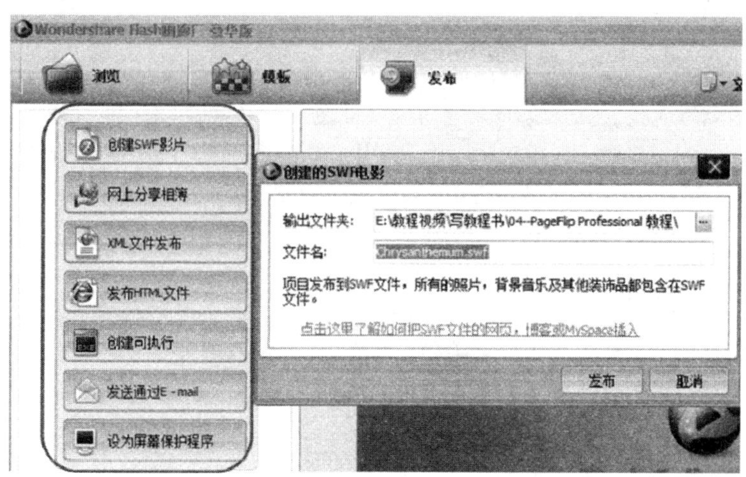

图 6-18 选择“创建 SWF 影片”，发布电子相册

需要注意的是，使用 FlashPlayer 播放 SWF 文件，如果电脑上未安装 Flashplayer 播放器，建议直接在线安装最新版本的 FlashPlayer。

6.6 图形型微课借用 Edraw Max 亿图专家

如果我们要做一个优质的 PPT，仅仅是用 Microsoft PowerPoint 里的形状来画图是远远不够的，形状太少了。怎么办呢？前面我们已讲到了使用美化大师是一种选择，但美化大师一定要经常连网才行，所有的图形形状均在网上下载，如果没有连网，如何从本机获取优质的图形资源呢？

我们来安装一款图示制作专家 Edraw Max，即是亿图专家。它是一款能使学生、老师和商务人士创建并发布各种图表库集，轻松地创建具有专业外观的流程图、组织结构图、网络图、商业演示图、建筑设计图、思维导图、时装设计图、UML 图、工作流程、程序结构、Web 设计图、机电工程图、定向地图、数据库图等。

6.6.1 直接选用绘图类型的模板和例子

启动 Edraw Max，默认是进入亿图专家界面的“文件”菜单的“新建”选项，在“新建”选项的“预定义模板和例子”栏里，左边是绘图类型，右边是所选中的绘图类型，会看到好多的以图示方式显示的绘图模板和例子。

我们在这里直接选择需要创建的“商务”类型，右边栏里下拉拖动条选择“例子”的“专题——4 主题图”后单击最右边的“创建”按钮，如图 6-19 所示，完成绘图类型的创建。

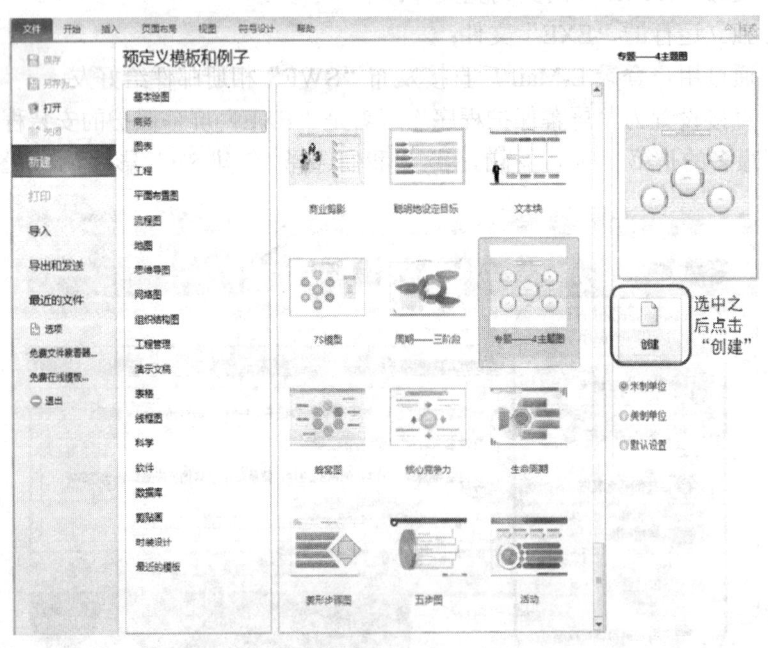

图 6-19 直接选用“专题——4 主题图”例子

然后在编辑界面中会看到新创建的“专题——4 主题图”文档，在左侧的“符号库”栏里出现了标题、图形形状和背景三个选项，它们都是可以更换和编辑的。这时我们在图形文档上双击需要添加文字的图形，输入文字，还可以更改字体和颜色，最后完成输入的文字，如图 6-20 所示。或者保留图形的空白，不用输入文本直接输出图形图片，插入到 PPT 后再在图形上面添加文字。

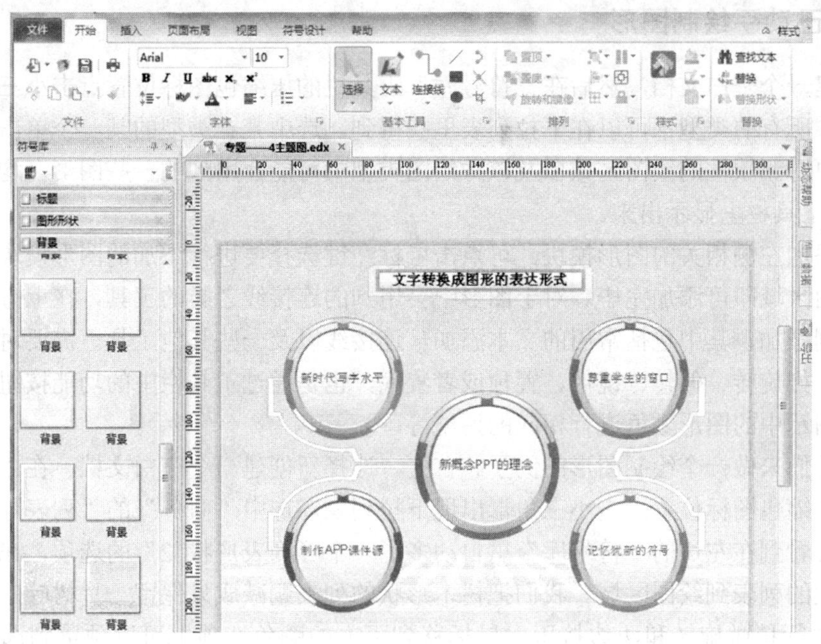

图 6-20　在图形上输入文本

调整完成后，全部框选中，按住 Ctrl+C 组合键复制它们，切换窗口回到 PPT 幻灯片中，单击鼠标右键选择粘贴第二项“图片”就行了，第一项粘贴是有白色背景的，第二项粘贴是透明背景图片。

如果我们想要“专题——4 主题图”的整个文档，怎么办呢？操作方法是点击“文件”菜单，在下拉选项里选择“导出和发送”，单击导出“图形格式”的“图像格式”按钮，在“另存为”对话框里选择“PNG 文件格式（*.png）”或 WMF 矢量图形格式即可，PNG 格式具有透明底，WMF 或 EMF 格式是矢量，缩放不变形，如图 6-21 所示。

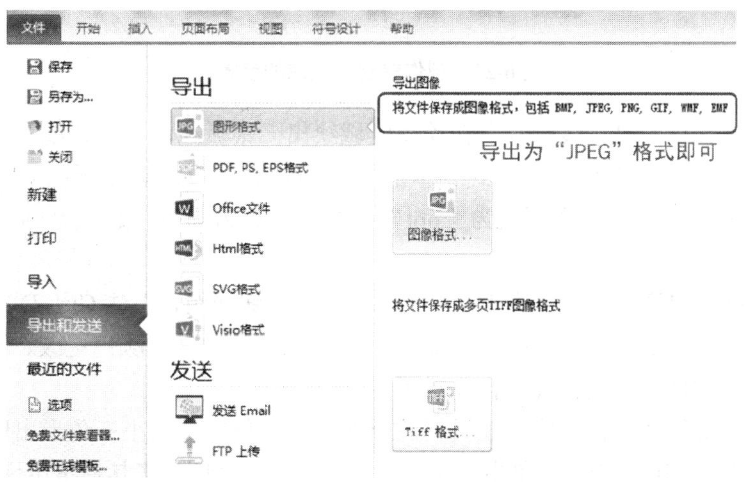

图 6-21　选择导出为 JPEG 格式

在弹出的“图片属性”对话框里选中“原始大小”、“整页”和“屏幕”后点击“确定”，图形图片成功导出，之后就是在 PPT 里直接插入图片了。

6.6.2　自己动手绘制图形

新创建一个空白文档，然后在“符号库”工具栏的压缩包图标位置点击小三角形出现下拉列表，所有的类型都可以在下拉列表里找得到，选中某一类型的某一个单击后即可在软件界面中看到软件的绘图区域以及该种绘图类型中可能会用到的一些图形，均会在左侧“符号库”工具栏里显示出来。

如要添加左侧相关的图形模块，可点击鼠标左键选择要进行添加的图形模块后，直接拖曳至绘图区域即可添加完毕。对于图形中会用到的连接线之类的工具，在上方的工具栏中进行绘制添加，其中包括常用的文本添加，连接线以及一些其他工具。需要对图形进行位置调整，如旋转、偏转、镜像、置顶或者置底，也是通过工具栏中的功能按钮来实现。还可以对图示中的图形颜色进行相应的调整等。

现在我们来做一个绘制图形的例子。首先，选择新创建一个空白文档，在“符号库”工具栏的压缩包图标位置点击小三角形出现下拉列表，选中“商务”的“列表形状 2”单击，然后会看到在左边的“符号库”里自动多了一个“列表形状 2”的选项，在选项里拖拽树木形状的列表到绘图区域。我们把树木形状的列表删减成只保留一片树叶的轮廓，之后选中它进行稍微旋转和两边挤压，鼠标移到下方的颜色选项上可以预览到选中形状的颜色也随即更改了，单击颜色方块应用选中的颜色，一个气球样子的形状出来了，步骤如图 6-22 所示。

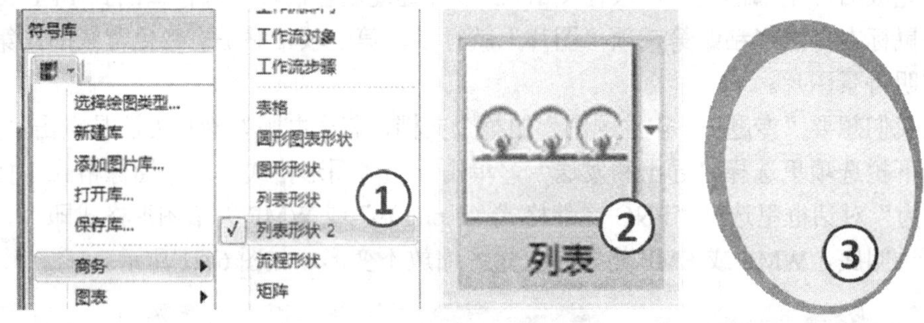

图 6-22　制作飘起的气球的步骤

选择上方工具栏的“弧线工具”在绘图区域绘出一根弧线，点中弧线上的调节点分别调整为自由飘动的线，然后在“样式”里的“线条轮廓”中，更改颜色为土黄色或者是比气球颜色深些的颜色；线宽更改为“6pt”；箭头更改为圆点，起点是圆点，如图 6-23 所示。

最后，全框选中形状点击上方工具栏的“组合”按钮成组，按住 Ctrl+D 组合键复制当前对象，连续按两遍 Ctrl+D 复制多两个同样的气球后，分别进行颜色更改、位置偏移和旋转不同的角度。这样气球就已经制作完成了。

接下来我们继续在“符号库”工具栏的压缩包图标位置点击小三角形出现下拉列表，选中“线框图”的“iPad UI”后单击，这时在左边的“符号库”工具栏里出现了“iPad UI”选项，按住鼠标左键直接拖动“水平 iPad”到绘图区域。

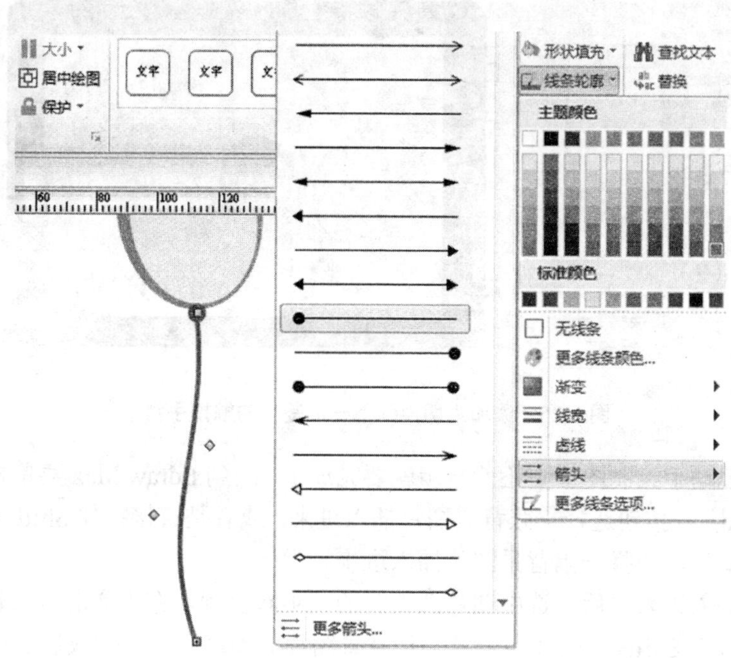

图 6-23　添加线条样式

鼠标移动到形状边框控制点时会变成两头有箭头的形状，按住 Shift 同时单击拖动形状边框可以等比例放大或缩小，大小调整合适后，在下方的颜色方块栏选择深蓝色并应用它，接着在上方的“样式”里的“线条轮廓”中，更改颜色为白色；线宽更改为“6pt”即可。步骤如图 6-24 所示。

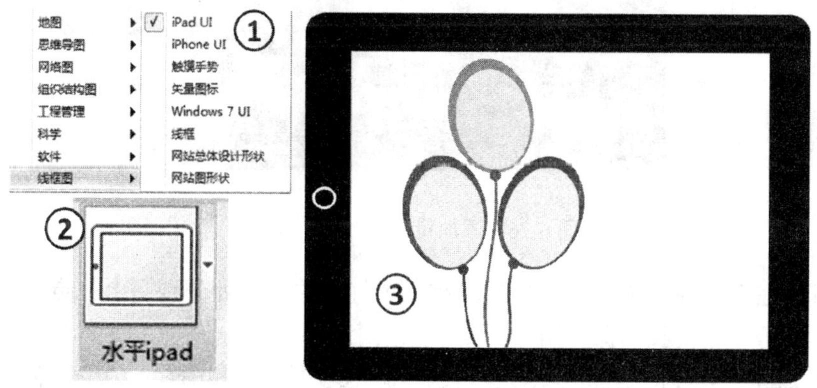

图 6-24　添加“水平 iPad”并更改样式

我们继续在“符号库”工具栏的压缩包图标位置点击小三角形出现下拉列表，选中“线框图”的“触摸手势”后单击，这时在左侧的“符号库”里就会看到一个“触摸手势”的选项，选中“切换到下一标签”的图形形状后，直接拖曳到绘图区域，不用更改形状的样式，只需稍微调整手势的大小和位置后，觉得绿色的箭头有点多余了，怎么办呢？单击选中绿色的箭头，按 Delete 键删掉它。操作步骤如图 6-25 所示。

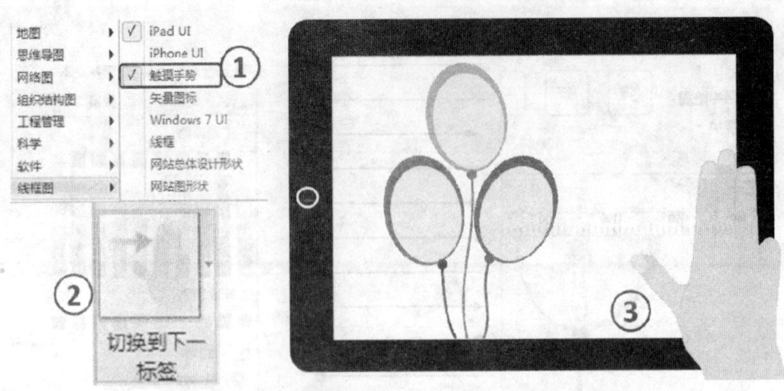

图 6-25 添加“切换到下一标签”的触摸手势

在我们自己动手绘制图形中还差一步就要完成了，回到 Edraw Max 菜单栏，在“插入”菜单里单击“图片”按钮选择一张背景图片插入进来，或者是直接按住 Shift+Ctrl+I 组合键打开图片对话框后，选择一幅背景图片插入进来。

背景图片插入进来以后，选中图片调整它的大小和位置，在上方的工具栏里点击“置底”按钮或者按下 Shift+Ctrl+B 组合键，把背景图片放到最底层，完成后的效果如图 6-26 所示，个人专属的图形图像绘制完成了，是不是很有成就感呢？

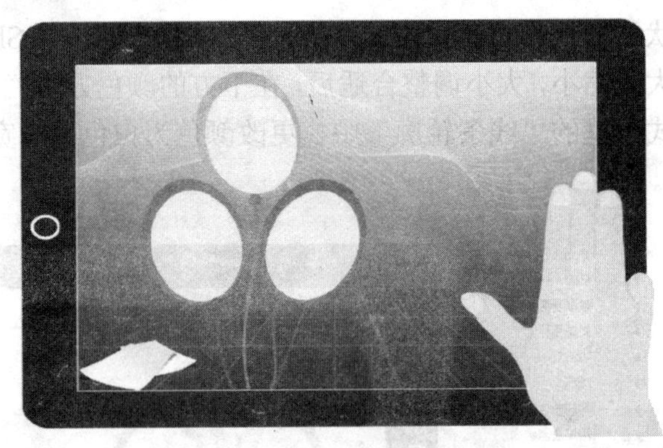

图 6-26 添加背景底图后的效果

这时可以在手势的左边写上主标题，在三个气球的空白处分别写上三点即三个部分的内容文字文本等，这里我们保留图片不用添加文字或文本。

返回到 Edraw Max 的绘图区域，在这里全部框选中形状和图片，Ctrl+C 复制它们。切换窗口到 PPT 幻灯片里，右键选择第二项“图片”粘贴，粘贴的图片为透明背景图片。

也可以按照前面讲述的方法来操作，点击“文件”菜单，在下拉选项里选择“导出和发送”，单击导出“图形格式”的“图像格式”按钮，在“另存为”对话框里选择“可移植网络图形（*.png）”即可。在弹出的“图片属性”对话框里选中“原始大小”、“活动页面的所有形状”和“屏幕”后点击“确定”，完成图形图片的导出。

之后就是在 PPT 菜单栏的“插入”选项里单击“图片”按钮，选择刚刚导出的图片直接插入进来，然后再在图像上面输入我们需要添加的文字，如图 6-27 所示。

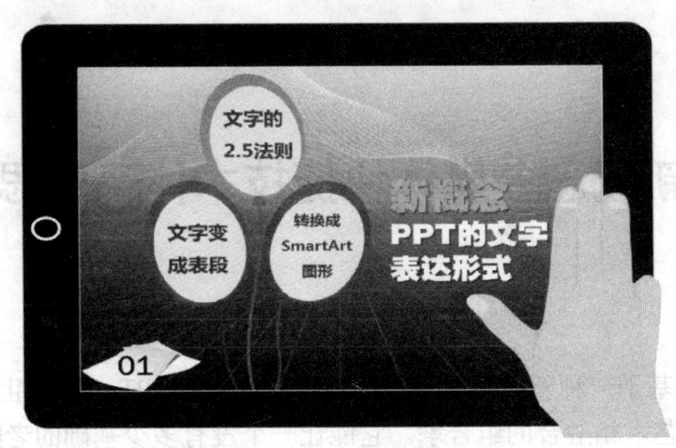

图 6-27　图片插入到 PPT 幻灯片页面里后添加的文字

到此，制作已全部完成了。Edraw Max 是优质 PPT 制作的必备绘图软件，在开始制作 PPT 之前就首先要把 Edraw Max 打开。很多丰富的图形资源我们都有可能利用得到，也尽可能地发掘出更多的图形资源，为我们以后制作一流的 PPT 添加一份自信！

第 7 章　新概念多媒体快捷技术体系的思维与理念

新概念 PPT 是基于一种新的理念与思维，超越传统的 PPT，是一组新的软件群的有机体，是一套技术与艺术相融合的组合拳。它能让一个没有多少基础的老师，在最短的时间内，明显感觉到以前的 PPT 再也拿不出手，必须对以前的课堂 PPT 进行革命，而且完全能够轻松地改良以前的初级成品，进而把自己低劣的 PPT 整改成可以传播的艺术品。

7.1　把简单的技术练到秒杀的程度就是您的核心竞争力

把简单的技术练到秒杀的程度，那就是您的核心竞争力，重复就是生产力。

这几年里我多次受邀到其他院校培训教师或到国企培训中层干部的多媒体技术，看到一个通病，那就是“畏难和求异”。看到演示的作品时先是惊讶，剖析后认为是简单容易，练习时畏难，学习时想求奇，这是学习之大忌。

如同江湖上的功夫高手，绝杀的技术往往是最简单的技术，然而是秒杀的技术。大道从简，我从不先向别人讲 Flash 动画技术，而是先从简单的 PPT 入手，挖掘其精华，提升其内涵；笼络周边插件及 PPT 辅助小软件，拓展 PPT 的外延功能。最后让所有的展示都向一个方向汇集，那就是 Flash 格式的 SWF 文件，然后以简单的几个 Flash 命令将所有的资源串合在一起，形成有设计思路、流程主干的一套多媒体软件，浑然一体。

我的研究所正在朝这个模式迈进：一套软件快速集成，多套软件同时作业，其效率之高，速度之快，正是再现了美国“肯德基”式的“流程分解、异地再造”的现代制作模式。那是好吃的零售食品，这是多媒体软件，却如出一辙。

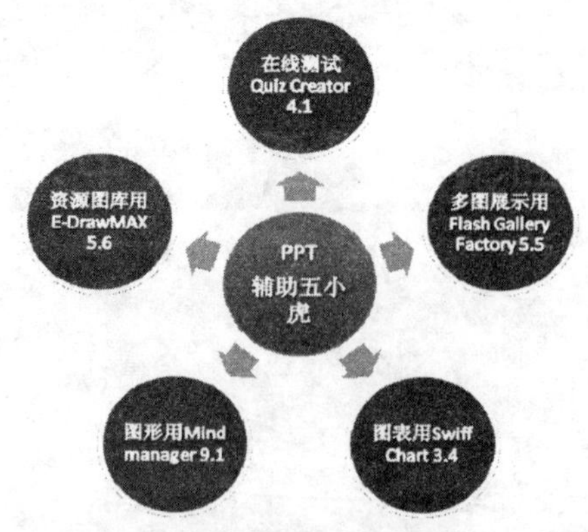

图 7-1　新概念 PPT 外围辅助软件“五小虎”

无需太复杂的平台，无需怪异的软件，只要将 PPT 中“选择窗格和动画窗格”混合灵活使用，以 PPT 中基本的进场、展示、退场动作，将文字、图片、线条当作您自己扮演的角色随着音乐而动画展现，作品因此而成。

当然，辅以 PPT 的五个很快学会的周边小软件是必不可少的：在线测试用 Quiz Creator 4.5、多图展示用 Flash Gallery Factory 5.5 、图表用 Swiff Chart 3.4、图形用 Mind Manager 9.1、资源图库用 Edraw Max 7.8，有这“五小虎”辅助 PPT，再以 PS 制作好母板或美化大师做好模板，充分使用内置的 SmartArt 技术，严格按照我提到的“文字 2.5 法则”，辅助使用美化大师，同时将 iSpring Presenter 置于 PPT 之中，一套崭新的、动态的、视觉效果非凡的 PPT 就可以完成，最后用 iSpring 生成 Flash 展示效果，这是 PPT 制作的精华秘诀，也是我多年来向外推广的一套“新概念 PPT 多媒体展示技术”的主干部分。

把简单的 PPT 重复做到艺术品的高度，创造视觉的奇迹，享受制作的过程，寻找生活的快乐，领悟简约的真谛，简约不是简单，朴素不是单调。

7.2　优秀的 PPT 展示就是您练就的一手“好字”

字谁都会写，但有“认得”与“书法”之别，任何东西，一旦练到了艺术品的程度，那就是一种质变。

人也一样，一个“长得像人”和一个有“品位的人”，也是一种质的区别。

您现在也明显地看到，到处都用 PPT 来作为展示自己成果、思路、规划的诉求平台，但是有谁又敢保证说自己做出来的 PPT 是艺术品而不仅仅是一个可以认得出的低级多媒体呢？“PPT”可不是“片片贴”，那可是新时代个人或单位展示的门面，是个人或单位虚拟形象、软实力的象征，是您写的一手字，因此要从理念上认识到这一点。

拿不出手的 PPT 最好别去显摆展示，否则让受众对您的印象大打折扣。一套美好的 PPT 可以有效地传达您所要表达的理念与信息，而且能放大您的公众影响力。

从这个角度来看，学习“新概念 PPT 视觉展示技术”就是学练　手好字，是人人都需要提升的电脑文化素养。她不是专业人员的求生法宝，而是您自己的必修课程。

有认识才有动力源，才有琢磨作品的习惯，潜心修炼的态度。

从今往后，您再也不要拿着丑得无以复加的拙劣 PPT，在课堂上或在任何展示的场所里，穿着华丽的服装，滔滔不绝地贬损着自己那点可怜的软实力了。

认真学吧，从现在开始，它是您一辈子都不可或缺的基本生存技能之一，要练到条件反射的自然地步。我相信您做得到，事实上只要认真也一定能做到！

您可以这样做：例如您教高二数学这门课有二十多年啦，说实话，干货也就是那些。干货就是指的高二数学的难点、疑点、重点、纠结点、易混点、易考点等这些知识点，先做点工，整理后打乱章节顺序，放在一个 PPT 之中。在 PPT 中建立若干“节”，每个节是一个“点”，可以很多页 PPT 组成，有空闲时间就加点 PPT，没空先放着，日积月累，每个节对应的点的诠释会慢慢地积累起来了。例如整理出了 50 个知识点共 200 多页 PPT，再把关联的节点放在一起，形成点群。您会发现这门课程的干货就在一个 PPT 之中，然后不断地修订 PPT，不断地提升各个点的表达技巧。最后一次性地可以将 50 多个点转换成视频类微课和交互式微课，进而转换成在iPad课堂上可以给学生爬的App微课程。此时有比赛就送几个出去，没比赛就留着上课用。一个教研组一起来维护一套PPT，其实是在维护一个知识干货组成的点群。

从PPT迅速地转化成微课是一种最佳的途径，上课、比赛皆能用，您说这种积累多么好啊。

7.3 新概念PPT制作十项基本原则

（1）首先在PhotoShop中设计好母板的底，设置大小为1024×768像素，然后在母板中设置好首页和中间页，同时设定好标题和正文的字体、位置、颜色，一般为粗黑体。

（2）文字按照2.5原则，每页最多不超过两段半，每段不超过两行半，段与段之间要隔半行，设置好标点符号的前置后置规则。

（3）文字以列表的形式以简洁的文字表述，然后转成SmartArt样式，设置文字格式和形状格式，再在动画设置中设置为SmartArt的动画形式，间隔设定0.3秒自动展示。

（4）单图片要设置边框，可以复制两层，一层变成黑白，一层留成彩色，叠合一起后用删除动画表达一种自单色变彩色的过程；一个页面不要放三张以上的照片，若过多，则用FGF电子相册将多图片变成一个Flash展示的SWF文件，以视频的形式插入到PPT的某一页中，同时要注意的是，插入后的方块是黑色的，可以更改为一张美丽的图片，但要一样大。另外，系统要安装好Flash播放器，或者安装好MediaPlayer 10.0，这样才能在PPT中播放动画视频。

（5）如果有很多图片或文字的PPT，可以先设计好后用FlipPage转换成自动翻页的效果，生成SWF后再插入到PPT之中，这种PPT嵌套PPT转换表达的形式类似于电影“课中课”，是一种非常好的表达形式，尤其是PPT末尾的总结展示中非常有用。

（6）在线测试用QuizCreator生成客观测试题，然后生成SWF的格式，与PPT文件放在同一文件夹之中，然后也是以视频的方式插入到PPT的一个页面之中，这样就可以做成课堂中的师生交互评测过程，是讲课中一种非常好的展示效果。

（7）视频可以进行剪辑后置于PPT中，若碰到有格式的转换问题，可以用万能格式转换工厂进行转换。在视频之中可以设定不同的书签节点，这样一个长的视频您就可以分成几个自然段，免除了拖动寻找视频起点的苦恼。在音频中，可以插入MP3，设置“跨幻灯片播放”方式，这样就可以将插入的音乐作为背景音乐来播放了，当然此时最好设定幻灯片的播放方式为“隔5秒自动播放”，而不是用点击的方式进入到下一页。

（8）幻灯片一定要设置放映动画，这是幻灯片的切换动画，PowerPoint 2010增加了许多三维的动画转场功能，可以调剂沉闷的展示。同时，每一页的元素在“动画”菜单中，直接设置各自出场的动画形式及时间。在设置时，最好将“选择窗格”和“动画窗格”同时开启，这样可以有针对性地对复杂的物体设置不同的动画。还要注意的是，动画可以使用格式刷进行复制的。

（9）PPT完成后使用iSpring Suite，将PPT直接转换成Flash或者网站的格式，不仅可以在不同的平台上播放，更重要的是还对PPT进行了保护。如果先把PPT做好，然后转成

Flash 动画，比起直接使用 Flash 制作动画，不知要快多少倍的时间，这是一条捷径。当然，在 PPT 的 iSpring Presenter 设置中也有许多参数需要注意到。

（10）在制作 PPT 时，一定不要仅仅打开 PPT，还要打开 PS，打开 Edraw Max、打开 MindManager、打开 ConceptDraw 或 SmartDraw 等。以集成技术的思想，以群件的思维，从这些素材库中取舍部件、修改内容、改换形式，将文字进行二度消化，三度转化成为有动画的图形图像。这样才能做得出优秀的 PPT，否则只是单纯简单的 PPT，您的 PPT 技术才能快速提升，从而体验到 PPT 得到认可的成就感。因为别人对您的 PPT 的认可，事实上就是对您个人的认可。

以上十项基本原则，是我外出讲学中慢慢领悟出的，只要抓住以上十点，慢慢领悟，PPT 的级别一定会从目前的二段低手，快速提升到六至七段高手。

7.4　多媒体之道

世上万物，只要专注，就会悟道！

道是一种境界，是一种贯通，上下纵横的彻底透亮贯通，是规律，是两点之间的高速铁路。

钻得深，想得多，站得高，便可领悟，任何人都可做到。

领悟至道，便可茅塞顿开，万物光明，游刃有余。

然而道并不虚，而有其实。多媒体技术亦是如此！

进入到这个境界的人需要有足够量的“练机”时间。我教过的老师或学生常问我：如何能通晓众多软件？有何捷径？

我们知道，选拔航天员一定要从有上千个小时战斗机飞行实践的人才中选择，您若没有在电脑前投入一定量的全神贯注，没有五千多个小时的专注学练，如何悟道？

请记住，我这里说的是专注，而不是逛网时数。

屏气凝神，人生疯狂一次——

关掉网络，端坐于电脑前，浑然忘我，眼前看不到屏幕的边缘，您完全把自己沉浸在智慧的海洋之中，视软件为拥有生命的一个个好朋友，与软件对话，谦虚地向她请教，让她背着您寻找最优最佳技术方案的捷径。

您可以自言自语，可以会心一笑。忘记了时间的流逝，忘记了吃饭的时间，忘记了自己身在何处，物我两忘！

这种专注尽管单纯，然而快乐。不懂的人说这是枯燥，可他哪里知道这是另外一种快活？

这也是我送给儿子及弟子们的一个“十字秀”：认真到极致，执着到单纯！她只有十个字，不是十字绣，但要把她绣在心里去！

每个软件都充满了激情，宝藏着智慧，让您豁然开朗，这怎么会是吃苦呢？

每个软件都是您的朋友，忠实的朋友，让您心中充实，这哪里会有孤独呢？

您看看有很多人喜养小狗，只因为它乖巧灵气，懂你、牵挂你。软件也一样，把她当作有灵气的小狗，您懂她、她牵挂您，您拥有一群智慧的软件“狗”，您应该经常在电脑前遛“狗”，会少许多的人生烦恼，也会化解人生的许多危机。

每个人都应该有危机意识，学习新知识是化解危机的有效途径。

危险里藏商机，兴旺中藏危机。

危机意识是个人的生命力，是久久生存之道。

学习才能居安思危，未雨绸缪，学习才能提升日后碰巧成功的概率！

当您的技术学练到一定的火候，思维与理念则是您奔腾的双腿，飞翔的翅膀。

当思维与理念融入到技术的时候，技术不再是单纯的套路或是花架子，她便有了灵气，有了灵魂，有了生命力。

显然，这已经上升到了文化的层面，是“多媒体文化”了，是新时代文化大发展最需要传播的基本。

自媒体文化时代，人人都要学习新概念多媒体！

例如，多媒体课件或者微课程的设计制作绝对不是一些知识内容的胡乱堆砌，绝对不是知识的华丽集装箱。

您首先要帮对方整理好教学设计，然后化成图形。然后在教学设计的回路节点上，串上相应的教学内容，将内容经过一度消化、二度转化、三度提升后形成视觉化的多媒体元素，形成珍珠，把珍珠串在教学设计回路的线点，点线一体，便是珍品。软件技术在其中起着决定性的作用。

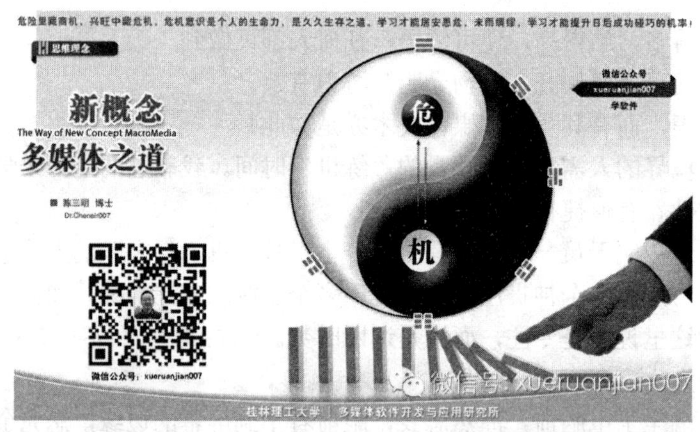

图 7-2 新概念多媒体之道—危险与机会并存—微信公众号“学软件”

紧紧盯住教学设计这条主线，将经过了三度转换的多媒体元素串联起来，便有了精彩的故事，有了情节和说法，有了主线和暗线，就有了分明的层次。

此时的微课程或多媒体快课升华成了一套有灵魂、有生命、有灵气的知识艺术品，她承载了基本的多媒体文化，您有心血倾注其中，可以传承，可以欣赏，是枯燥科学的美食，是知识的视觉套餐。

您说说，这种多媒体课件不得省级、国家奖项，那都比较困难，连评委不给她奖项都会心有愧疚。

我作为评委，看到这类知识艺术品，也会叫绝。

学技术，憧憬愿景，慢慢来；学软件，求索童心，温火煮。且去学软件，其实修内心。天下修炼，莫不如此。

明白了这些，也就领悟到了多媒体之道。推而广之，万事悟通，皆出一理。

第 8 章　PPT 型微课需要提升内涵并拓展其外延

PowerPoint 2010 比前面的低版本功能更为强大（当然建议安装 PowerPoint 2013），PPT 制作是我们老师的日常工作，因此 PPT 的基本水平应当没有问题，以下以问题的形式把工作中常见的技术问题及解决技巧汇集起来，通过问题的解决并结合讲课实例，一步步地提升制作 PPT 的技术水平，这本身就是学习应用软件的一种捷径。

您将下面提到的小问题解决了，PPT 级别可以达到“五段”高手水平，要继续提升，必须使用到 PPT 的周边辅助软件，它们是：iSpring Presenter、ConceptDraw、CorelDraw、PhotoShop、IEBook、QuizCreator、DemoCreator、Captivate、Ovation、CoolEDIT、FlashSliderShow、Swiff Chart、SwishMax、Camtasia Studio 等软件，掌握好并熟练运用，其水平可进入七八段高手水平。

掌握一群软件并有机地整合，为我们的课件制作服务，提高课件的制作水平，最终的结果均在 PPT 中展示出来，让学生在课堂上佩服您，知识的二度消化与美化，本来就是传播知识的工作者必须修炼的一项内功，这并没有耽误我们的时间，磨刀不误砍柴工，我们加油学。

8.1　如何在 PPT 中制作相册

（1）启动 PowerPoint 2010 程序，切换到“插入”选项卡，并单击“相册”按钮，打开“相册”。

（2）单击“插入/相册”按钮，打开“插入新图片”对话框，导航到您用于存放数码相片的文件夹，并按“Ctrl+A”选中其中的所有图片，然后单击“插入”按钮，返回“相册”对话框。

（3）单击“创建”按钮，所有照片就会按照默认的每张幻灯片存放一张照片的方式插入到当前的演示文稿中，而且第一张幻灯片会自动加入相册的名称和创建者的姓名。

8.2　如何快速为演示文稿换装

每位演讲者都希望演示文稿中的每张幻灯片不但具有美观的视觉效果，而且整体的风格要趋于一致，这样才可以吸引观众的注意，使自己的演讲取得预期的效果。

（1）在 PowerPoint 2010 中添加您的演讲内容，然后切换到“设计”选项卡。

（2）在“主题”组中，您可以看到许多内置的演示文稿主题，单击“主题库”右下角的“其他”按钮，可以看到整个“主题库”中的全部内置主题。

（3）在“主题库”中滑动鼠标指针，全新的实时预览功能将帮助您试用每个主题，一旦您找到满意的主题，只要单击它，当前演示文稿中的所有幻灯片都会被该主题的风格覆盖。

8.3 如何运用简单的形状为演示效果增色

当您制作演示文稿时，通过巧妙利用各种形状来修饰幻灯片，可以为您的演示文稿增色不少。现在，全新的 Microsoft Office PowerPoint 2010 为您提供更直观、更简便的方法来让简单的形状渲染幻灯片，甚至，您可以让这些形状具有漂亮的三维效果。

（1）切换到“插入”选项卡，在“插图”组中，单击“形状”按钮，打开“形状库”，然后选择其中一个形状。

（2）在幻灯片中的某个位置上，单击鼠标左键，一个默认大小的图形就会出现在鼠标单击的位置，利用该形状四周的手柄调整形状的大小，并将其拖至合适的位置。

（3）确保该形状处于选中状态，切换到“格式”选项卡，然后在“形状样式”组中的“形状样式库”中选择一种样式。

（4）单击“形状效果”按钮，并利用下拉菜单中的“映像”和“三维旋转”子菜单中的选项对当前形状应用这 2 种效果，然后直接使用键盘输入一些文字，这些文字会自动继承所属图形的“映像”和“三维旋转”效果。

8.4 如何利用 SmartArt 图形更直观地补充论点

（1）切换到“插入”选项卡，在“插图”组中，单击“SmartArt”按钮，打开“选择 SmartArt 图形”对话框。

（2）该对话框的左侧给出了 SmartArt 图形的分类，当您选择某个分类时，中间的图形列表框中就会显示出该分类下所有的SmartArt图形。当您选择某个具体的SmartArt图形时，右侧的区域中就会向您显示出该图形示例图示和详细的使用说明信息。

（3）选择一个要使用的 SmartArt 图形，单击“确定”按钮，一个默认的 SmartArt 图形就会插入到当前的幻灯片中。然后，您只需按照提示输入文本内容，一个基本的 SmartArt 图形就制作完成了。

（4）在“设计”选项卡的“SmartArt 样式”组中，打开“SmartArt 样式库”，从中选择一种满意的样式应用于当前的 SmartArt 图形。

8.5　如何选择幻灯片切换效果

（1）定位到要为其设置切换效果的幻灯片，并切换到“动画”选项卡。

（2）在“切换到此幻灯片”组中，利用具有实时预览功能的“切换效果库”，分别体验多种切换效果的视觉反应，并单击其中一个满意的效果。

8.6　如何在内容繁多的幻灯片中轻松选取目标内容

在“开始”选项卡的“编辑”组中，单击“选择”按钮，并从快捷菜单中执行“选择窗格”命令，打开“选择和可见性”任务窗格。

在“该幻灯片上形状”列表框中给出了当前幻灯片中所有的元素，您可以：单击某个形状或配合“Ctrl”键来选中幻灯片中的一个或多个元素；双击其中某个元素，来为其重命名；单击某个形状名称右侧的图标来关闭或打开该元素的显示状态。

8.7　如何将幻灯片中的文本转换为 SmartArt 图形

（1）在幻灯片中，选择一个包含带转换文本的文本框。

（2）在“开始”选项卡的“段落”组中，单击“转换为 SmartArt 图形”按钮，打开“SmartArt 图形库”。

（3）利用实时预览功能，预览一些 SmartArt 图形的应用效果，当确定要转换成哪个 SmartArt 图形时，单击它就可以将选定的文本转换成 SmartArt 图形。

8.8　如何在发布演示文稿之前删除其中的备注信息

（1）单击“Office 按钮”，并从下拉菜单中执行“准备”|“检查文档”命令，打开“文档检查器”对话框。

（2）选中“演示文档备注”复选框，以检查演示文档中演示者备注的信息，然后单击“检查”按钮。

（3）在检查结果中，文档检查器检查到文档中有演示文稿的备注，单击右侧的“全部删除”按钮即可删除该演示文稿所有幻灯片的备注信息。

8.9 如何打造您专用的幻灯片版式

（1）切换到“视图”选项卡，在“演示文稿视图”组中，单击“幻灯片母板”按钮，进入幻灯片母板的编辑模式。

（2）在“幻灯片母板”选项卡的“编辑母板”组中，单击“插入版式”按钮，在当前的母板中插入一个新的版式。

（3）在“母板版式”组中，单击“插入占位符”按钮，并在下拉菜单中选择要插入的占位符类型，然后在新版式的幻灯片中，使用鼠标绘制出该占位符的大小和位置。这些占位符会出现在新建幻灯片的页面中。

（4）在“编辑母板”组中，单击“重命名”按钮，打开“重命名”对话框，为新建的版式定义名称，并单击“重命名”按钮，然后单击“关闭”组中的“关闭母板视图”按钮，退出幻灯片母板的编辑模式。

（5）将当前演示文稿另存为“PowerPoint 演示文稿模板”文件，以后只要使用该演示文稿模板创建的新幻灯片，便可以套用自定义的幻灯片版式了。

8.10 如何利用简单的形状制作幻灯片的水印

（1）插入您要用于拼凑水印图案的各种形状，并根据您个人的喜好，对这些图形进行样式设置和位置摆放。

（2）配合“Ctrl”键选中所有要作为水印的形状，然后单击鼠标右键，在弹出的快捷菜单中执行“组合”|“组合”命令，将它们组合成一个单独的水印图形。

（3）按“Ctrl+X”组合键，将该图形剪切到剪贴板中。

（4）切换到“设计”选项卡，在“背景”组中，单击“设置背景格式”按钮，打开“设置背景格式”对话框。

（5）在“填充”选项卡中，选中“图片或纹理填充”单选按钮，并单击“剪贴板”按钮，然后，切换到“图片”选项卡，单击“重新着色”按钮，并从下拉菜单中选择一种“浅色变体”，来模拟水印的效果。

（6）依次单击“全部应用”按钮和“关闭”按钮，完成对演示文稿中所有幻灯片的水印设置。

8.11 如何自由选择要参与播放的幻灯片及其顺序

（1）切换到“幻灯片放映”选项卡，在“开始放映幻灯片”组中，执行“自定义幻灯片放映”|“自定义放映”命令，打开“自定义放映”对话框。

（2）单击“新建”按钮，打开“定义自定义放映”对话框，左侧列表框中列出了当前演示文稿中的所有幻灯片，您可以配合“Ctrl”或“Shift”键选择所有要加入到新自定义放映序列中的幻灯片，并单击“添加”按钮，将它们一次性添加到右侧的列表框中。

（3）在“幻灯片放映名称”文本框中，为当前指定放映序列命名。

（4）单击“确定”按钮，完成新自定义放映序列的创建并返回“自定义放映”对话框，然后单击“放映”按钮。现在，只有自定义放映序列中的幻灯片才能参与播放。

（5）您也可以通过单击“自定义放映”按钮，从下拉菜单中找到新建的自定义放映。

8.12　如何快速制作精美完善的课程讲义

（1）打开一个包含您讲课内容的演示文稿，而且幻灯片中包含必要的备注信息。

（2）单击“Office 按钮”，并从下拉菜单中执行“发布”|“使用 Microsoft Office Word 创建讲义”命令，打开“发布到 Microsoft Office Word”对话框。

（3）将“Microsoft Office Word 使用的版式”设置为“备注在幻灯片旁边”，并将“将幻灯片添加到 Microsoft Office Word 文档”设置为“粘贴”，单击“确定”按钮。现在，一份以备注作为注解的幻灯片讲义就制作完成了。当然，您还可以在 Word 2010 中对这份讲义进行一些美化，使之更加专业。

8.13　如何巧用剪贴画制作逼真的透视效果

（1）切换到“插入”选项卡，在“插图”组中，单击“剪贴画”按钮，打开“剪贴画”任务窗格，然后插入任意一个剪贴画。

（2）右键单击该剪贴画，执行“另存为图片”命令，将其保存为一个新的 JPEG 格式的图片文件。然后，还是在“插入”选项卡的“插图”组中，单击“图片”按钮，将该图片也插入到幻灯片中。

（3）同时选中幻灯片中的 2 幅图片，切换到“格式”选项卡，在“图片样式”组中，单击“图片效果”按钮，并将鼠标指针移至“阴影”子菜单，然后选择“透视”阴影效果。

（4）观察这 2 幅图片的阴影效果，您会发现剪贴画的阴影要比 JPEG 图片具有更真实的透视效果。

8.14　如何让文本内容具有与生俱来的美观效果

（1）切换到“插入”选项卡，在“文本”组中，单击“文本框”按钮，然后在幻灯片中要插入文本的位置单击，创建一个文本框。

（2）在该文本框中输入文字，调整字体和字号，然后切换到“格式”选项卡，并利用“形状样式”和“艺术字样式”组中的工具为该文本框赋予您所期望的视觉效果。

（3）当文本框的外观满足您的要求时，右击该文本框的边缘位置，并执行“设置为默认文本框”命令，以便使用除文字以外的所有格式设置替换默认的文本框设置，包括字体、字号和各种样式。

（4）再次创建一个文本框，这时，新建的这个文本框就自动被赋予前一个文本框的所有视觉特征，您要做的只是在其中输入文字，一个漂亮的文本内容就制作完成了。

8.15　如何让其他人也能分享您在幻灯片中使用的特殊字体

很多时候，您为了让自己的幻灯片文字更加与众不同，往往需要安装和使用一些个性感十足的特殊字体，那么，如果您打算将包含非默认字体的演示文稿分发给其他人，他们很可能会因为没有安装您的这些特殊字体而无法体验到您幻灯片的原汁原味的文字风格。PowerPoint 2010 就为您想到了这一点，并提供了一种简便的解决方案。

（1）在您已经安装有某些特殊字体的计算机上，打开一份已经使用了这些特殊字体的演示文稿。

（2）单击“Office 按钮”，并在下拉菜单的底部，单击“PowerPoint 选项”按钮，打开“PowerPoint 选项”对话框。

（3）切换到“保存”选项卡，在“共享此演示文稿时保持保真度”选项区域中，选中“将字体嵌入文件”复选框，并确保“仅嵌入演示文稿中使用的字符（适于减小文件大小）”单选按钮处于选中状态。

（4）单击“确定”按钮，返回主窗口，并保存当前的演示文稿。现在，演示文稿中用到的特殊字体就不会在其他用户的计算机上失真了。

8.16　如何批量调整字体字号

问：我做了一个有很多页的幻灯片，做完后觉得字体字号不合适想重新设置。但在 PowerPoint 2010 幻灯片中的文字标题都以文本框方式显示，我只能同时选中一页中的文字进行设置，这样逐页设置很麻烦。能不能同时对多张幻灯片中的文字进行字体字号设置呢？

答：在普通视图下，单击窗口左侧窗格上的“大纲”标签切换到大纲视图，这样所有的幻灯片中的标题文字都会显示在此窗格中。然后您就可以按“Ctrl+A”键用鼠标逐一拖动选中需要同时修改的文字进行设置了。

建议可以用美化大师，其中有批量一次性调整所的有字体与字号，非常地方便快捷。

此外，通过设置主题字体也可以同时修改所有幻灯片中的字体字号。切换到“设计”选项卡下单击“字体”，从下拉列表中选择一种主题字体或选择“新建主题字体”进行自定义设置即可。

8.17　如何让背景音乐持续多张幻灯片

问：使用 PowerPoint 2010 做幻灯片，从“插入”选项卡中插入的声音只对当前幻灯片起作用，播放到下一张时背景音乐就会停止。能不能让背景音乐在多张幻灯片中连续播放？

答：能。单击“插入”选项卡下的“声音”图标，在插入声音对话框中选择需要的声音文件打开。在出现“您希望在幻灯片放映如何开始播放声音？”的对话框，单击“自动”按钮插入声音。此时会自动切换到“声音工具”的“选项”选项卡。在“选项”下单击选中“循环播放直到停止”复选框，再单击“播放声音”的下拉按钮，选择“跨幻灯片播放”即可让背景音乐一直播放到最后一张幻灯片结束。

8.18　如何准确设置动画速度

问：需要精确的速度设置以让动画和声音同步。但在 PowerPoint 2010 中自定义动画的速度默认下只有非常慢、慢、中、快、非常快五种选择，有没有办法把动画速度精确设置为指定值（例如：3 分 23.5 秒）？

答：有。在 PowerPoint 2010 中本来就可以自由设置速度的，只要在自定义动画窗格中右击您想设置速度的动画项，从弹出菜单中选择“计时”，在窗口中单击“速度”后面的输入框，直接输入所需时间 03:23.5，确定后即可把这个动画播放时间定为 3 分 23.5 秒。

8.19　为什么有的 PPT 文件无法编辑

问：我下载的个别 PPT 文件在双击打开后会直接播放，播放完后直接退出，对于这样的文件该如何进行编辑？

答：这是保存类型选择“PowerPoint 放映（*.ppsx）”保存的文件。您可以先打开 PowerPoint 2010，再单击窗口左上角的 Office 按钮选择“打开”，从打开对话框中选择打开该文件就可以直接编辑了。此外，直接右击该文件选择重命名，把文件的扩展名由.pps 或.ppsx 改成.ppt，重命名后也可以直接双击打开进行编辑。一般您得先从“控制面板”→“文件夹选项”→“查看”中取消“隐藏已知文件扩展名”设置后才能看到和修改扩展名。

8.20　如何重复利用以前的幻灯片

问：我现在做的幻灯片中需要用到其他 PPT 文件中的几张幻灯片，能不能直接把它插入到新建的幻灯片中使用呢？

答：在 PowerPoint 2010 中可以快速插入其他 PPT 文件中的幻灯片。在“开始”选项卡中单击“新建幻灯片”的下拉箭头，从下拉列表中选择“重用幻灯片”，在窗口右侧会显示“重用幻灯片”窗格。在“从以下源中插入幻灯片”中输入文件名回车确认，或者单击“浏览”选择“浏览文件”打开要插入的PPT文件。即可在“重用幻灯片”窗格中显示该PPT文件中的所有幻灯片。从中单击您要插入的幻灯片，即可把该张幻灯片插入当前文件中，插入的位置就在当前显示的那张幻灯片的前面。

8.21 可不可以单击鼠标不换片

问：我在幻灯片中设置了一些可通过单击触发的动画，但是在播放时往往因为不小心单击到指定对象以外的空白区而直接跳到下一张幻灯片。有没有办法禁止这项单击换页的功能？

答：能。在PowerPoint 2010 的“动画”选项卡中的换片方式下有一个“单击鼠标时”的复选框，只要单击取消前面的对勾，以后在播放幻灯片时单击到页面空白位置就不会跳到下一张了。不过这样一来得右击选择“下一张”才能跳到下一张，或者预先在页面上设置“下一张”按钮。

8.22 如何将列表式文字变成动人的图形

在幻灯片的制作过程中，需要逐一列表式描述的文字，经常会以点符列表来进行格式化。现在，对于这些昔日的作品与文件，PowerPoint 2010 全新的自动化转换工具，即可将文字瞬间变成动人的图形。

您有两种操作方式可以将条列式文字变成动人的图形。比如：只要单击幻灯片上既有的点符列表文本框后，在画面上方功能区里的“段落”选项组中，单击“转换为 SmartArt 图形”按钮，即可从其下拉清单中挑选所要套用的图形。

此时，原本平凡的列表式文字输入，通过“转换为 SmartArt 图形”就可以轻易地将文字转换成丰富的图形。甚至，只要将鼠标指针停在上面便可立即预览其效果。

此外，若以鼠标右键直接单击幻灯片上已有的点符列表文本框，也可以从展开的快捷菜单中执行“转换为 SmartArt 图形”命令，打开智能图形列表，从中挑选所要转换并套用的图形。或者，单击快捷菜单上的“其他 SmartArt 图形”命令，打开“选择 SmartArt 图形”对话框，从更多、更丰富的图形中选择所要套用的图形。在选定智能图形的样式后，也可以通过文字编辑窗口进行文字的新增与编辑。

8.23 如何自定义专用的版式

若要添加新的自定义幻灯片版式，必须先切换到幻灯片母板视图，添加一个新的幻灯片版式后，附加您所需要的对象，然后另存为模板文件即可。

首先，单击功能区中的“视图”标签，然后单击“演示文稿视图”选项组中“幻灯片母板”按钮。

进入幻灯片母板视图后，画面左侧窗格即可看到默认的幻灯片母板与版式的缩略图，单击所要添加版式的缩略图，然后单击“编辑母板”选项组中的“插入版式”按钮。

添加一张新幻灯片后，即可在此幻灯片上设置您所要添加的各种组件，快速产生崭新的自定义幻灯片版式。单击“母板版式”选项组中的“插入占位符”按钮。

在“母板版式”选项组中有“标题”和“页脚”两个复选框选项，您可以根据需要选择是否在幻灯片版式上显示或去除幻灯片标题文字，页脚中的日期、页码等信息。

从下拉菜单中选择所要采用的配置对象后，直接在幻灯片的版式上用鼠标拖拽出所需的占位符。

将其另存为“PowerPoint 模板”（.potx）就大功告成了。以后只要使用该演示文稿模板创建的新幻灯片，便可以套用自定义的幻灯片版式了。

8.24　如何在 PPT 中嵌入视频

直接插入法方法：在 PowerPoint 2010 中单击“插入”标签，点“影片/文件中的影片”，打开“插入影片对话框”，选择影片文件，点“确定”按钮，插入影片的第一帧出现在幻灯片中，选中该视频，您可对播放画面大小自由缩放。PowerPoint 2010 提供了两种播放方式，一种是放映时自动播放，一种是放映时单击播放，选用哪一种，就看您的需要了。

Windows Media Player 控件法：如果想自由控制视频的播放进度，不妨采用 Windows Media Player 控件法，幻灯片中会出现 Windows Media Player 的简易播放界面，利用播放器的控制栏，可自由控制视频的进度、声音的大小等。双击还可自动切换到全屏播放状态，和用 Windows Media Player 观看影片没什么区别。

第一步：开启控件功能。默认 PowerPoint 2010 的控件功能处于隐藏状态，因此先得开启控件功能。在 PowerPoint 2010 中点 Office 按钮，选择“PowerPoint 选项”，打开“PowerPoint 选项”设置框，在“常用”项中勾选“在功能区显示‘开发工具’选项卡”，点“确定”，回到 PowerPoint 2010 编辑界面，则功能区多出一新选项卡，即“开发工具”。

第二步：插入视频。单击激活“开发工具”选项卡，点“控件”项中的“其他控件”，弹出对话框，选中“Windows Media Player”，点“确定”，鼠标变成“+”状，拖动，则 Windows Media Player 播放界面出现在幻灯片中，选中，点击右键，选择“属性”，弹出对话框，在“URL”项中输入视频文件的路径和全名称（若视频文件和幻灯片文件在同一文件夹中，则无需输入路径）。关闭“属性”框，设置成功。

在插入 rmvb 格式的视频后，会发现打不开，这是因为 Windows Media Player 不支持这个格式的缘故，这个问题可以通过安装 FFDshow 解码器解决，安装解码器后，也可以嵌入 FLV 格式的视频了。

8.25 如何在 PowerPoint 中裁剪图片

在 PPT 幻灯片中插入一张图片后，发现只需要这张图片的部分就行了，这时可以利用 PowerPoint 2010 中自带的裁剪图片功能，删掉不需要的部分图片。

首先，选中需要裁剪的图片，选择“图片工具的格式”选项，点击在右侧的“裁剪”图标进行部分图片的裁剪，如图 8-1 所示。裁出想要的部分后，在幻灯片的空白处任意点击完成裁剪工作，如图 8-2 所示。

图 8-1 对图片进行部分裁剪

图 8-2 完成裁剪后的图片效果

8.26　如何在 PowerPoint 中对音频文件进行裁剪和编辑

在 PowerPoint 2010 中进行对音频文件的裁剪及编辑的操作方法和视频文件的裁剪及编辑是同样的操作。音频图标是不需要裁剪的，根据需要只裁剪音频中的时间段即可，编辑窗口如图 8-3 所示。

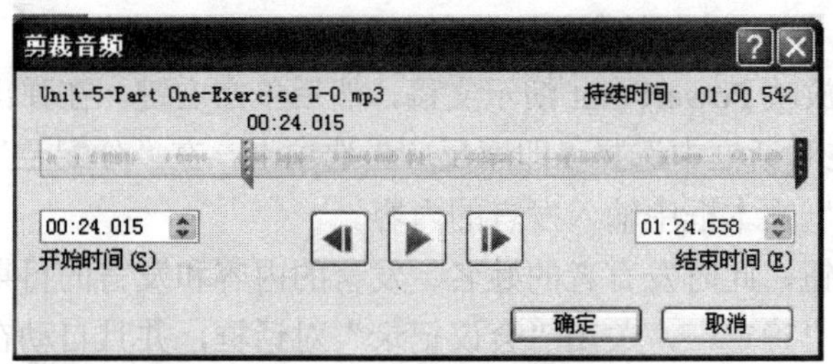

图 8-3　剪裁音频编辑窗口

8.27　如何在 PowerPoint 中变换复杂公式的颜色

点击“插入”选项卡“功能区”上的“对象”工具，在弹出的“插入对象”界面点击“Microsoft 公式 3.0”然后点击“确定”在公式编辑器中编辑好公式，在编辑好的公式上点击右键，在弹出的菜单上点击“另存为图片”把我们编辑的公式存为图片。注意：图片保存类型要选择“PNG 可移植网格图形格式（*.PNG）。（值得一提的是，在 PowerPoint 2003 中类似的我们只要在弹出的菜单点出“设置对象格式”在“设置对象格式”界面“图片”选项卡下点击“重新着色”按钮就可以为公式设定想要的颜色了，在 PowerPoint 2010 中这一招不灵了。）

删掉用公式编辑器编辑的公式，插入刚才我们保存的公式图片，在公式图片上点击右键，在弹出的菜单上点击“设置图片格式”会出现“设置图片格式”界面。在“设置图片格式”界面，点击左侧“阴影”栏，在右侧“阴影”栏“预设”项点击下拉箭头号，在弹出的下拉阴影格式中点选“内部居中”格式。然后在“颜色”项点击下接箭头，在弹出的“主题颜色”选择您需要设置的颜色或在“其他颜色”中选择。选择好后点击“关闭”按钮，公式颜色就变成了您所选择的颜色了。

8.28　如何在 PowerPoint 幻灯片中设置手动翻页

有时候我们在播放 PowerPoint 幻灯片的时候，会发现幻灯片不等演讲人动作就自动翻页了，这是怎么回事？如何避免这种情况呢？

一般遇到比较重要且时间要求严格的场合，很多朋友用“幻灯片放映”中的“排练计时”来预先练习，这样很容易出现下次再演示幻灯片时自动播放。其实只要我们做一些小的设置就可以。

在 PowerPoint 中依次打开“幻灯片放映—设置播放方式”。在“换片方式”中，将“如果存在排练时间，则使用它”前面的选项改成“手动”，点“确定”返回即可。将“换片方式”设置为“手动”。

8.29 如何用 PowerPoint 的“会议记录”做实时电子笔记

首先，我们照常放映 PowerPoint 演示文稿，然后单击右键，在弹出的快捷菜单中执行“会议记录”命令，在对话框中选择“即席反应”选项卡，在“分配至”文本框中输入发言者的姓名，在“描述”文本框中输入发言的内容。

单击“添加”按钮，此时发言者的姓名、发言的内容和发言的日期均被添加在下面的文本显示区域中。点“确定”，关闭“会议记录”对话框，并且自动在演示文稿的后面插入若干新幻灯片，其中内容就是所有会议记录。

这样，我们既能看到实际的播放效果又能够进行文字的记录，一切工作都是同步完成的。由于记录的内容和演示文稿是一个有机的整体，因而日后的浏览和编辑可以在同一个演示文稿中进行，非常方便。

8.30 如何用 PowerPoint 压缩图片为演示文稿瘦身

打开需要压缩的演示文稿，单击左上角的 Office 开始按钮，选择“另存为-其他格式”，或者直接按下 F12 功能键，此时会打开“另存为”对话框，单击左下角的“工具”按钮，从下拉菜单中选择“压缩图片”，打开“压缩图片”对话框之后，单击“选项”按钮，可以看到这里提供了三种不同的输出方式，我们可以选择“屏幕”或“电子邮件”方式，确认后返回即可。

对于以前使用 PowerPoint 2003 格式保存的演示文稿，我们可以使用 PowerPoint 2010 重新压缩之后进行保存。即使不更换保存格式，文稿的体积也会缩小很多，特别是图片较多的文档，可以精简掉 1/4 到 1/3 体积。

另外，还有一个软件，名字叫 Power Shrink，它能快速地将 PPT 压缩。

8.31 PowerPoint 都有哪些文件格式

*.pptx： PowerPoint 2010 演示文稿

*.pptm： 启用了宏的 PowerPoint 2010 演示文稿

*.potx： PowerPoint 2010 模板

*.potm： 启用了宏的 PowerPoint 2010 模板

*.ppsx： PowerPoint 2010 放映文件

*.ppsm：启用了宏的 PowerPoint 2010 放映文件

8.32　如何用 PowerPoint 制作平抛运动轨迹动画

打开 PowerPoint，点击“插入”→“图片”→“来自文件”导入飞机和炸弹，再对图片进行调整设置。

（1）选中飞机，点击“幻灯片放映”→“自定义动画”，在任务窗格点击“添加效果”→“动作路径”→“向左”，自动生成一绿色、红色三角形为端点的水平虚线。如果觉得默认的“动作路径”长度不合适，可以通过红色三角形上的控点调整长度。

（2）炸弹的操作方法与飞机的操作基本一样。只是在“动作路径”中选择“绘制自定义路径”→“曲线”进行绘制。然后选中炸弹，设置“自定义动画”为“从上一项开始”，从而实现飞机和炸弹同时运动。

提示：如果感觉绘制出来的曲线不够平滑，可以用鼠标右击曲线，选择“编辑顶点”命令，此后曲线上就会出现许多小黑点，用鼠标拖动各顶点，从而让曲线变得更加平滑。

（3）点击“自选图形”→“动作按钮”→“前进或下一项”，在幻灯片右下角绘制一个前进按钮，自动弹出“动作设置”对话框，点击确定即可。

提示：在动作按钮中，可以插入声音，可以自由地控制幻灯片的播放节奏。可以方便地跳转到上一页、下一页或指定的页，能方便我们的教学。

（4）新建一幻灯片，用直接和曲线工具画出两个箭头和一曲线作为运动的分解图，双击后出现“设置自选图形格式”对话框，进行如图设置。然后将板书写好并放好位置，再在幻灯片左下角绘制一个返回按钮即可。

提示：前端和后端并不是按左边和右边来确认，也不是按上边和下边来确认，而是按点击的先后来确定。前端就是指最先点的那个点，后端就是指最后点的那个点。

（5）如果想给运动的分解加上动画展示，可选中各分解的箭头，点击“添加效果”→“进入”→“阶梯状”，设置速度为“慢速”即可。要让三个箭头同步运行，在设置好第一个箭头后，在设置另两个箭头时，要设置开始为“之前”即可。

提示：如果想让动画过一段时间再播放，可以在“自定义动画”栏里双击相应的动画，在“计时”标签里设置延迟多少秒即可。

8.33　如何将字体嵌入 PowerPoint 文件随身携带

打开一个 PowerPoint 文件，单击菜单栏中的（工具）按钮，在下拉菜单中选择“选项”命令，系统会打开“选项”对话框，切换到“保存”标签，选中其中的“嵌入 TrueType 字体”选项。为了减少演示文稿的容量，在选中“嵌入 TrueType 字体”选项后，再选定下面的“仅嵌入所用字符”选项。单击确定关闭“选项”对话框。

8.34 如何用好 PowerPoint 的“重用幻灯片”

我们在用 PowerPoint 2010 制作幻灯片的过程中，有的时候我们会发现一些幻灯片的内容大致相同，例如各种图表、报告、数据等，这个时候如果我们还一个一个的来制作幻灯片，效率低不说，还相当容易出错。其实，我们完全可以通过重复使用 PowerPoint 2010 幻灯片来减少重复工作。

我们可以先将所有的PPT演示文稿中相同那一部分幻灯片内容全都集中到一起来制作一个演示文稿，然后再按照展示对象的不同，从里面选择出合适的幻灯片按实际需要的顺序生成新的演示文档。这样我们只需要通过简单的选择排序即可解决问题，完全不需要再重复制作幻灯片了。而 PowerPoint 2010 中提供的重用幻灯片功能可以帮助我们轻松实现这一目的。

打开 PowerPoint 2010，在“开始”选项卡中单击“新建幻灯片”的下拉箭头，在下拉列表中选择下面的“重用幻灯片”项，此时在窗口右侧会显示“重用幻灯片”窗格。在“重用幻灯片”窗格的“从以下源中插入幻灯片”中输入事先做好的总演示文档的文件路径，回车确认打开。或者单击“浏览”选择“浏览文件”，在“浏览”对话框中选择打开总演示文档。确认打开后总演示文档中的所有幻灯片都会显示在“重用幻灯片”窗格的列表中。

新建一个空演示文档，在“重用幻灯片”窗格中单击，要插入的幻灯片，即可把该张幻灯片插入到当前显示的那张幻灯片的后面。按向受众展示所需要的顺序逐一单击插入各张幻灯片，再根据需要适当对文档进行修改，然后把当前文档保存为“全体员工会议演示.pptx”就行了。重复这一步即可轻松地按不同需要分别整理出“董事会报告.pptx”“财务人员说明.pptx”等多个不同的演示文档。

8.35 将 PPT 中的文字转换成 Word 文档的 4 种方法

（1）利用“大纲”视图：在大纲视图中可手工保持幻灯片中的文字内容。打开 PPT 演示文稿，单击“大纲”，在左侧“幻灯片/大纲”任务窗格的“大纲”选项卡里单击一下鼠标，按“Ctrl+A”组合键全选内容，然后使用“Ctrl+C”组合键或右键单击在快捷菜单中选择“复制”命令，然后粘贴到 Word 里。

提示：这种方法会把原来幻灯片中的行标、各种符号原封不动的复制下来。

（2）利用“发送”功能巧转换：打开要转换的 PPT 幻灯片，单击“文件”→“发送”→“Microsoft Word”菜单命令。然后选择“只使用大纲”单选按钮并单击“确定”按钮，等一会就发现整篇 PPT 文档在一个 Word 文档里被打开。

提示：在转换后会发现 Word 有很多空行。在 Word 里用替换功能全部删除空行可按“Ctrl+H”打开“替换”对话框，在“查找内容”里输入“^p^p”，在“替换为”里输入“^p”，多单击几次“全部替换”按钮即可。（“^”可在英文状态下用“Shift+6”键来输入。）

（3）利用“另存为”直接转换：打开需要转换的幻灯片，点击“文件”→“另存为”，然后在“保存类型”列表框里选择存为“rtf”格式。现在用 Word 打开刚刚保存的 rtf 文件，再进行适当的编辑即可实现转换。

（4）PPTConverttoDOC 软件转换：PPTConverttoDOC 是绿色软件，解压后直接运行，在运行之前请将 Word 和 PPT 程序都关闭。选中要转换的 PPT 文件，直接拖曳到“PPTConverttoDOC”程序里。单击工具软件里的“开始”按钮即可转换，转换结束后程序自动退出。

第 9 章　新概念 PPT 型微课制作关键点

9.1　大胆采用 Metro 风格颜色进行设计

Metro 是 Metropolitan Railway Transportation（都市铁路运输）简称，在烦琐匆忙的生活中，信息量饱和，如何从众多的人群或信息堆中识别目标，例如，像火车站、地铁站、飞机场这样的地方，就需要 Metro 风格的应用。

Metro 风格是基于“简约、醒目、优雅”的设计观念将抽象的物体自然地融合在一起。它有三个明显的特点：

- 设计元素可读性强。在简捷醒目的条件下，让受众阅读起来很轻松，不觉得累，并且能让受众沉溺在一个用户体验的状态里面。
- 设计元素的层次感强。Metro 是通过文字不同的颜色、字体表示出层次感。元素与元素之间的过渡要协调，并带有动感。当设计页面之间切换时一定要体现出连续性，对于受众来说情绪也是连续的，当然也要凸显出内容的主次关系。
- 简约不简单原则。简约就是将设计元素、色彩、照明、原材料简化到最少的程度，信息减少至只剩下主要元素，其难点就是要把主要元素自然而又唯美的表现出来。但是简约风格对于色彩、元素的质地要求较高。因此简约风格实际是比较含蓄的设计方式。

对于 Metro 风格设计来说，延续了简约风格，少而传神、少而不单调的特色的设计原则。如果按照服装设计中的都市风格来描述的话，Metro 风格涵盖了 2 个主要的简约特色：

- 美艳　样式多变，色彩浓烈，质地丰富，造型火爆，没有确定的模式，虽然艳丽，但不俗气，也不华贵，蔑视保守的文化观念，讲究色彩视觉刺激。
- 素浅　作品追求魅力，不追求高品位，作品文化痕迹深，突出形式美，瞬间感觉耀眼是突出特征，表现为后现代主义所追求的平面化趋势。

9.2　用美化大师和 PS 设计微课 PPT 母板

一个 PPT 型的优质微课母板一定要设计得简洁大方，用美化大师是可以选择较多的模板，然而我们可以借用多个美化大师形成的模板，进入视图中的“幻灯片母板”进行再设计，或者借助于 PhotoShop（简称 PS）设计相应的母板。

母板里左边最上方的是主页（MasterPage），即是本页是内容背景的主体。其中的占位符只是格式的设置，不要填文字，有些老师在占位符（四周有虚线）里填进文字，最后展示出来没有，就是这个原因。

占位符有标题与内容两块，修改格式后您的 PPT 有多少页其中的文字都一次性地更替了，不像有些老师修订文字样式时，用双击格式刷去一段段一页页地刷。只要修改母板里的格式，一个新的 PPT 全貌又呈现出来了。若要加入在每页出现的学校名称，可以在底下插入文字，这样每页 PPT 里均会有这个名称。

母板主要做好内容型的主页（即最上面的超出下面页的那个页面）；第一页是标题页，只出现一次；第三页做个分节的页，让每几页 PPT 形成的节有条理地管理进来。一般做好这三个页面就足够了：标题页、内容型主页、分节页，如图 9-1 所示。

图 9-1　PPT 的母板设计成标题页、内容型主页、分节页三种

9.3　以 PPT 节的形式组织重点、难点、疑点等知识点

如图 9-2 所示微课的知识点均以节来管理，看看左边我把讲课的 PPT 分成了若干节，每节可以重命名，同时节可以整体上移或下移，还可以全部删除或隐藏，可以全部折叠或展开。作为微课的知识点收集与整理，用带节的 PPT 来组织是最好的一种方法。

您可以把所有的重点、难点、疑点、易混淆点、易考点用一个带节的 PPT 组织起来，慢慢地积累，形成自己的课程干货点群。最后一次性地可以将这个 PPT 里的所有点形成若干个视频类微课、交互式微课以及其他的焦点缩放展示型微课。

用节来管理 PPT 后，在浏览视图中只显示节里的幻灯片，不至于凌乱，如图 9-3 所示。

用节来管理一个上百页的 PPT 非常有好处，例如我的 PPT 有一百五十多页，可以根据到不同层次的学校，有取舍地选取其中的部分节来讲课。这样可以灵活根据时间安排及受众接受程度，非常方便地组织讲课内容，有效地控制进度，效果非常好。

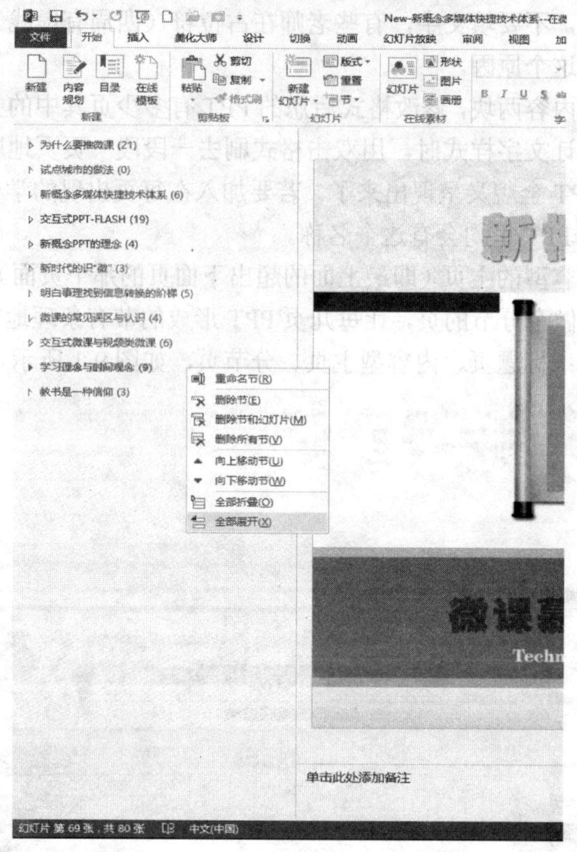

图 9-2　微课的知识点均以节来管理

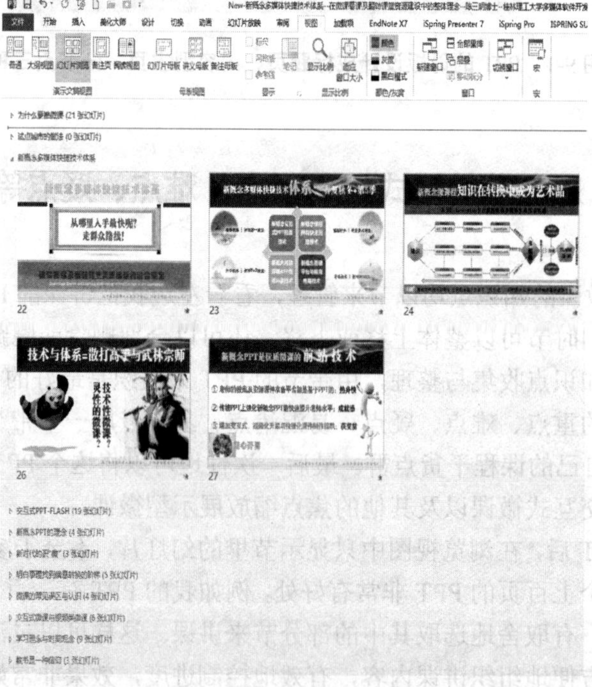

图 9-3　进入幻灯片浏览视图只是对节里的幻灯片展示，非常方便修改

9.4　将每页需要讲解的文字置于 PPT 的备注里

在生成微课之前的PPT备注页里一定要加入文字，是展示到本页时需要读出来的文字。您可以计划一下，例如这个知识点的微课共五分钟，分配到每一页大致在多少秒，根据自己的语速，预计会有多少个字，然后再精炼出每页要说的文字，敲在备注里。

这些字还可以拷贝到科大讯飞语音转换系统里，将文字转换成 MP3，置于到本页之中自动播放，但是有些机械，自己把这些字念出来更有感情。

若是用笔记本电脑在投影仪上播放，采用扩展屏幕设置技术，您就可以在台上对着备注里的字认真背书即可，一点不用紧张。见图 9-4 所示。

图 9-4　用扩展显示方式可以让观众只看到动画您只要对着右边备注背书即可

9.5　创建视频类微课用美化大师导出、排练计时录制和 Camtasia Studio 录制

做好了 PPT 然后想把它导出为视频微课，有三种途径：第一种是直接在美化大师中导出为视频，视频质量可以选择多种方式，每页停留改为 6 秒较好。最好在每页的 PPT 中插入本页需要读出的 MP3 音频，可以一气呵成地生成许多个知识点的微课程，如图 9-5 所示。

另外一种方法是先把备注里的文字全拷贝出来，形成一个完整的脚本文字稿，打印出来对着 PPT 一边点播放一边念稿，一次性录制出全部的展示，若一次没有成功，先用清除命令清除所有的排练计时录制，再来一遍。一般来说，练习两三次就非常熟练了。用排练

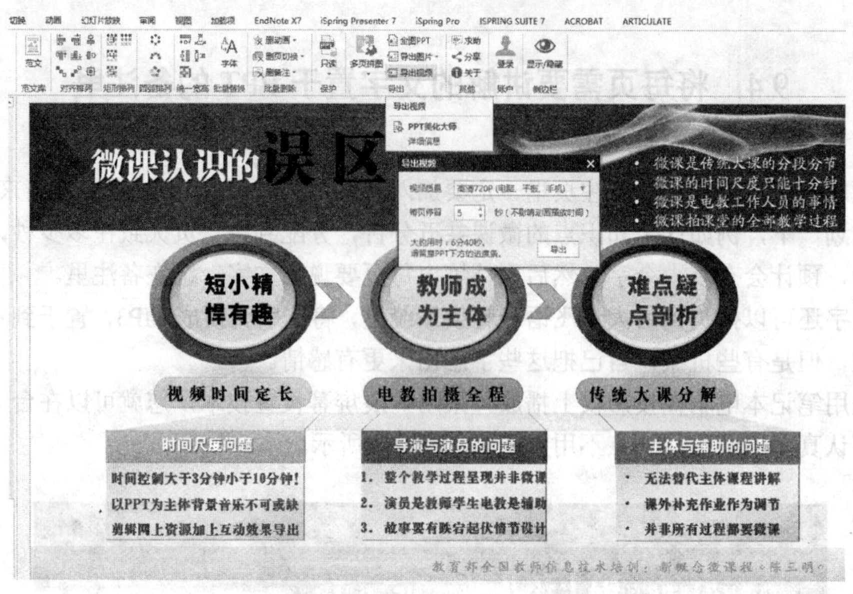

图 9-5　用美化大师导出为视频类微课

计时录制完成后，在文件的导出功能里，点创建视频，点右边的使用排练计时录制后生成 WMV 视频文字，进而使用格式工厂软件再将 WMV 格式的视频转换成 MP4 或 FLV 提交到网上或参加比赛。如图 9-6 所示。

图 9-6　用排练计时录制完成后在文件的导出里创建视频后生成 WMV 进而转换成 MP4

还有一种方法是安装好 Camtasia Studio 软件后，直接用录制屏幕功能将 PPT 的整个过程录制下来，然后在 CS 之中进行相应的编辑，添加标注及字幕后导出为视频，这在后面的混合式微课的制作章节有详细的说明，此处从略。

9.6　创建交互式微课使用 iSpring Suite 的录制及管理旁白后发布

还是在前面的 PPT 基础之上，借助于 iSpring Suite 软件平台将 PPT 生成 Flash 动画形式，也可以生成 iPad 上可以运行的 App 格式，再封装成 App 微课程。

导出的 SWF 文件同时也可以以视频的形式再插入到 PPT 之中，形成套叠的效果。也即是说，做好的 PPT 生成 SWF，然后又把 SWF 置入 PPT 之中，将 PPT 又变成了互动式的展示，如图 9-7 所示。

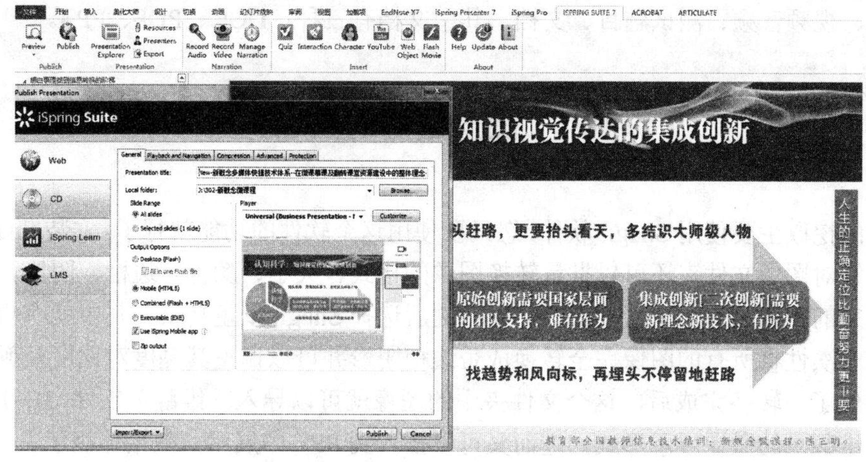

图 9-7　用 iSpring Suite 设置后发布成 SWF 型的交互式微课程

第 10 章　微课制作的多媒体素材资源获取

互联网上有许多的教学资料，如何去快速获取这些素材呢？首先一门课程中的微课程在完成课程设计后，建立一个素材文件夹，其中子文件夹有六个：图形图像、Flash 动画、三维动画、视频音频、测试题目、文档，其中文档有三种：DOC、PDF、PPT。

10.1　图形图像的获取

图像的挖取主要使用 Snagit 软件，您只要使用这个软件的功能就行了。安装 Snagit 11.0 版本后，针对图像文件夹还可以批量转换图像的格式、大小、颜色、边框、阴影。一般自己摄影回来的图像放在一个文件夹中，点右键后选择 Snagit 批量转换，其中就有相应的功能组合，一次性将所有的图像完全转换成带边框阴影并可以调整其亮度对比度及颜色饱和度的小图像了。转换完成后，这个文件夹中的图像就可以导入三维翻页软件 3D FlipPage 中生成三维翻页的微课展示形式，进而又可以插入到 PPT 中展示，效果棒极了。

Snagit 的热键是 PrintScreen，在百度中搜索到照片后，直接可以挖图，例如搜索：三维图标，就可以找到许多您喜欢的三维图片置于在 PPT 中，网上还有许多优质的图像网站，例如昵图网。

使用专业的挖图软件 Snagit 可以直接抓取图形图像，先根据需要挖取不同的屏幕区域，再选择右下角红色“捕获”按钮即可捕获需要的图像。见图 10-1 所示。

图 10-1　Snagit 图像抓取步骤

随时随地可以抓取到想要的图形图像或屏幕区域，还可以对挖取的图片进行编辑，其工作界面如图 10-2 所示。

图形的获取主要用 Edraw Max（亿图图示专家），它是一款汇集很种图示案例的非常值得拥有的软件，可以方便快捷地阐述设计者的思想和创作灵感；更容易绘制出流程图、网络图、组织结构图、思维导图和其他的商业图表。有了这套软件还画什么图形啊，寻找其中的组合就是了。

另外一种获取图形图像的地方是安装在 PPT 之上的“美化大师”，在美化大师菜单栏中，有图形和图像的网上获取，其中的资源相当的丰富，谁说制作微课一定要有艺术绘图能力才行，借助于这些软件的素材资源就够了。古人说君子性非异也，善假于物也。聪明

图 10-2　Snagit 截取后可以进行编辑修饰，然后存档或拷贝粘贴

的人并没有什么过人之处，只不过是会善于利用周边的资源罢了。

Edraw Max 的工作界面如图 10-3 所示。在符号库（图 10-4）中点击左上角压缩文件包图标右边的小三角也可打开如“预定义库”打开的文件是相同的，所有元素按照功能及适用范围分类：14 个大类和 169 个小类。选择需要的画图类型后，亿图会根据您的需要自动的打开不同小类的库，在库中找到需要使用的元素图形直接按住左键拖到绘图区域即可。

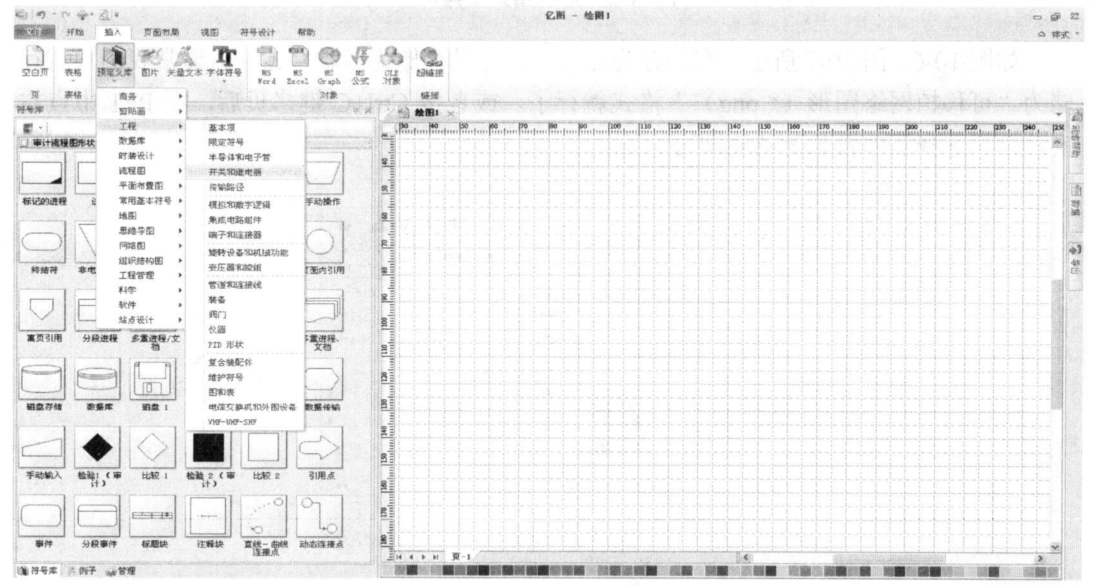

图 10-3　Edraw Max 工作界面

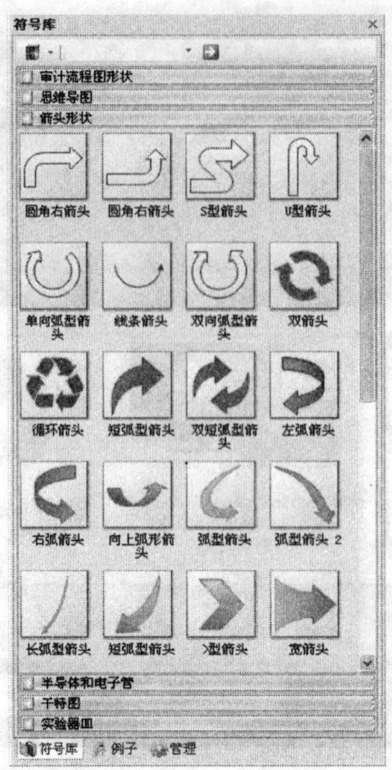

图 10-4 符号库

需要修改图形元素的样式时，在内置的式样（图 10-5）中点击选择一款适合的式样，亿图会自动地把式样嵌套在选择的图形中。

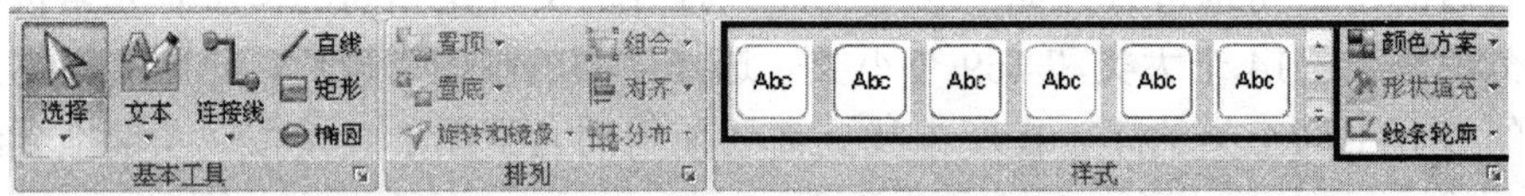

图 10-5 形状格式工具栏

如图 10-6、图 10-7 所示，在保存为图片时，可以存储为多种格式，但通常我们只需存储为“可移植网络图形（*.png）”格式就行了。或者按 Ctrl+C 键拷贝后，在 PPT 中点右键粘贴，选择后面背景为透明即可。

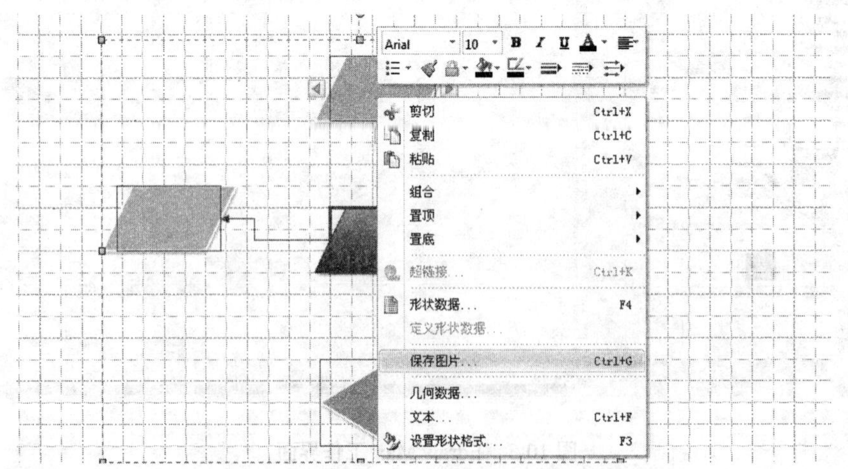

图 10-6 选择形状点击右键“保存图片”

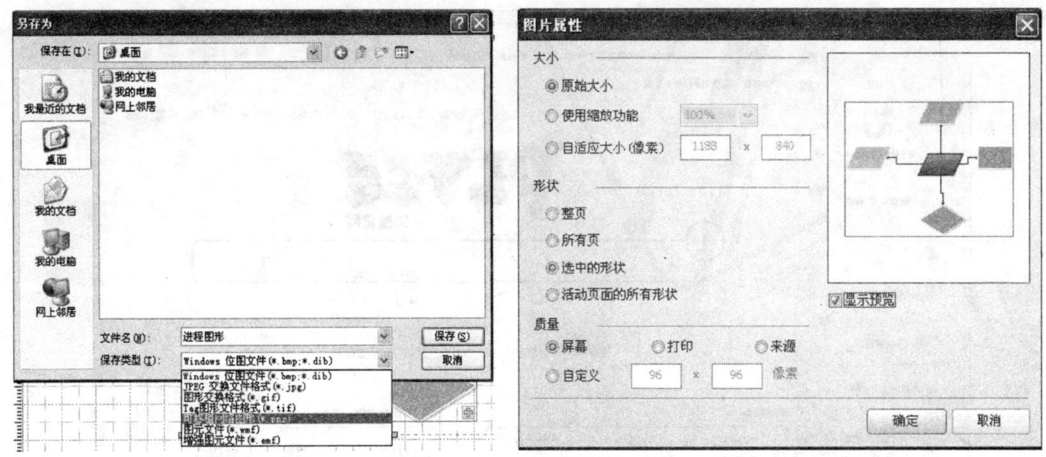

图 10-7　保存为“可移植网络图形（*.png）格式，在“形状”选项选择“选中的形状”

10.2　Flash 动画的获取

Flash 动画在网上有许多，它不同于图像点右键就可以保存，一定要安装一个 FlashCatcher 才能完成保存。在网页的空白处点右键后会看到一项：Save Flash with FlashCatcher（用这个软件存 Flash），然后选择相应的文件夹 Folder，这样就可以将 Flash 存在自己的电脑中，在 PPT 里可以以视频的形式将下载的 Flash 插入，或者以 PPT 中的 iSpring Presenter 插件中的插入 Flash 项完成 PPT 中的 SWF 动画置入。下载的动画可以用闪客之锤进行修改后再导出 SWF。

10.3　网上视频的获取

网上视频下载的软件要数“硕鼠”最好，“硕鼠”是个共享软件，可以在网上免费下载（http://www.flvcd.com/）。进入官网下载后安装“硕鼠”。

首先，安装硕鼠 0.4.7，双击“硕鼠.exe”按照安装提示，顺利完成安装。然后，运行硕鼠 0.4.7，如图 10-8 所示。在中间的方框里输入需要下载的网络视频的地址，接着点击旁边的“开始”按钮，开始进行网络视频的下载。

进入第二界面后，请点击“用硕鼠下载该视频”按钮。跳转页面后，在选择下载方式中选择下载方式一，点击“硕鼠专用链下载”，如图 10-9 所示。如果“硕鼠专用链下载”无法下载的情况下就选择下载方式二的“获取临时下载器（免安装）”按钮，点击进行下载。

之后，弹出“添加新任务”对话框，选择存储位置和勾选相关选项后，点击“确定”按钮，如图 10-10 所示。

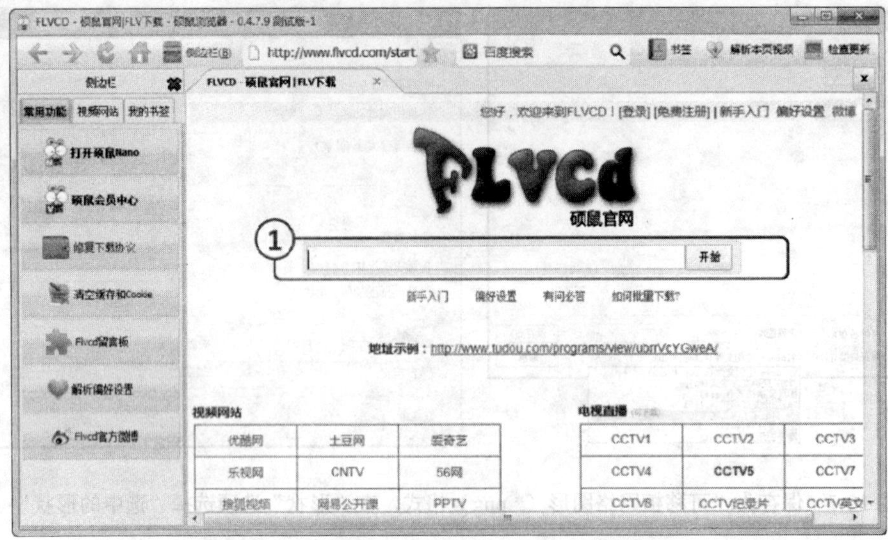

图 10-8　首先填入需要下载的网络视频的网址

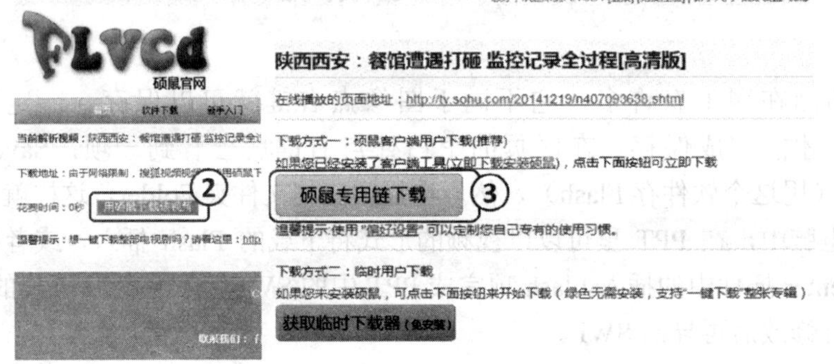

图 10-9　使用硕鼠专用链下载该视频

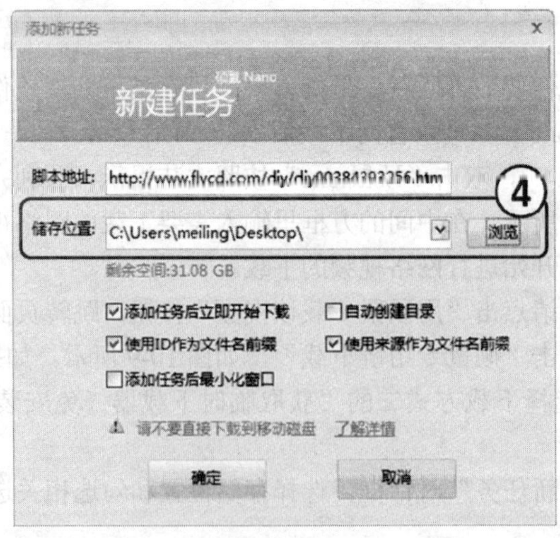

图 10-10　选择下载视频的储存位置

在“硕鼠 Nano”界面可以看到正在下载的视频任务，并且可以在“设置”选项里勾选上下载该视频的相关选项，如开启右下角弹窗提示，退出时提示等，如图 10-11 所示。

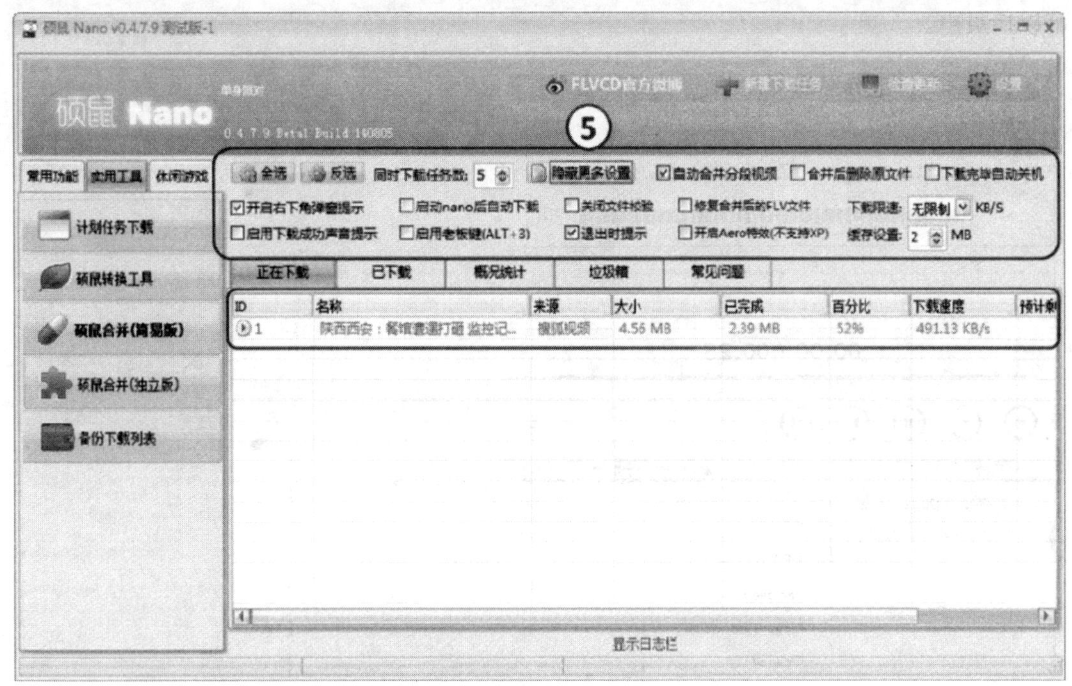

图 10-11　在“硕鼠 Nano”界面里勾选上下载该视频的相关选项

下载完成后，右下角自动弹出下载完毕的信息窗口，如图 10-12 所示。

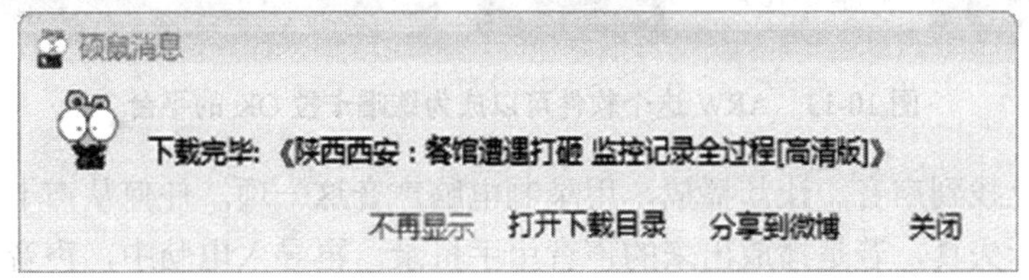

图 10-12　该网络视频下载完毕后的弹窗信息

10.4　网上音频的获取

录制声音有一个软件叫 ARW，在桌面上有一个戴在话筒上有帽子的图标，运行它后出现。图 10-13。

图 10-13 左边是主界面，可以录制三种源（右边）：电脑声卡的声音、话筒录音、电脑声卡声音与话筒声音的混合声。点红色按钮录制停止后可以在对应的声音文件处点右键，见图 10-13 英文菜单，分别是：播放、停止、从列表中删除声音、从磁盘中删除声音、清

除所有文件、标志编辑、打开声音文件的位置（很重要）、声音电子邮件发出、转换声音格式、合并所有的声音片断为一个完整文件。打开声音文件位置就可以找到录制的声音了，可以拷贝出。

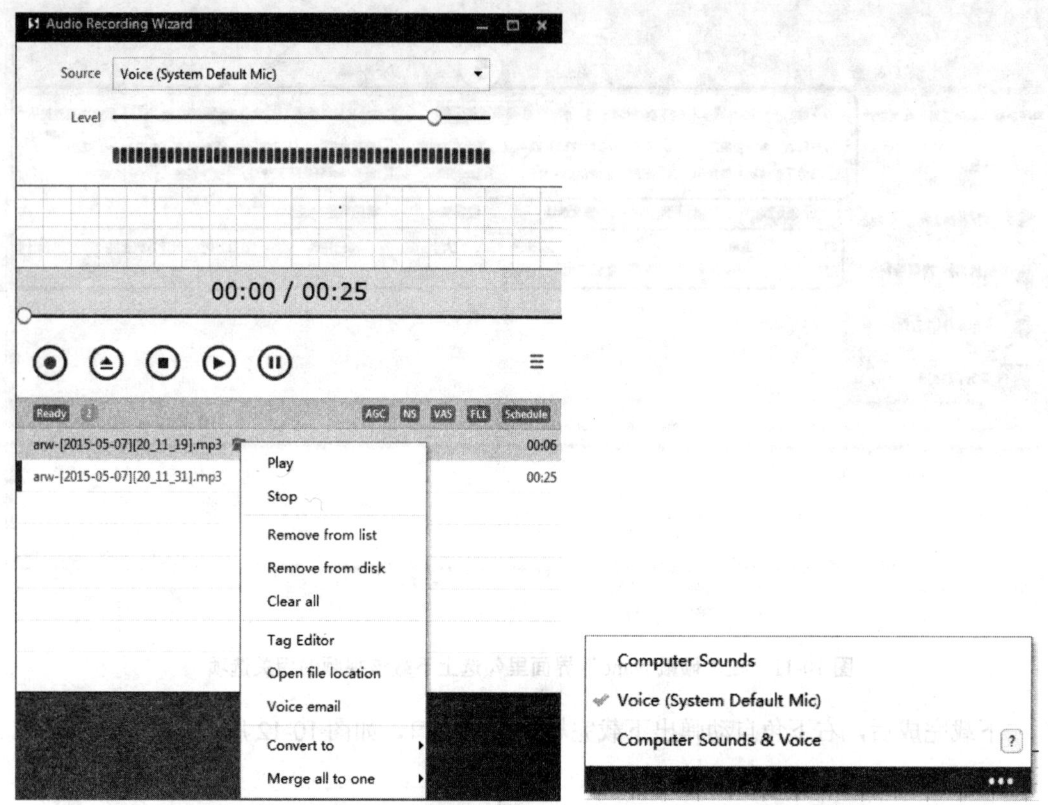

图 10-13　ARW 这个软件可以成为练唱卡拉 OK 的平台

只要在网上找到声音，让其播放，用录制电脑声音这一项，任何从声卡发出的声音都录下来，质量无失真，若是播放出来的声音用手机录，再导入电脑中，声音失真得厉害。

如果您喜欢卡拉 OK，想唱到“星光大道”上去，这个软件是一个不错的选择，您可以这样做：选择第 3 项“电脑声音及录音”，找到伴奏背景声音文件，戴上耳机听，然后看着屏幕上的歌词，对着话筒唱歌，就可以直接录成优质的混合声音。

这如同歌星在台上唱歌，耳朵里塞个无线耳机，您以为是他不想听到观众的欢呼声呀，不是的，他是在听伴奏和着节拍。如果您一直用这个软件练习，或许哪天真能上个山寨版的“好声音”呢。机会总是等待着愿意尝试的人，试试看！

第 11 章　PDF 文件与 DOC 文件互转及二维码生成

11.1　Adobe Acrobat 阅读器

保存为 PDF 文件后发现打不开，它要寻找一个程序来打开，如果电脑上没有安装 PDF 阅读器，那我们现在就来安装一款浏览 PDF 文档的阅读器 Adobe Acrobat XI，或者您也可以选择安装其他的 PDF 阅读器来浏览 PDF 文件。

安装 Adobe Acrobat XI，打开安装软件文件夹，双击“AdbeRdr11000－zh－CN.exe”运行安装，如图 11-1 所示。安装在默认路径就可以了，不需要更改安装路径，点击“下一步”安装，勾选“手动检查并安装更新（不推荐）”选项，最后“完成”。

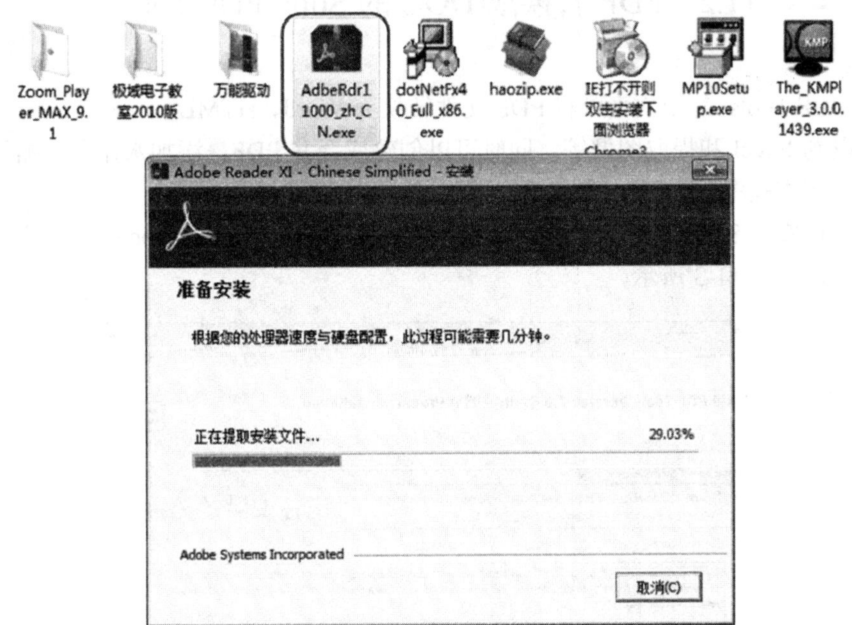

图 11-1　双击“AdbeRdr11000－zh－CN.exe”运行安装

Adobe Reader 软件是一款可以打开各种 PDF 内容，包括表单和多媒体，并与之交互的 PDF 文件查看程序，能够可靠地查看、打印和批注 PDF 文档。

已加密的 PDF 文档是编辑不了的，只能查看，不能进行拷贝、另存盘和打印等操作，如图 11-2 所示。

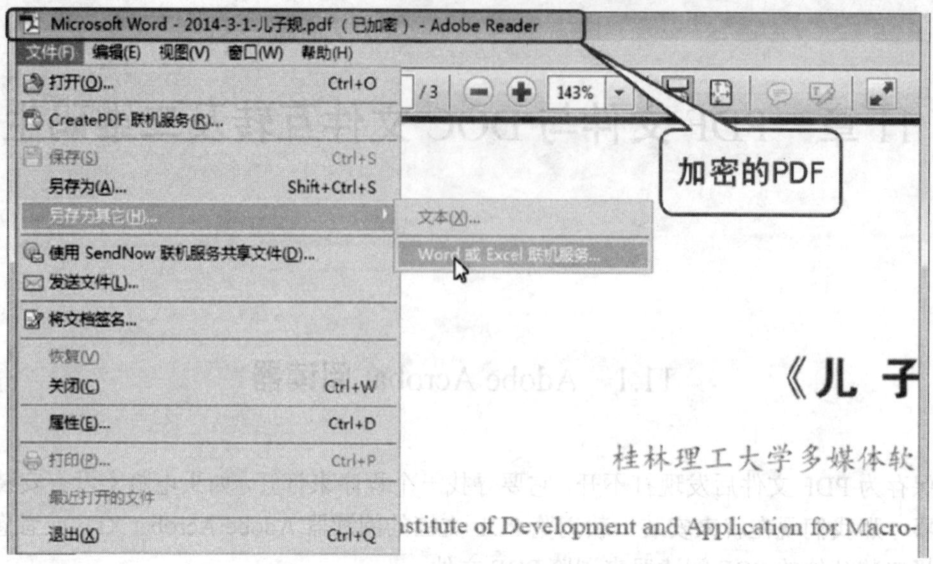

图 11-2 打开别人的已加密的 PDF 文档只能查看不能编辑

11.2 PDF 转换成 DOC 的 Solid PDF Tools

Solid PDF Tools 是一款可以将 PDF 文件转换为 Word、HTML、PowerPoint、纯文本，将表格提取到 Excel 和提取图像等，同时可以创建或合并 PDF，添加水印和压缩优化等功能的转换与制作程序。

首先运行安装 Solid PDF Tools 7.3，打开软件包后双击“solidpdftools.exe”安装程序开始进行安装，如图 11-3 所示。

图 11-3 安装时请记住安装的路径

首次运行 Solid PDF Tools 程序，在主界面的菜单栏的“工具”选项里选中“选项”后，打开“选项”设置面板。然后找到“语言”项，按下选择语言的下拉列表，选中“Chinese（Simplified）”后，点“确定”，如图 11-4 所示。最后，重启 Solid PDF Tools 程序。

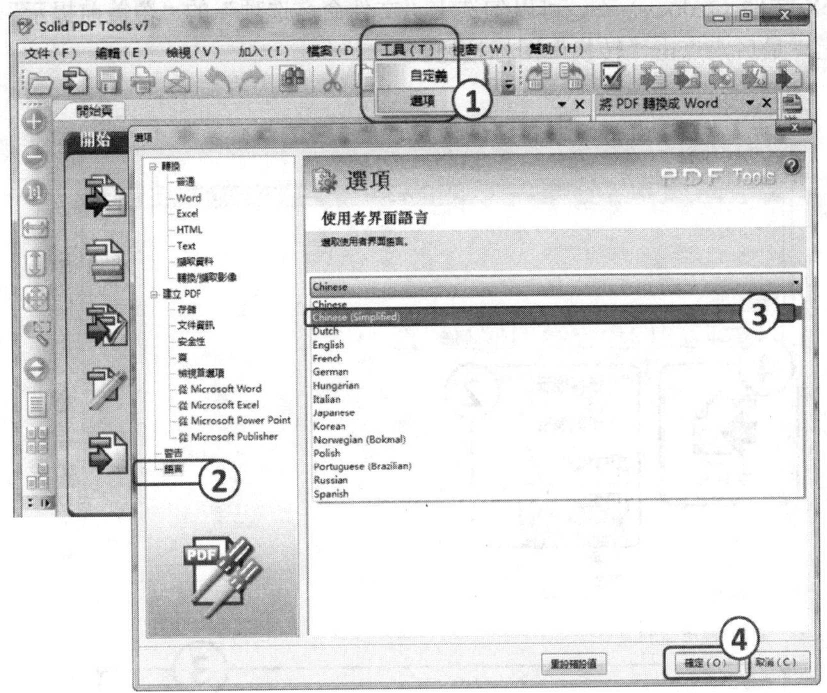

图 11-4　**更改 Solid PDF Tools 程序语言为“Chinese（Simplified）”**

打开 Solid PDF Tools，显示在主界面的“开始页”选项页面里可以直接选择转换的各种格式，扫描为 PDF 和 Word，PDF/A-服从文件，修改已有 PDF 的内容和可从任何文档或电子文档里创建 PDF 文件。可以是单击“开始页”页面选项的蓝色带下划线的文字，弹出对话框后选择打开 PDF 原文件，这里我们点击“Word”文字选择把 PDF 文件转换为 Word 文档，如图 11-5 所示。也可以是单击右侧的“创建 PDF”选项栏里的“浏览”按钮，选择 PDF 文件导入进来。

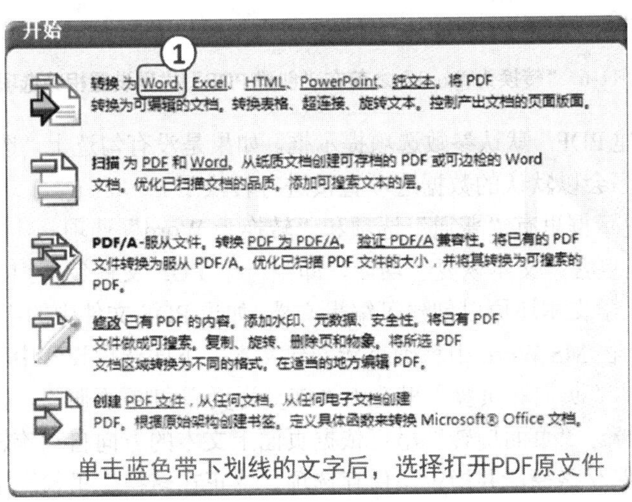

图 11-5　**选择转换为 Word**

接着在右侧的“创建 PDF”选项栏里进行设置，如图 11-6 所示。勾选上“选择提示”和“侦测表格”选项，在重构模式里选择“页面流”，选择保存的路径和导出文件格式为“Word DocX 文件（*.docx）”，可以勾选上“文件命名选项”的“覆盖前提示”，或者都可以勾选上。最后，点击“转换”图标按钮。

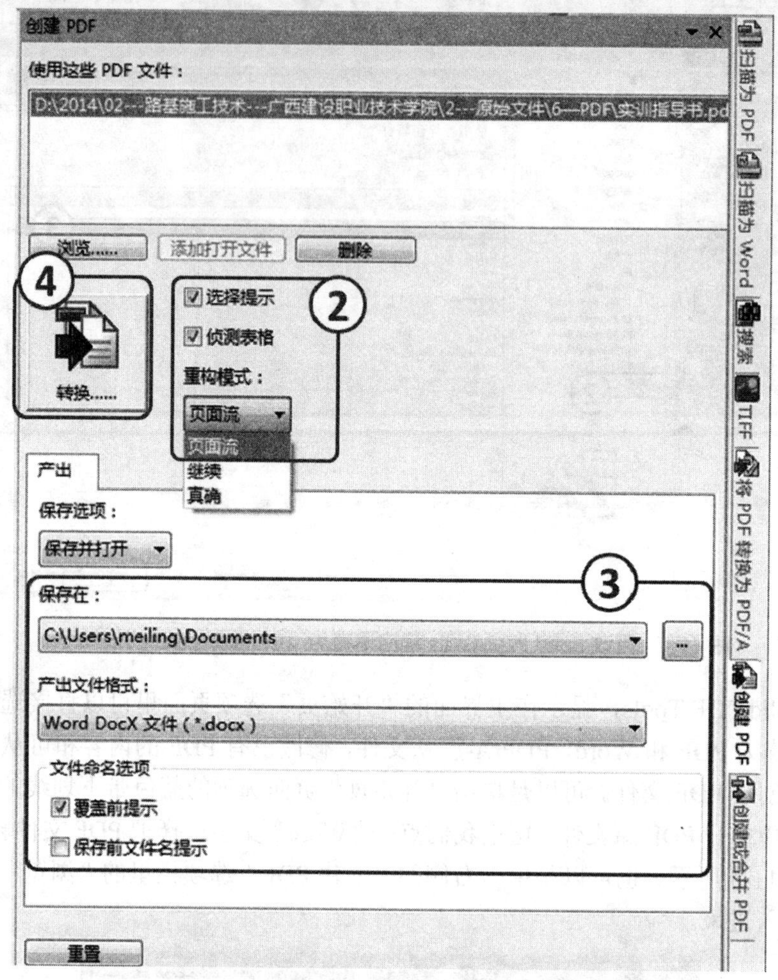

图 11-6 “转换为 Word”之前在“创建 PDF”栏里设置相关选项

之后弹出“创建 PDF”默认参数选项提示框。如果是没有勾选上“选择提示”选项时，Solid PDF Tools 程序会以默认的数据选项直接进行转换了。

“创建 PDF”提示框里有“普通”选项和“转换为 Word”选项。

“普通”选项里包含“文本恢复”功能，即当一个 PDF 文件包含扫描页或看似文本的图像时，可以使用光学文本还原以创建可编辑文档；如果 PDF 文件中的字体信息不完全时，可以将 OCR 应用到在 MS Word 中精确重新创建文本。下面选项设置中我们不需要改动，以默认选中项即可。“页眉和页脚”里选中“恢复为页眉和/或页脚”，也可以将其放置在文件正文中或删除掉。“页面旋转”里可依据页面上文本的方向自动旋转页面。“保存”里可以设置默认的保存路径，并指定该保存选项。“正在转换”里勾选上“打开相关应用程序”和“结束时关闭进程窗口”，即在打开已转换文档时自动启动相关应用程序，以查看/编辑。

“转换为 Word”选项里包含“重建模式”选中的是“页面流”，根据文档内容不同选择适合的一种重构模式，“连续”或是“提取”？没关系，三种模式总有一款适于您。“平均字体属性”里勾选上“将普通字体属性转换为平顺文本外观”，如图 11-7 所示。“文本格式”里以前面已选择的“Word DocX 文件（*.docx）”为默认文件格式即可。“注释文本”里可以将文本注释恢复为评注或将其删除。“表格侦测”里勾选上“侦测表格”，当应用于页面版面用“页面流”或“继续”重构模式识别出来时，对转换的文本文档很理想，但对册子文件不太理想。

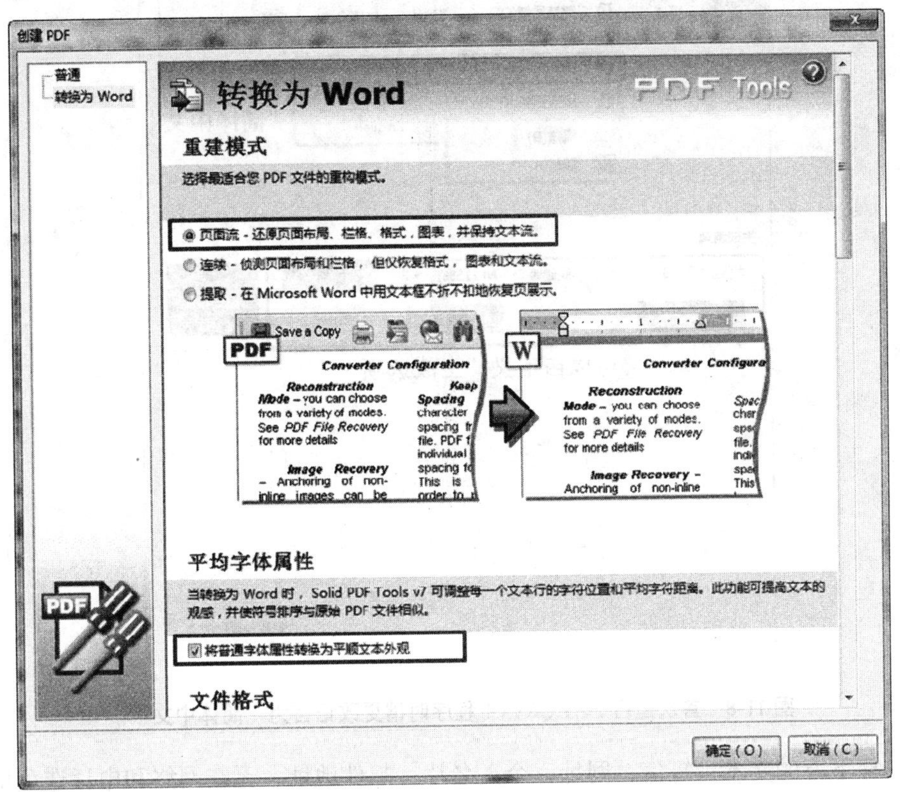

图 11-7　设置“转换为 Word”选项

“图像恢复”功能可以选择“自动锚定”、“锚定到页”或是直接“删除图像”。“矢量图像”里不需要勾选上“矢量图像作为点阵影像”设置完成后，点“确定”按钮开始转换为 Word 文档。转换完成后自动打开 Word 程序来查看本文档，这时就可以在 Word 里进行编辑和修改了。

11.3　二维码生成解译器

ZZY.QR 是一款简单及快速制作二维码的生成解码器，通过用户自定义设置和编辑二维码，可以生成包括文本、短信、网址、个人名片、邮件地址、无线网络和电话的各具个性的二维码。可以实现二维码的批量生成和对屏幕截图的二维图片做简单的解码。

首先打开软件包，双击“ZZY.QR_v3.1.exe”应用程序直接运行 ZZY.QR v3.1 二维码生成器，无需安装。如果电脑安装的杀毒软件拦截时请点击“允许程序运行”即可打开二维码生成器编辑界面。然后单击菜单栏的“帮助”选项，在下拉列表里点击“Language”后选择“简体中文”，如图 11-8 所示更改程序语言。

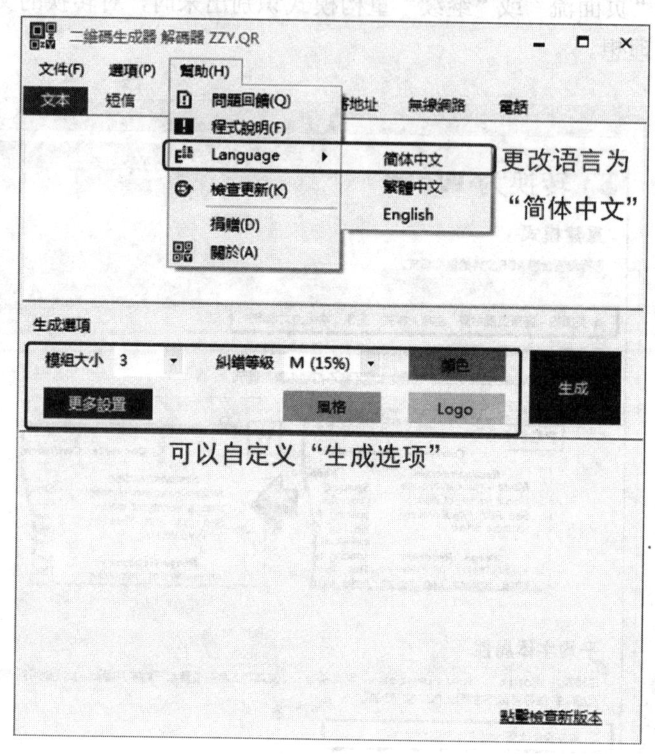

图 11-8　首次运行 ZZY.QRv3.1 程序时请更改语言为“简体中文”

菜单栏下方的文本、短信、网址、个人名片、邮件地址、无线网络和电话选项里可以任意选择一种类型，添加完信息后点击中间栏的“生成”按钮即可生成该类别的二维码，很简单、方便。

11.3.1　“文本”二维码的生成

单击类型选项栏的“文本”按钮，在“文本”下方空白区域里添加文字文本或者是网址。

接着在中间栏的“生成选项”里，设置模块大小的值为“6”，根据需要可以自定义模块大小。设置纠错等级为“M（15%）”，等级越高生成的二维码识别图像越清晰，否则反之。颜色设置里保留默认的设置，前景色为“黑色”，背景色为“白色”，因为黑白色的二维码识别度高于彩色或灰色的。更多设置选项里点击它可以设置生成版本、编码和字符编码，如图 11-9 所示。

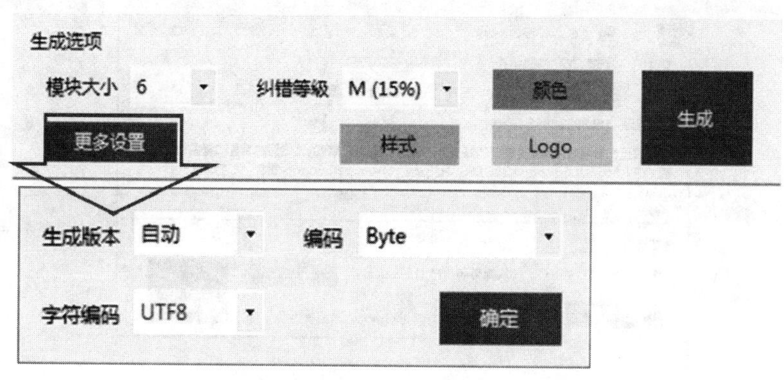

图 11-9　设置生成选项的"更多设置"项

样式选择里选"标准"样式即可，如果是大面积喷绘的二维码就选择"圆点"或"多边"的样式，节省喷绘颜料的成本啊！在设置 Logo 里勾选"开启自动加入 Logo"项，点击中间的图片后，打开文件夹选择一张 jpg 格式的 Logo 图片添加进来。添加进来的图片尺寸可以进行缩放调整为"固定比例 30%"，或者其他的比例大小。背景设置为"无（透明）"，或者是白色、黑色或自定义。Logo 图片的透明度可以直接在透明度里自定义，如图 11-10 所示。

图 11-10　添加自定义的 Logo 图片后生成的二维码效果

最后，点击"生成"按钮，预览生成后的二维码效果，觉得满意了！回到菜单栏的"文件"选项，"保存"二维码为 jpg 格式图片。

11.3.2 "短信"二维码的生成

"生成选项"里设置和"文本"二维码的生成选项设置的操作是一样，可以设置 Logo 图片为 png 格式图片，添加进来后选择"缩放"项调整为"实际尺寸"，点"确定"。接着单击"生成"按钮，生成效果如图 11-11 所示。

图 11-11 生成短信二维码

最后，点击“文件”选择“保存”，存储为 jpg 或 png 格式图片。

11.3.3 “网址”二维码的生成

“网址”二维码的生成的操作方法很简单，点击“网址”项，输入网址即可，或者是拷贝粘贴网址进来；“生成选项”里自定义设置，接着单击“生成”按钮完成二维码的生成，如图 11-12 所示。

图 11-12 网址二维码的生成

这时在已经生成的二维码上面可以发挥想象力自己手动绘制一个个性的二维码，按住 Ctrl+R 组合键进入二维码绘制模式。在二维绘制编辑界面，点击“颜色”按钮选择画笔颜色，然后单击“画笔”按钮开始绘制，还可以利用“擦除”工具进行适当的擦掉一些，如图 11-13 所示。最后点击工具栏上的“保存”按钮，保存二维码为 jpg 或 png 格式图片。

图 11-13　在生成的二维码上再进行编辑绘制

11.3.4　“个人名片”二维码的生成

二维码的出现是一种隐形的社交方式，只要手机上安装了二维码识别类软件，启动软件后对准它扫描，即能获取二维码图片上的信息。如在火车票、麦当劳餐券、淘宝的杂志以及一些书籍、演唱会门票、会议签到发送的彩信等上面，越来越多地出现。

想要留个好印象给他人，方便对方了解和存储名片上面的信息吗？设计个人名片时加入“个人名片”二维码是一个很好的选择。在扫描名片上的二维码图片时，除了了解信息还能成功地存储名片的信息到对方的手机上，如姓名、电话、公司和 E-mail 地址等，没有了手动输入通讯录的烦恼，信息还不会出错。

如何制作“个人名片”二维码呢？

首先点击“个人名片”项，在“个人名片”项里分别输入姓名、公司、电话、职位、邮件、地址和网址，在备注里可以添加想表达的文字或座右铭语句等。

然后在“生成选项”里自定义设置，操作方法和前面讲述的一样。需要注意的是，Logo 图片必须是公司的 Logo 图片，可以是 jpg 或 png 格式的 Logo 图片，不能任意添加一张图片作为 Logo 图片。

最后点击“生成”按钮生成“个人名片”的二维码，在生成之后的二维码上按下 Ctrl+R 组合键还可以再进行二维码图片的编辑。接着，保存二维码为 png 或 jpg 格式图片即可，如图 11-14 所示。

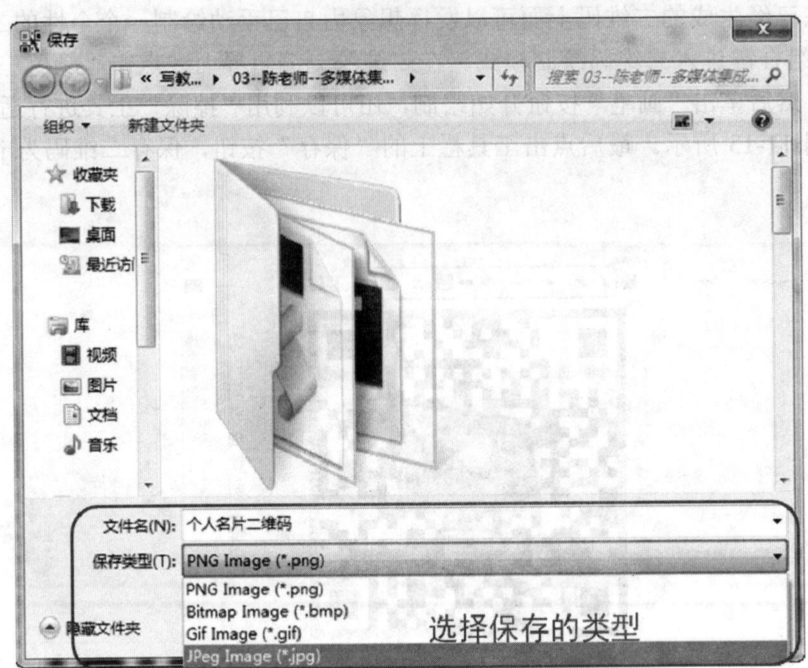

图 11-14　选择保存的类型为 jpg 格式图片

11.3.5　其他几种二维码的生成

“邮件地址”二维码生成的操作方法与“网址”二维码生成的操作方法一样，只需输入一个有效的用户邮箱，如 QQ 邮箱、网易邮箱、360 邮箱等，根据用途不同来输入 Mail。在“生成选项”里自定义设置，还可以绘制出个人专属的“邮件地址”二维码图片。

“无线网络”二维码可以说是专为个人营业户设置，如餐馆、咖啡屋等，二维码贴于墙壁上或卡座玻璃上，印于宣传单上或菜谱里。只要手机扫一扫，在消费的同时可以享受卖家的贴心服务——无线网络。

制作“无线网络”二维码同样很简单，点击“无线网络”项，在 SSID 里输入用户网络标识符；安全性可以选择是开放或 WEP 等，开放模式的 WiFi 是不用设置 WiFi 密码的，WEP、WPA/WPA2 PSK 和 802.1xEAP 模式下需要设置 WiFi 密码，设置密码后可以不勾选中“显示字符”。如果是餐馆的就提示说：只有进来吃饭的人士才知道的密码哦！

“生成选项”里就可以任意发挥了。模块大小调大些，纠错等级调高些，颜色和样式可以做得有食欲点或是精美些，这时更少不了加入一张好看的图片作为二维码的 Logo 图片了，或者使用“陈氏书法家”书写几字提示语后存成图片再加入进来，生成后的二维码是不是多了一点韵味呢？

“电话”二维码的操作方法也是很简单的，直接在电话空白框里输入单位的电话号码或者个人的手机号码；在“生成选项”里自定义设置。最后生成二维码，保存为 jpg 或 png 图片。

除生成二维码之外，ZZY.QR 程序提供了二维码解码功能与屏幕截图解码。

做好自己的微课放在云盘上，将其地址置入二维码生成器后，生成一个二维码，中间加入自己的照片作为 Logo。

如果有些老师觉得自己的照片看起来有些着急，也不要紧，可以使用我前面讲过的陈氏书法家软件，把自己的名字写进去，生成一个一流的明星签名一样的书法。然后用 Snagit 挖图存盘后，放在二维码的中间作为 Logo，形象也是大大地强啊。

生成的二维码打印出来贴在墙上，让学生去扫描，让学生去下载，让学生去体验，这是未来您与学生交流的新常态啦，酷不酷？

第 12 章　交互式微课制作利器 iSpring Suite

12.1　PPT 添加 iSpring Suite 插件提升微课制作功能

您可以不用其他高大上的软件制作微课，但是 PPT 在您工作中不可或缺。PPT 是我们常用的平台，它不仅是您第一课堂的必需品，同时借助于 PPT 快速制作出视频类微课和交互式微课，就是一个顺带的结果，花不了您太多的时间去纠结微课制作，一下子就把 PPT 变成了上档次的展示艺术品。只要加装插件 iSpring Suite，目前版本达到了 7.1，与此同类的还有 Articulate Presenter 以及逐渐不用的 Presenter。

iSpring Presenter 主要用来将现有的 PowerPoint 演示文稿转为 Flash 格式，不论多复杂的演示文稿，iSpring Presenter 都能保存原有的演示文稿外观和效果。

PPT 演示文稿一旦转档为 Flash 动画，就能更方便地发布、分享演示文稿，Flash 格式也能更容易被各种不同的网页浏览器和操作系统使用。

在培训演示或软件模拟的 Captivate 软件中所创建的动画模拟和演示，可以轻松地将其添加到演示文稿中。利用 Captivate、iSpring Presenter 与 PPT 进行集成制作，可使您的课件制作水平上一个档次，这也是我常倡导的“多媒体软件集成”理念。

iSpring Presenter 可使用麦克风及摄像头在演示文稿中添加旁白，另外，还可以轻松地将 PowerPoint 的动画与音视频旁白同步，并且使得在 PPT 中插入 Flash 文件变得易如反掌。其操作界面如图 12-1 所示。

图 12-1　iSpring Presenter 工具栏操作界面

12.2　安装与汉化步骤

PPT 插件 iSpring Suite 安装前一定要关闭 Microsoft PowerPoint。首先双击“ispring_ suite_6_1_0x32.exe”，弹出安装窗口，点击下方的“Install”然后按照向导安装。注意安装路径不要更改，默认就行。

iSpring Suite 安装好了以后，会发现桌面一下子多了几个快捷方式图标。现在我们进行插件汉化，首先复制汉化的“language.xml”，然后，只需找到 iSpring Suite 快捷方式图标（有个三维立方体的图标），点右键“打开文件位置”进入“lng”文件夹，粘贴它覆盖住原“language.xml”文件，覆盖完成后，完成了软件的汉化工作。

运行 iSpring Suite 时，在进入界面窗口选择“iSpring Pro”按钮，单击它，进入 iSpring Pro 界面，这时请点击“启动 PowerPoint”就行了，如图 12-2 所示。以后只需要打开 PPT 就会看到在菜单栏上自动的有一个 iSpring Pro 插件选项。

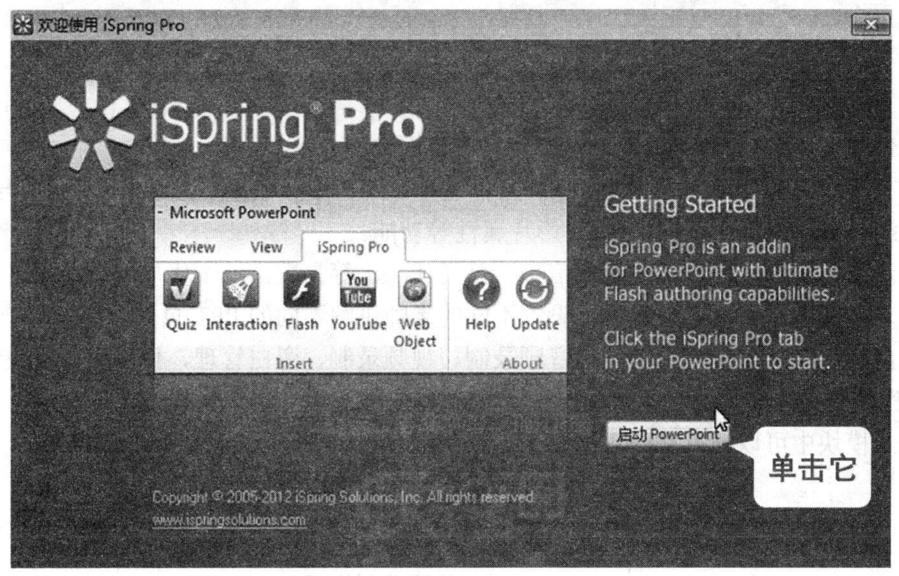

图 12-2　首次运行 iSpring Pro 请点击“启动 PowerPoint”按钮

PowerPoint 的 iSpring Pro 插件是以后做很多的交互式微课的重要平台。启动 PowerPoint 后，点击菜单栏上的 iSpring Pro 插件，可以看到在这个选项里还有好多的选项，发布、演示文稿、旁白、插入和关于，共分为五个模块，如图 12-3 所示。

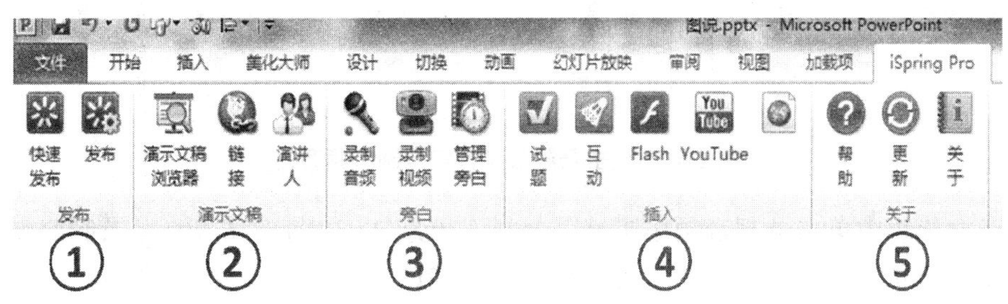

图 12-3　iSpring Pro 插件栏的五个模块

如果以后打开或浏览一个插件或者软件时，首先看分区的大栏再细看每项是什么。

12.3 基本功能简述

iSpring 工具栏有四个常用的模块，分别为发布、演示文稿、旁白、插入模块。如图 12-4 所示。

图 12-4 iSpring 工具栏

在使用 iSpring 工具中最多设置的就是发布模块。

发布模块对 PPT 文件输出成 Flash 文件进行设置，可以定义播放器模板、播放与导航、图像压缩、音频与视频压缩、Flash 影片属性等功能。

演示文稿模块主要设置演讲人信息、公司 Logo 等参数，一个优质的微课程可以有两至三个老师完成，在这里面就可以设置不同的老师讲解不同的 PPT 页面。

旁白模块有三个常用的功能：音频录制、视频录制、旁白管理，使用旁白模块制作的 PPT，作品有更为出色的视听效果，让课堂的 PPT 演示更加生动有趣。

插入模块中可以插入 Flash 文件，iSpring QuizMaker 的测试题，iSpring Kinetics 的互动文件。

12.4 音频录制模块

我们先来看看旁白模块，如图 12-5 所示。

图 12-5 点击录制音频按钮录制音频旁白

在旁白模块中单击录制音频按钮可以录制语音旁白，如图 12-6 所示。录制前需要做到的工作是：将每一页需要讲的文字置于到每一页 PPT 之下的备注里，备注里的字是本页 PPT 阅读的脚本。如果没有备注里的文字，您在录制到某一页时根本就不知道念什么，每个人对着镜头时都会有怯场的情节。

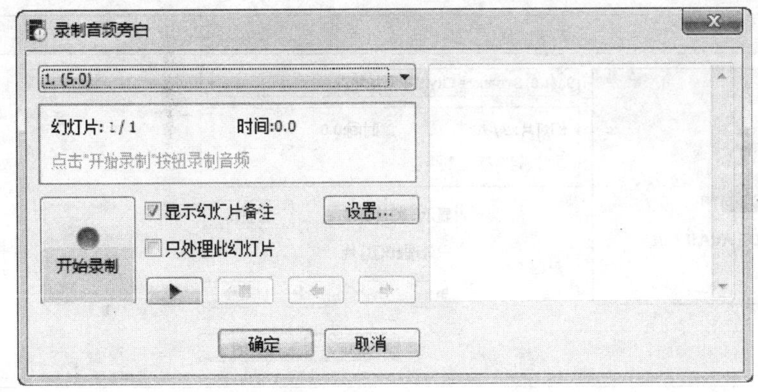

图 12-6　设置好麦克风点击开始录制为每页幻灯片录制旁白

在提到录音前最好配备好一点的麦克风和前置放大设备，并且注意录音的一点技巧。

麦克风：尽量不要使用多数计算机都配有的内置麦克风。使用放置麦克风的支架的具有专业质量的麦克风线缆。

麦克风前置放大器：前置放大器可增强麦克风的信号。计算机声卡的麦克风输入可能包括前置放大器，但通常质量不高。购买前置放大器时，可以选择一个小型混频器或独立的前置放大器，独立的前置放大器能更好地过滤噪音。

改善麦克风音质：在手边放杯水，以防嗓子发干。开始录音前，离开麦克风，做一次深呼吸，呼气，再做一次深呼吸，张开嘴，转向麦克风，然后开始讲话。这样可避免音轨开头常见的呼吸和咂嘴的声音。讲话要缓慢谨慎。您可能会觉得语速过慢，不够自然，但是稍后可使用音频录制软件调节语速。最后记住一点，有时需要多次尝试才能得到比较好的效果。另外录好的音频可以在 Adobe Audition 软件里进行再加工。

12.5　视频录制模块

视频录制旁白则可以通过设备自动录制原生态的上课情景，如图 12-7 所示。让您讲课时的音容笑貌呈现在学生的面前，这个并不需要很好的设备，配备一个高清摄像头就可以将现场的气氛和师生互动融入到展示课件之中，让课件更有人情味，让学生身临其境，对于远程教育或者基于移动互联网的掌上教育意义深远。

图 12-7　视频录制旁白

点击旁白模块的录制视频后，出现如图 12-8 所示界面。

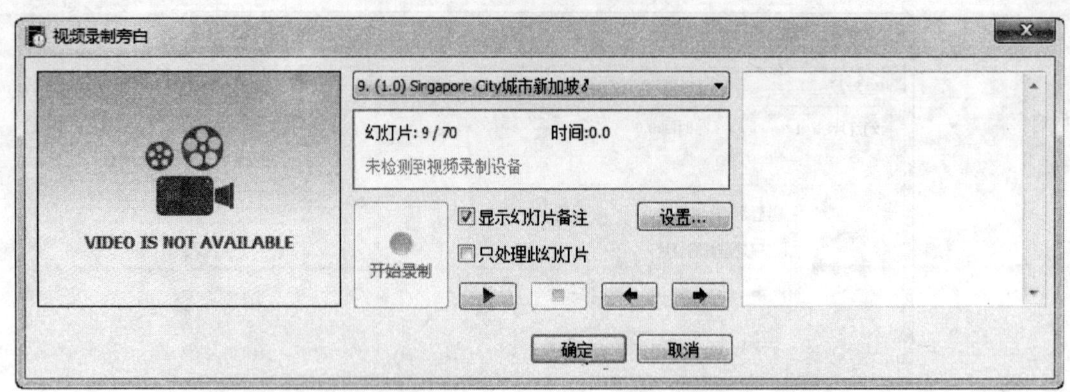

图 12-8 连接视频录制设备为每页幻灯片录制视频旁白

录制 PPT 型微课时要注意：

（1）每页 PPT 需要念的文字放在备注中，并按自己语速确定相应的字数，这样对着图念。

（2）眼盯摄像头，面带微笑，要有眼神交流，那就是您的学生。关注本来就是教育的重要元素之一，想象着是一对一的辅导而不是上大课。

（3）点“只处理此幻灯片”可以反复录制一两遍，熟练后就可以一次性录制完成一个微课。

12.6 插入 Flash 动画文件

在插入模块中点击 Flash 按钮后在选择要插入的 Flash 文件，使 SWF 文件嵌入 PPT 中。SWF 文件除了直接插入 Flash 形式外，还可以以视频的形式插入在 PPT 之中，不过背景为黑色，此时的 SWF 动画框架一定要等比例缩放，不能非等比例地压缩或拉长。如图 12-9 所示。

图 12-9 插入 Flash

注意到 Flash 必须与 PPT 同在一个文件夹，点右键，把 Movie 之后的绝对路径去掉，如图 12-10 所示。即去掉斜杠以及之前的所有字符，只留下文件名，这样不至于拷贝到其他电脑中无法出现 Flash 的动画内容，Flash 与 PPT 的文件一同拷贝到别的电脑上才能显示其中的 Flash 动画。

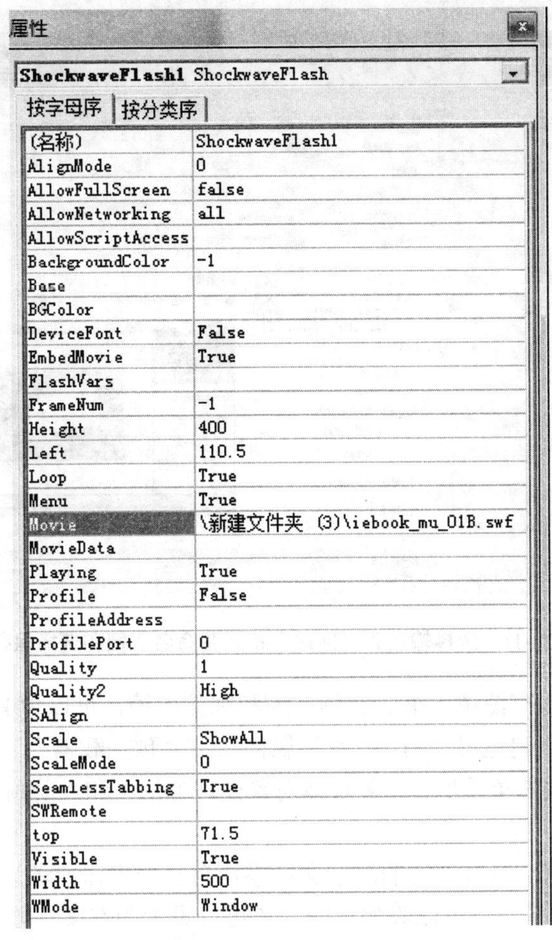

图 12-10　插入 SWF 文件（右键属性参数去掉前面的绝对路径将 PPT 与 SWF 放在同一文件夹）

12.7　发布为 SWF 动画文件

完成 PPT 编辑后，直接点击“快速发布”直接发布为 Flash 影片，iSpring 会以默认的参数发布，生成 SWF 文件与 HTML 文件，自动保存到文档默认存储的路径里。

在这里我们选择单击“发布”，跳出选项对话框，选择第一个输出“网站”格式。在“常规”选项卡输入“演示文稿标题”和“文件名”，选择存储到“我的电脑”的文件夹路径，幻灯片范围项为“所有幻灯片”，演示文稿是“所有到一个 Flash 文件”和“生成 HTML”文件，如图 12-11 所示。

“播放与导航”选项卡播放选项里可以配置为“用户控制演示文稿”或者自定义等；鼠标与键盘导航选项里同样可以自定义控制键。

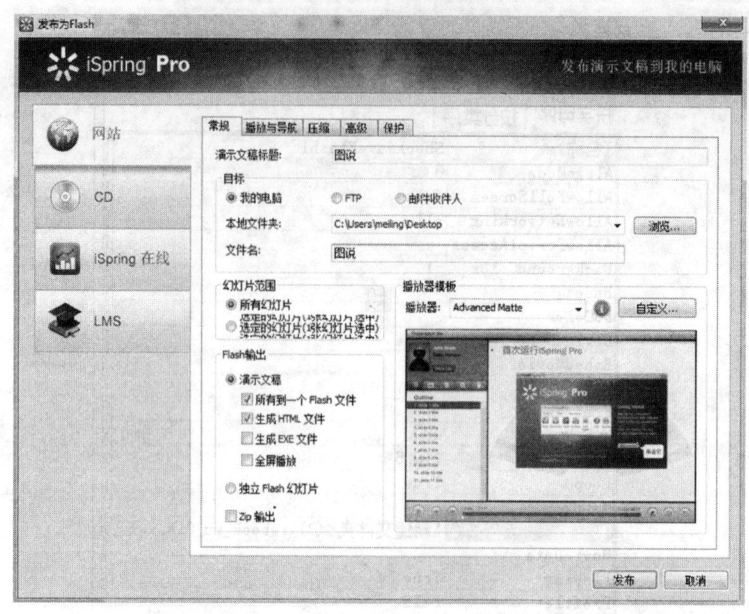

图 12-11　选择输出为“网站”格式并命名文档和选择保存路径

“压缩”选项卡里有图像压缩、音频压缩和视频压缩，可以为 PPT 瘦瘦身。

“高级”选项卡里自定义“Flash 影片属性”、“预加载器”、“API”、“分离媒体内容”、“Flash 播放器菜单”、“多媒体对象处理方法”和“动画与切换效果”这些选择项根据文档需要勾选它。

“保护”选项卡里可以对当前的演示文稿添加自己的水印或者设置加密等。这里可以设置写入保护，可以加密码也可以添加水印。还可以设置为在某一段时间内可以使用，过期则不能使用。

需要注意的是，在播放器模板里按下小三角选择“显示更多播放器”，之后再按下小三角就会发现还有很多种播放器模板可选择。我们选中“Advanced Matte”播放器，单击“自定义”按钮再设置播放器模板项，如图 12-12 所示。

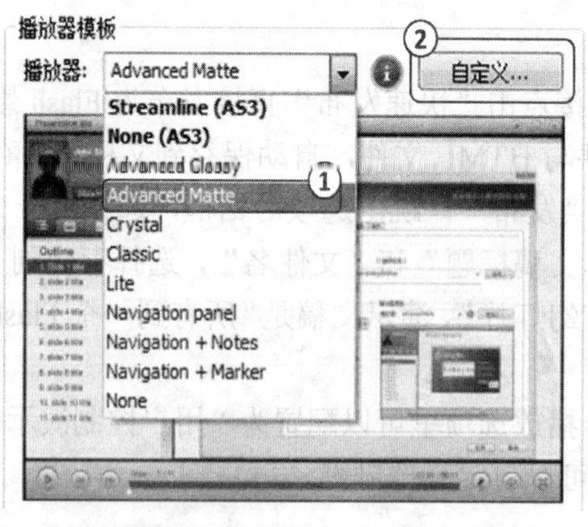

图 12-12　选择“Advanced Matte”播放器

12.8　设置多人进行微课展示的演示文稿

如果是同一个演示文稿里有多个演讲人分别讲解某一部分，每一部分计划演示讲解多少秒，讲解什么内容，演讲人是谁，这时就使用“演示文稿浏览器”来管理，还可以在“演示文稿浏览器”里添加演示文档背景音乐。

“链接”里可以添加或者引用外部的参考文献和阅读附件，在设置项里自定义打开窗口、鼠标点击后的行为和 Flash 文件播放后的重定向。

添加“演讲人”，编写演讲人信息或者单位代表就在这项里添加，添加进来的演讲人在“演示文稿浏览器”里都会有名字了。然后，就按照演讲人分配的任务和控制时间直接找到演讲人的名字，对应好后点“确定”完成，如图 12-13 所示。

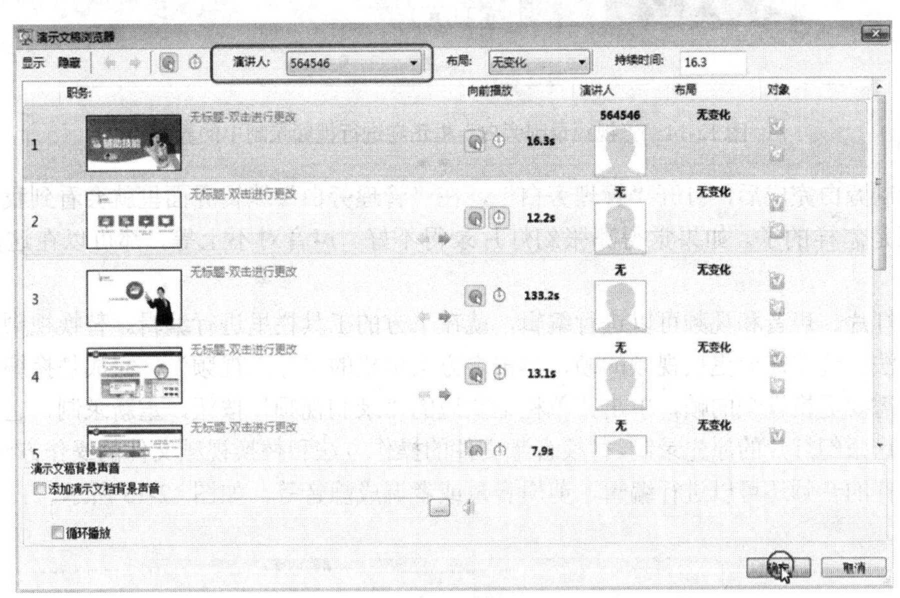

图 12-13　在“演示文稿浏览器”里分配演讲人任务

一个微课可以有两到三个老师来完成，例如：教授讲理论的，讲师讲习题的，实验师讲实验的，这样形成了一个教学团队，完成一个知识点的优质微课程。往往这种多教师不同口味从不同角度对某一个知识点的诠释微课程，更吸引学生的注意力，也能获得评委的认可。

12.9　管理交互式微课的音频与视频旁白

需要展示的文稿我们利用“旁白”进行排练演示，或者在 Microsoft PowerPoint 的“幻灯片放映”的“设置”项里同样可以对演示文稿进行排练演示。在还没有录之前，先在 PPT 下方的备注栏里写上每张幻灯片需要讲些什么内容，另外把限定时间用了多少秒讲完也写进去，但注意不要把后面的限定多少秒也念出来了。

麦克风和摄像头装上后就可以录制了，直接点击“录制视频”按钮，弹出“视频录制旁白”框，左边是正在录制的演示人的头像，中间栏是设置选项，勾选上“显示幻灯片备注”，右边是显示备注的区域。

单击中间栏的“开始录制”按钮，看着右边备注的文字对着讲，偶尔面带微笑朝“下面的观众”（这里是指朝摄像头），看看和点点头，表示“领导”很重视“下属”。然后，继续看备注文字接着念，如图 12-14 所示。

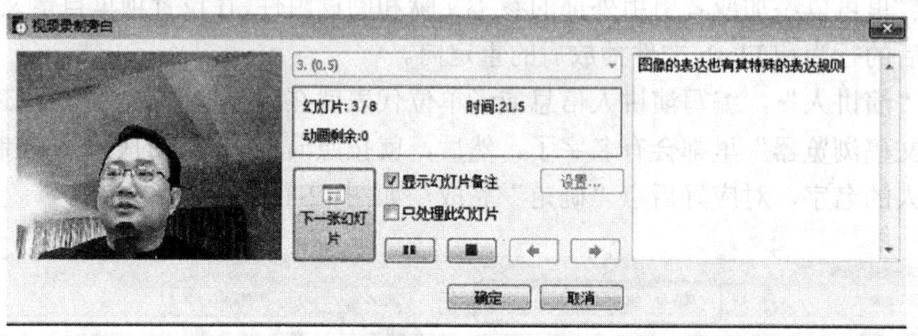

图 12-14 “视频录制旁白”框正在进行视频录制中的界面

录制旁白完成后，打开“管理旁白”，在“管理旁白”编辑界面里就会看到我们录制的效果是怎样的了。如果觉得哪张幻灯片录得不好，声音对不上等，都可以在这里进行编辑。

幻灯片、声音和视频可以进行编辑，就在下方的工具栏里进行编辑。替换视频文件的操作方法：选中需要更换视频的帧，单击上方菜单栏的“导入视频”，完成替换编辑。或者选中需要更换视频的帧，单击菜单栏上左边的“录制视频”按钮，重新录制，它会自动地覆盖这张幻灯片的原先录制。替换音频文件的操作方法和替换视频文件的操作方法类似。视频文件的音频还可以进行编辑，剪辑音量或者调成静音等，如图 12-15 所示。

图 12-15 视频文件的音频单独编辑

显然，在这里可以补录视频与音频，也可以将 PPT 中播放的视频单独拿出来，在这里替代其中一段视频，这样就清晰且明了。

最后，完成编辑了就点击左上角的“保存并关闭”按钮回到 PPT 再点“保存”保存下文稿，因为录制后的文稿和没有录制的文稿会有不同的。都完成后的 PPT 就可以选择“发布”，发布出去了。

12.10　PPT 中插入互动要素

在插入模块里点击“互动”图标进入编辑工具，见图 12-16 所示。

图 12-16　“互动”编辑工具栏

选择需要的版面式样，单击“New Broadside”图标按钮，新建一个空白的书面，然后在工具栏点击“Picture”图标按钮插入需要制作相册的图片。见图 12-17 所示。

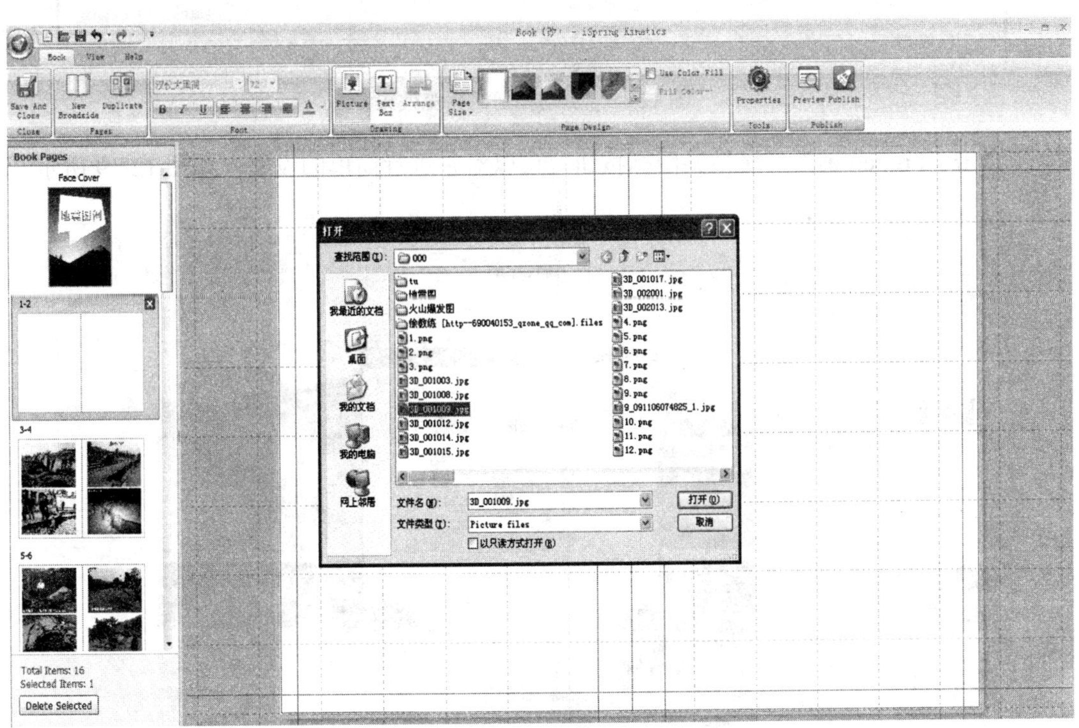

图 12-17　插入图片

完成图片的插入和排版之后，点击“Preview”图标按钮进行预览。如图 12-18 所示。

图 12-18 互动相册的预览效果

点击“Properties”（属性）图标按钮，可以对它进行简单的设置。如图 12-19 所示。

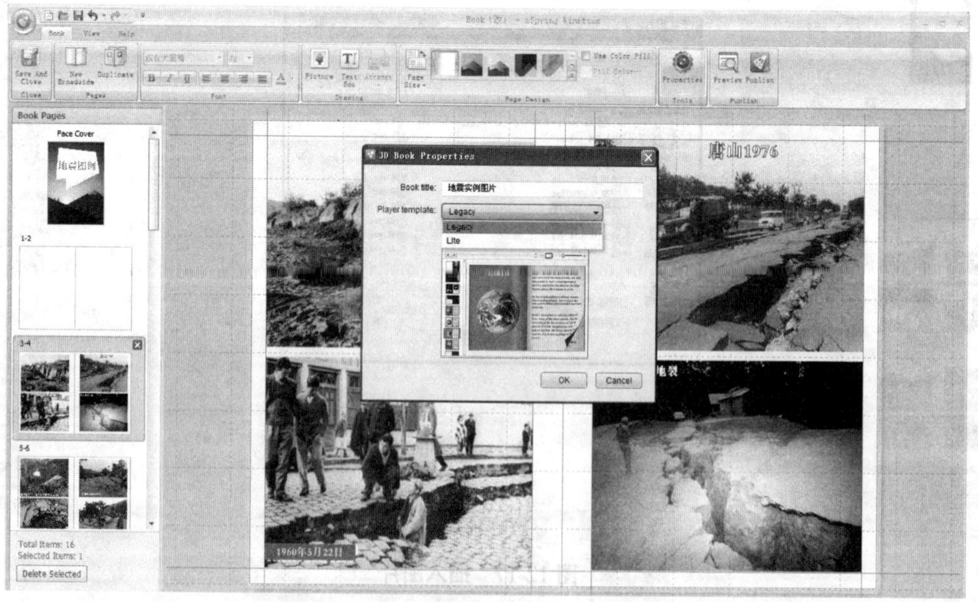

图 12-19 3D Book Properties 的编辑窗口

最后单击“保存”按钮进行保存，关闭“互动”回到 PPT 工作界面，系统自动地插入了一张“互动”的幻灯片，这说明已经完成了“互动相册”的插入。

需要说明的是，在发布成 SWF 文件时，加有“互动相册”的 PPT 文件只能选择“Streamline（AS3）”和“None（AS3）”的播放模板。如图 12-20 所示。选择其他的播放模板时“互动相册”的效果会显示不出来的。

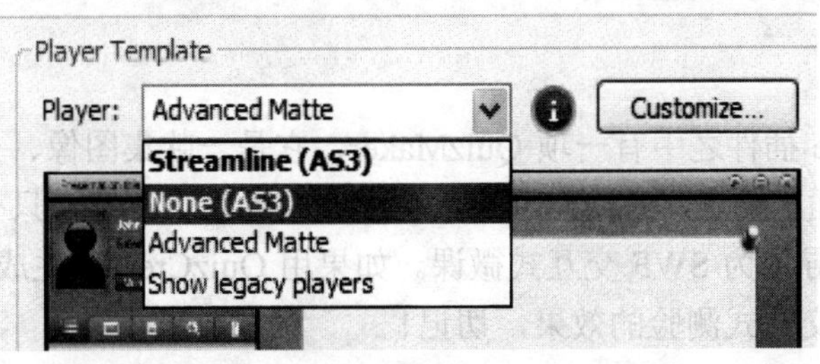

图 12-20　选择播放模板

第 13 章　PPT 中插入在线测验的 11 种客观题

在 iSpring Suite 插件之中有一项 QuizMaker，它是一款集图像、公式、音频和视频为一体的测验系统。插入测试，系统自动进入测试编辑界面。注意，只有 QuizMaker 的在线测验才能在 PPT 中导出为 SWF 交互式微课。如果用 QuizCreator 生成的 SWF 型动画，放在 PPT 中无法导出交互式测验的效果，切记！

安装好了 iSpring Suite 后 QuizMaker 就置于其中了，它是 iSpring Suite 中的一个部件。在插入模块中点击试题图标后，出现如图 13-1 所示的快捷创建界面。

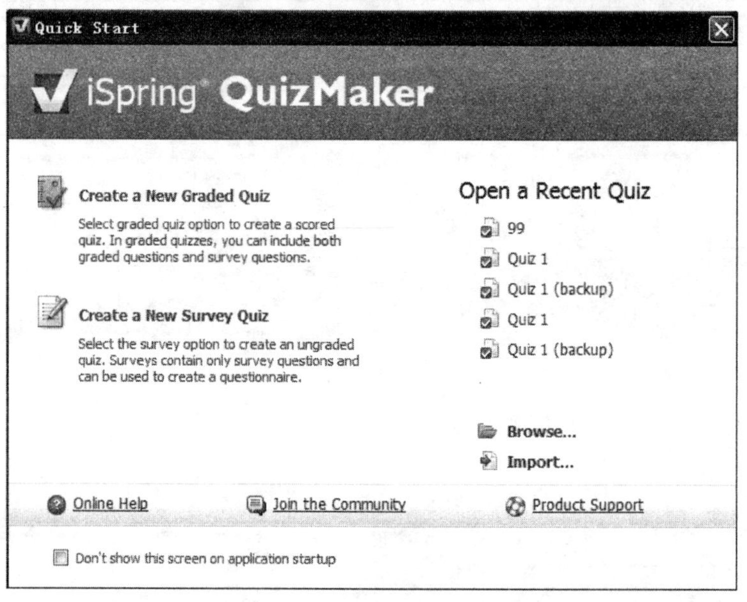

图 13-1　快捷创建界面

点击新建一个测试项目，在“主页”选择欲新增的题型，它包含有 11 种题型：对错判断题、单选题、多选题、填空题、匹配题、顺序题、数值题、填空题、复式选择题、拖拽式词库题、热点题。如图 13-2 所示。

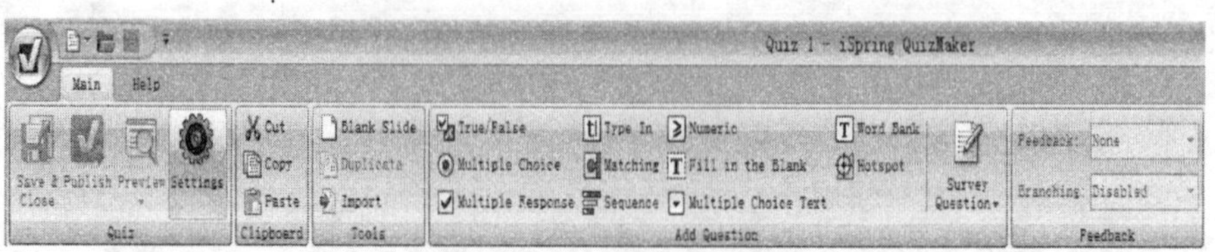

图 13-2　QuizMaker 菜单栏

13.1　对错判断题

创建一个对错判断题。在 True/False Question（问题）栏输入问题，在下方 Answer（回答）栏选择正确的答案。这是一道听力测试题，听音频并判断下方说法对否，所以要在右边的媒体窗口中选择音频图标点击打开欲要展示的音频。如图 13-3 所示。

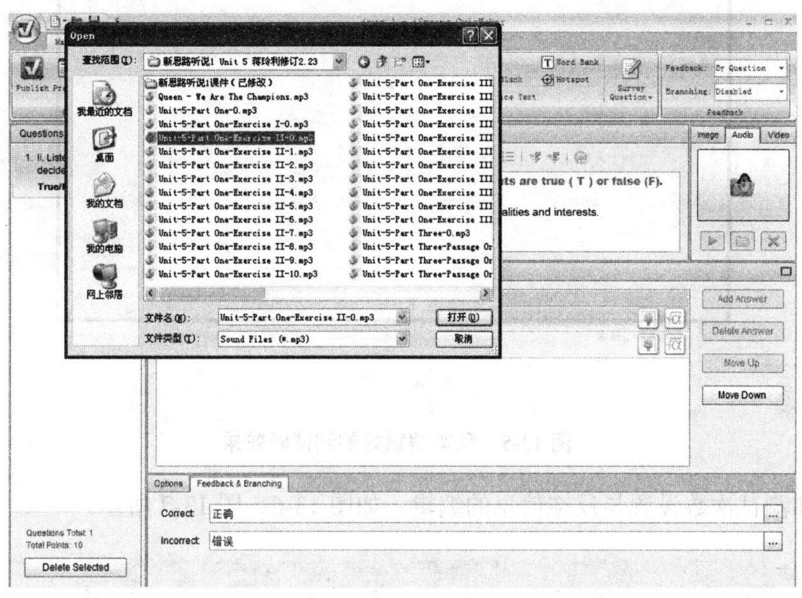

图 13-3　选择音频

实时预览。对问题进行试验并及时获取测验效果，有利于对测试题效果的掌控和及时修改不足，点击 Preview（预览）实现实时预览测试效果。如图 13-4 所示。

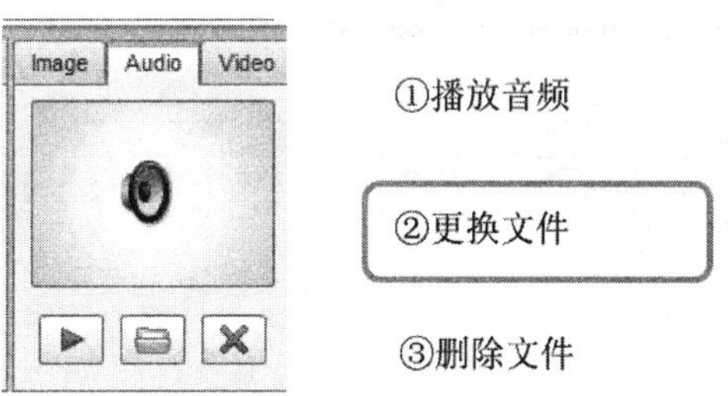

图 13-4　音频编辑栏

需要注意的是：多媒体的在线测试题就必须要有多媒体的元素在其中，不是纸质试题的形式搬家。例如，要加入音频，将题目生成声音，只要电脑安装微软的 TTS 引擎即可；要加入一些 SWF 动画或视频，通过视频解题；要加入图像，通过看图或者是找出图的热点区进行人与电脑之间的互动。所以多媒体的测验必须要有多媒体的“味”儿，否则在线测试就太呆板了。如图 13-5 所示。

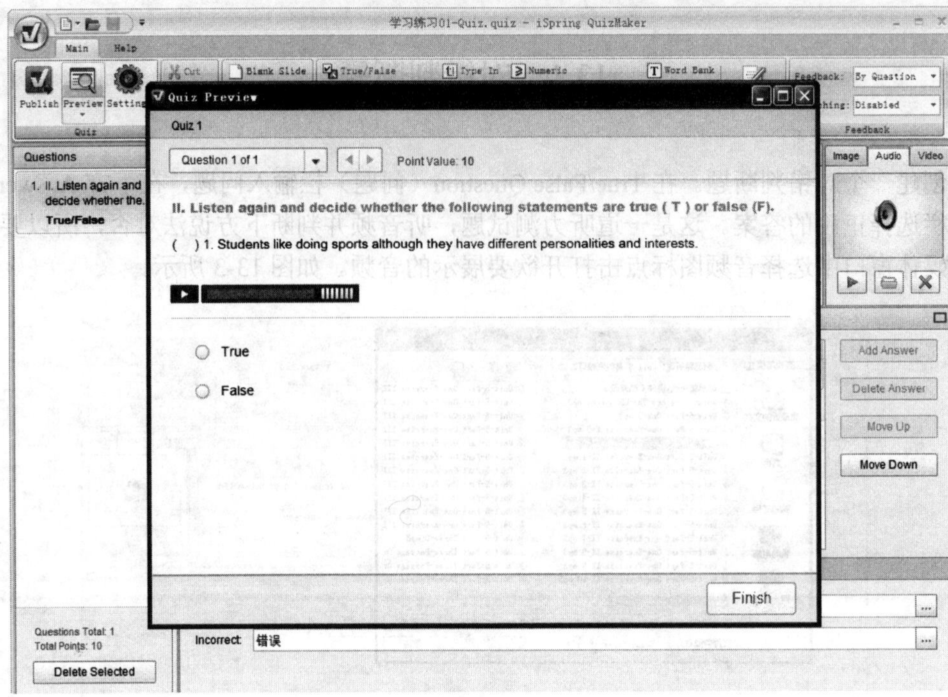

图 13-5 预览编辑好的测试题效果

分数和测试次数设置与反馈信息的编辑。如图 13-6、图 13-7 所示。

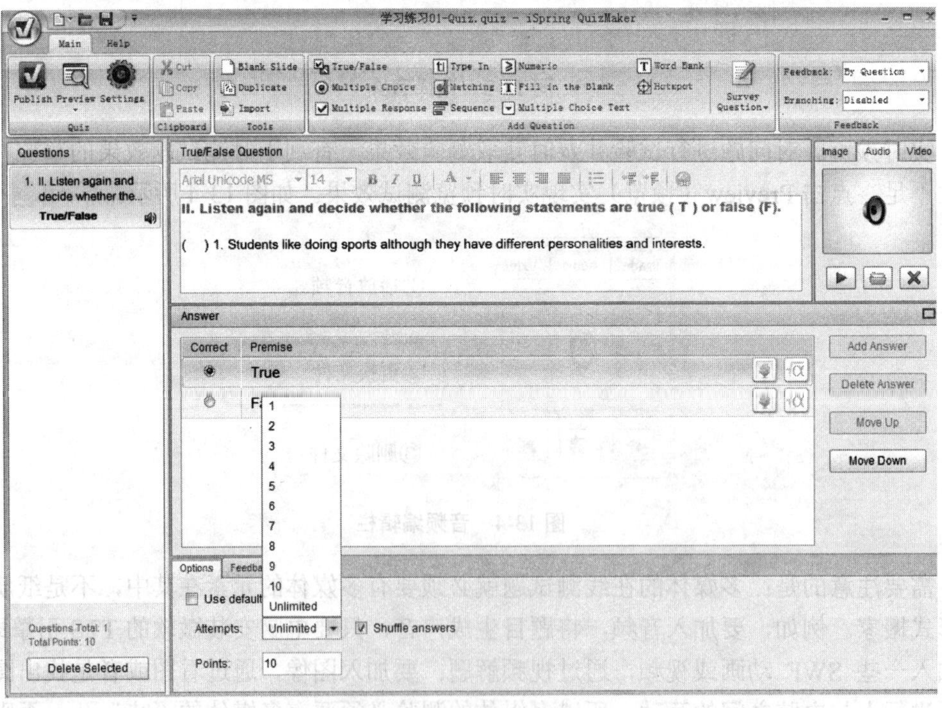

图 13-6 测试次数与分数的编辑

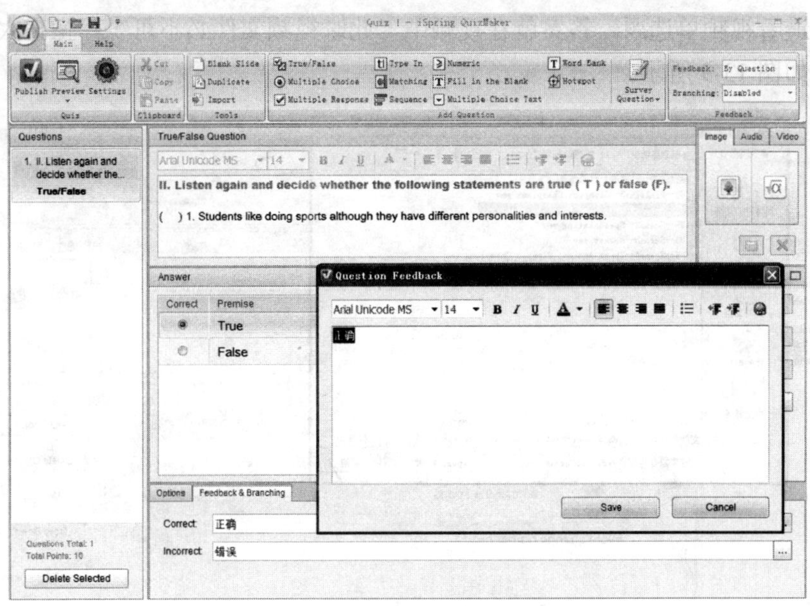

图 13-7　编辑反馈信息

13.2　单项选择题

创建一个单选题。在 Multiple Choice Question（问题）栏输入问题，在下方 Answer（回答）栏输入并选择正确的答案。如图 13-8 所示。

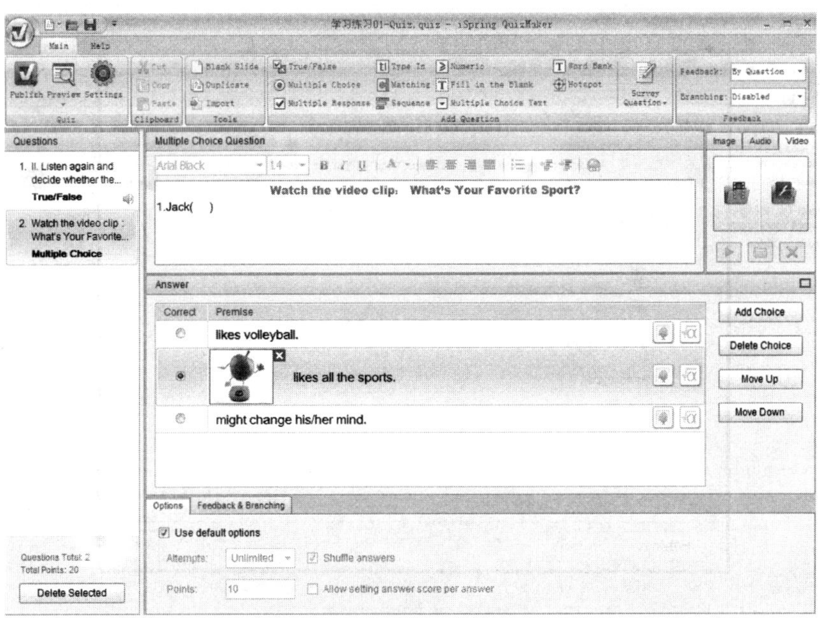

图 13-8　单选题的问题及答案编辑

这是一道看视频单选题，答案就在视频中，此时视频文件必不可少，操作大致与插入音频类似。如图 13-9 所示。

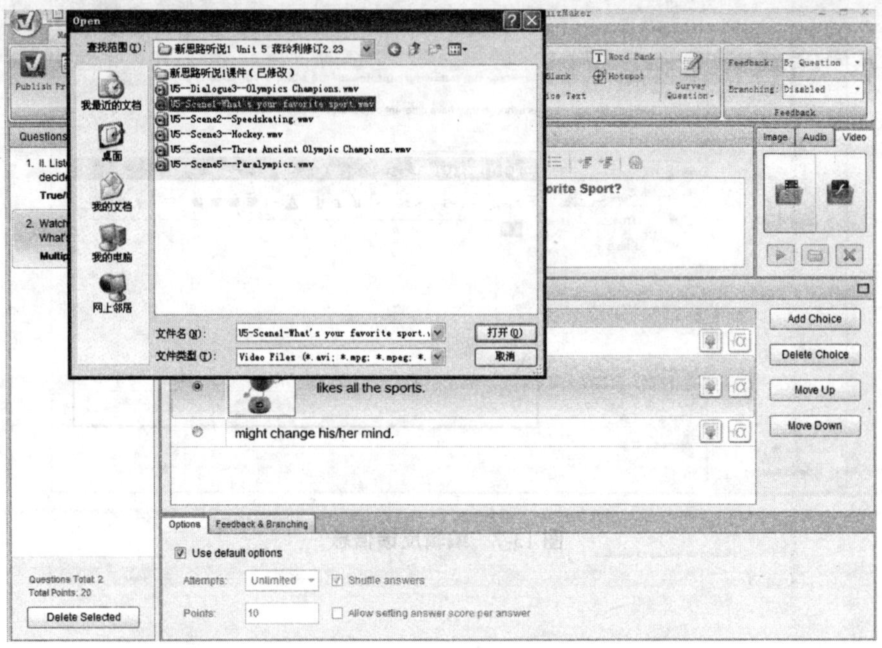

图 13-9　插入视频文件

实时预览，如图 13-10 所示。分数和测试次数设置与反馈信息的编辑同对错判断题设置一样。

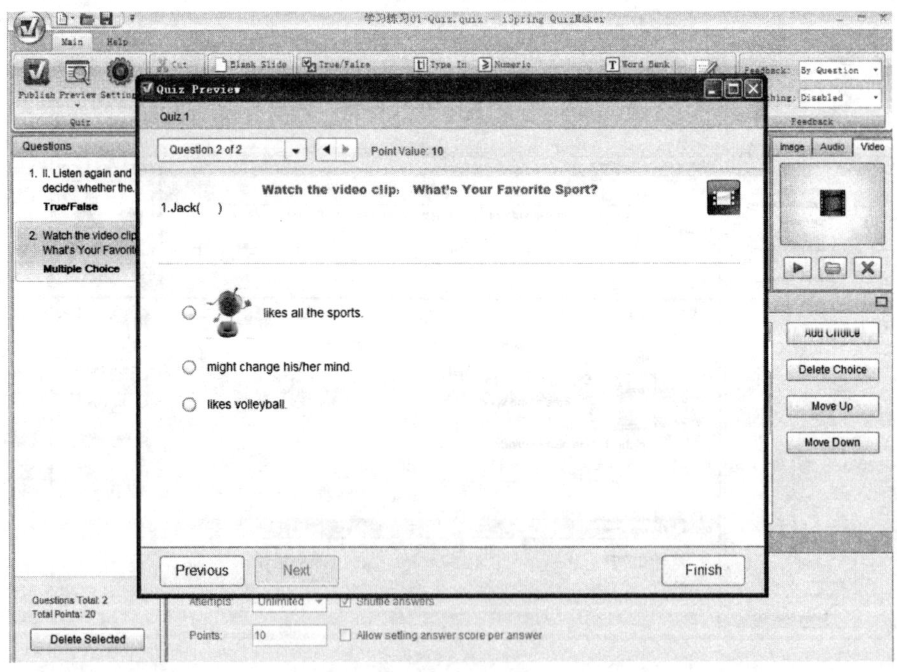

图 13-10　单选题的预览效果

13.3　多项选择题

创建一个多选题。在 Multiple Response Question（问题）栏输入问题，在下方 Answer（回答）栏输入多项选择的答案，并勾选出正确的答案。如图 13-11 所示。

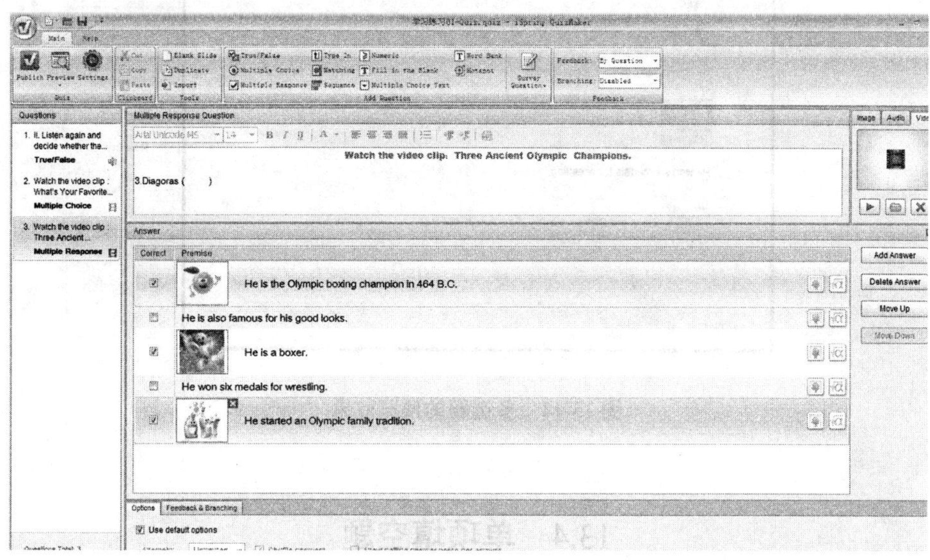

图 13-11　多选题的问题及答案编辑界面

Answer 中的 Premise 选项右侧可以为每个答案附加图片或数学公式，使教学互动变得易于学生接受、有意义。如图 13-12 所示，其他设置同前节。

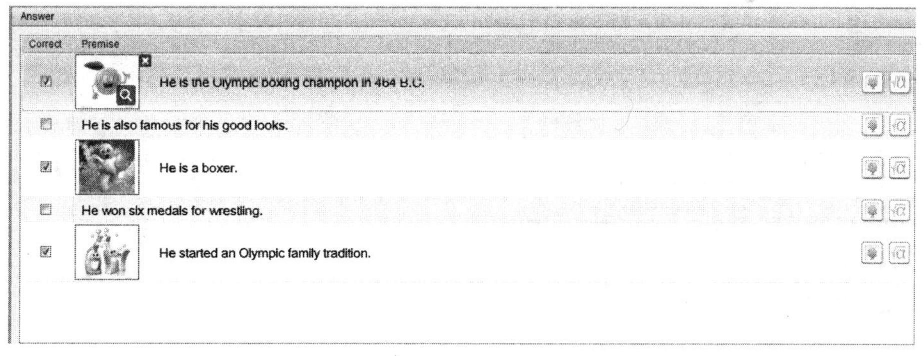

图 13-12　答案编辑栏

如果您觉得本例子是英文的不好懂，不要紧，您只要按照这上面的方式，依据您自己所教的学科，自我整理出类似的题型即可。只要做两套题，每套 11 个不同类型的小题，以后就不用 Word 上出题了，直接在这上面针对每个知识点编几道试题，最终可以自动组卷考试了。如图 13-13 所示。不断使用，会越来越方便，直至喜欢，进而成为了习惯，修炼就是这么一个过程。

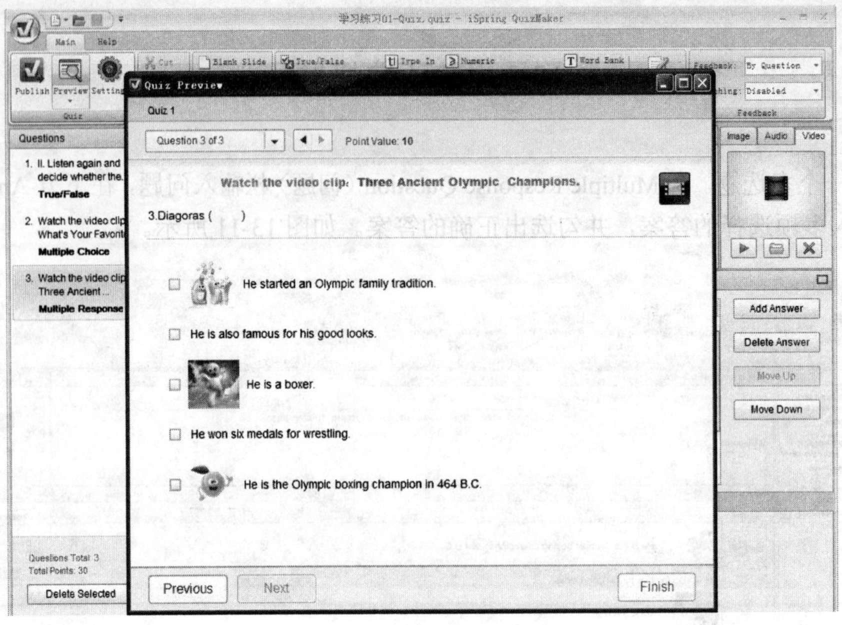

图 13-13 多选题的预览效果

13.4 单项填空题

创建一个填空题。在 Type in Question（问题）栏输入问题，在下方 Answer（回答）栏输入正确答案，在右侧媒体栏添加英语音频，操作方法在 13.1 节里介绍过，在这就不重复了。插入后的效果。如图 13-14 所示。

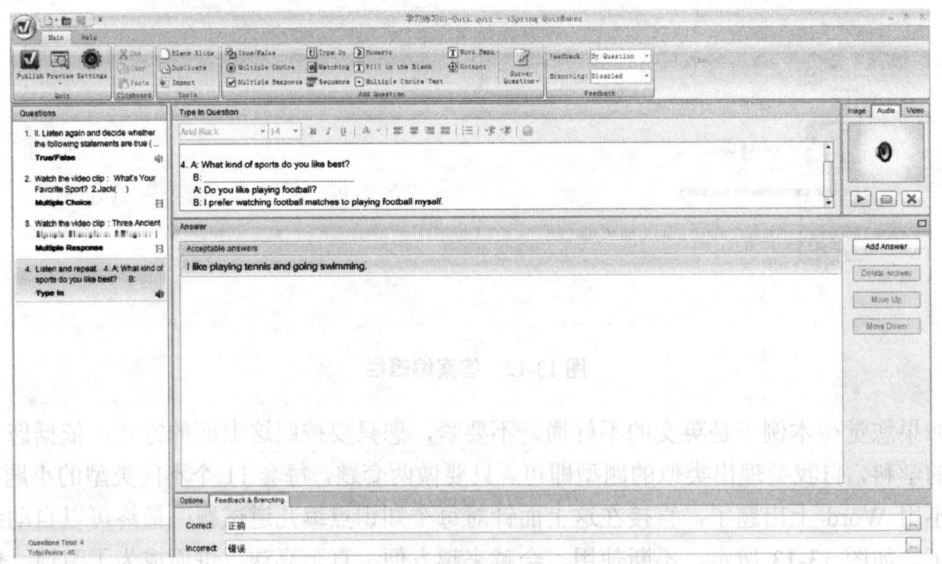

图 13-14 填空题的编辑

其他设置同前节设置一样，编辑问题多时我们可以选择单独预览当前编辑的问题，点击 Preview Question 预览。预览效果如图 13-15 和图 13-16 所示。

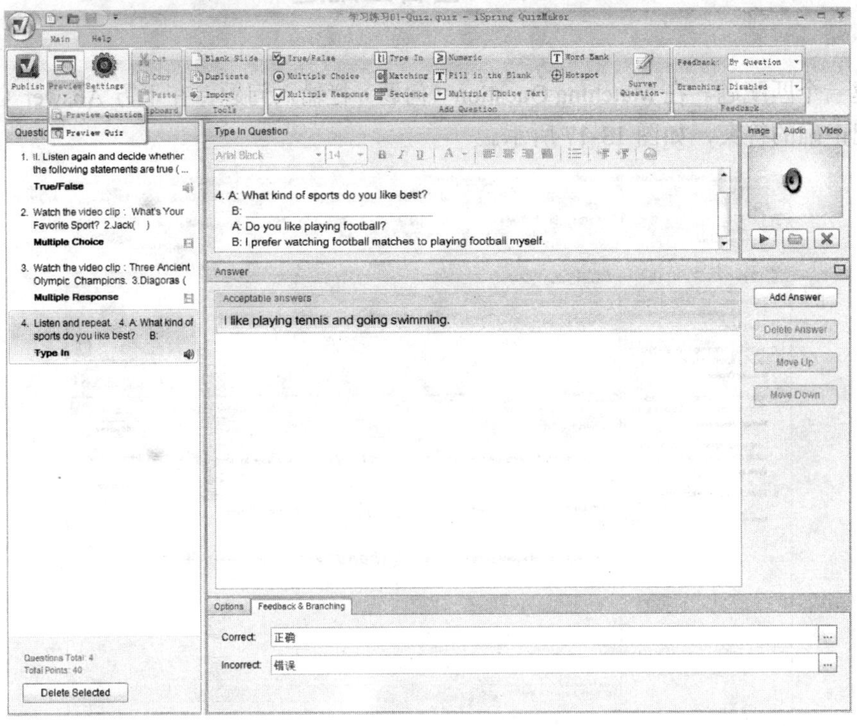

图 13-15　单独预览当前编辑的问题

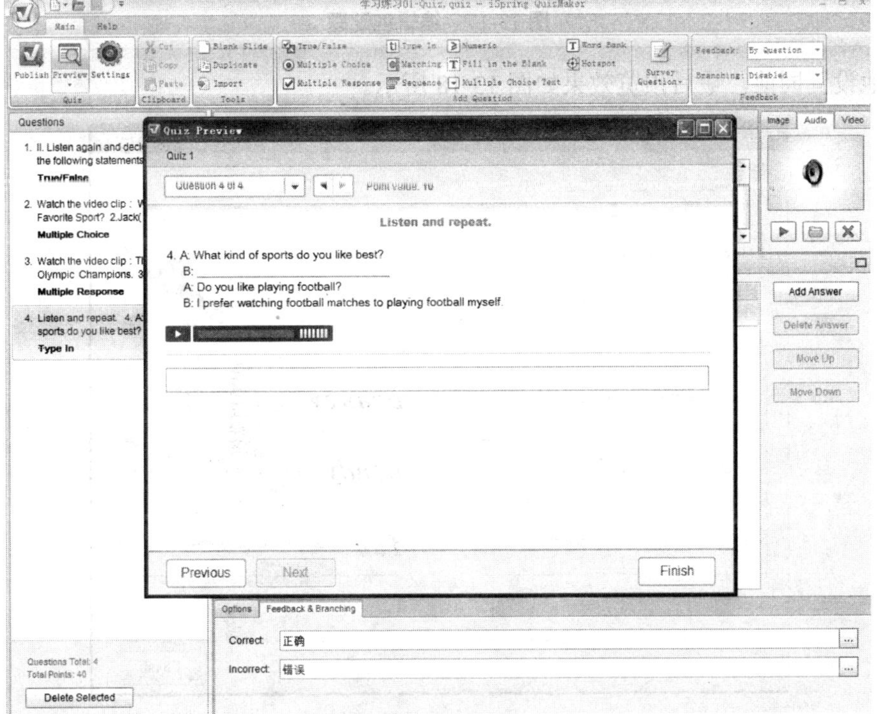

图 13-16　预览的效果

13.5 左右匹配题

创建一个匹配题。在 Matching Question（问题）栏输入问题，在下方 Answer（回答）栏输入匹配正确的答案，如图 13-17 所示。

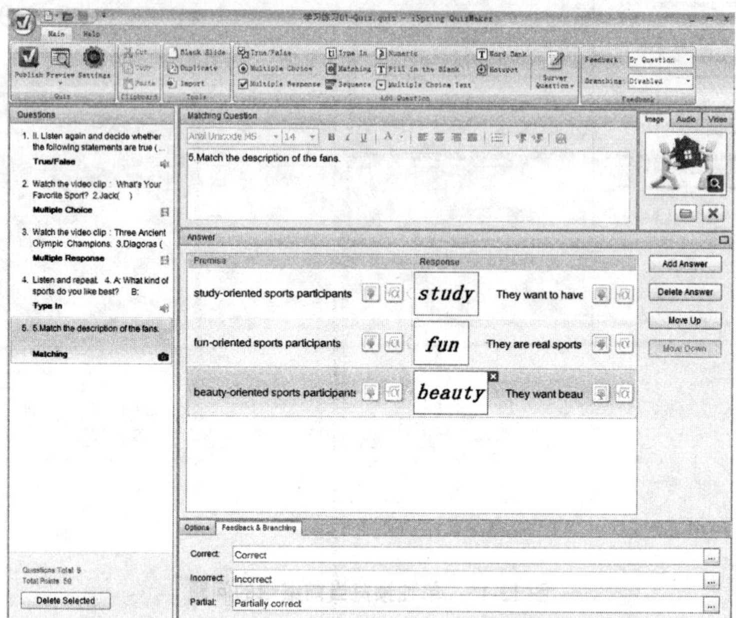

图 13-17 编辑匹配题

其他设置同前，最后预览效果如图 13-18 所示。

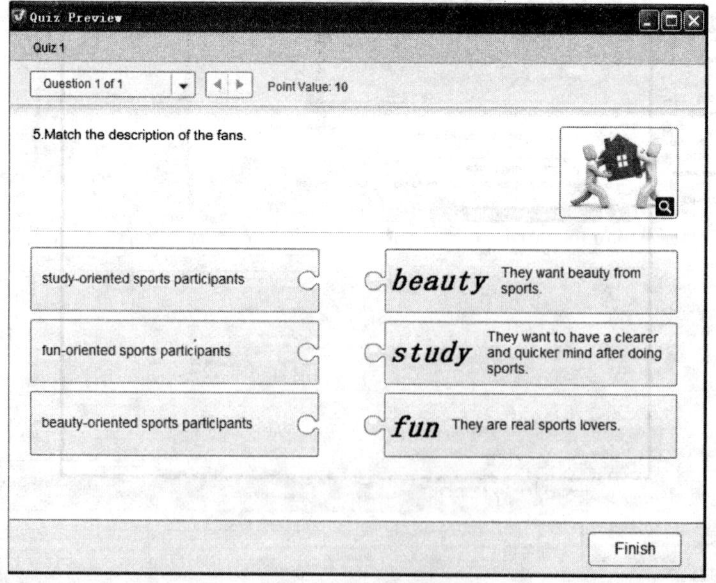

图 13-18 匹配题的预览效果

13.6　正确顺序题

创建一个顺序题。在 Sequence Question（序列问题）栏输入问题，在下方 Answer（回答）栏按正确排列顺序输入答案，如图 13-19 所示。插入音频文件如图 13-20 所示。

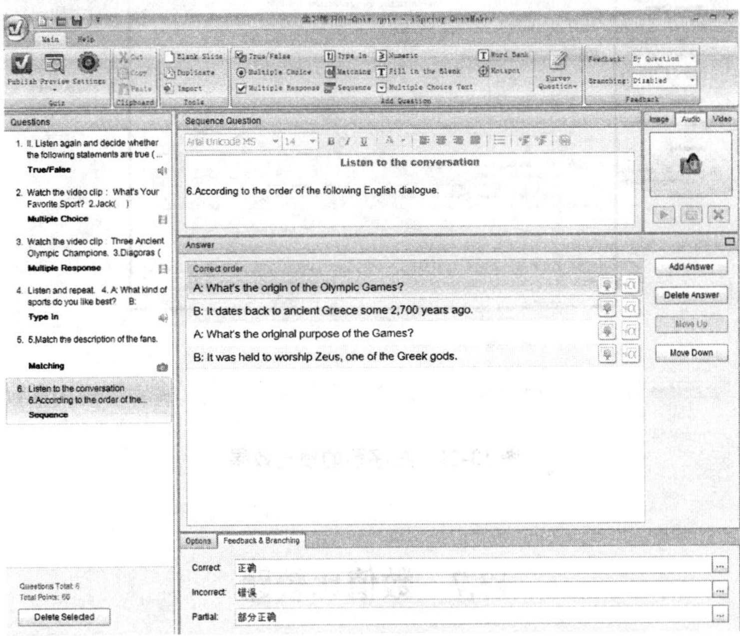

图 13-19　编辑的排序题

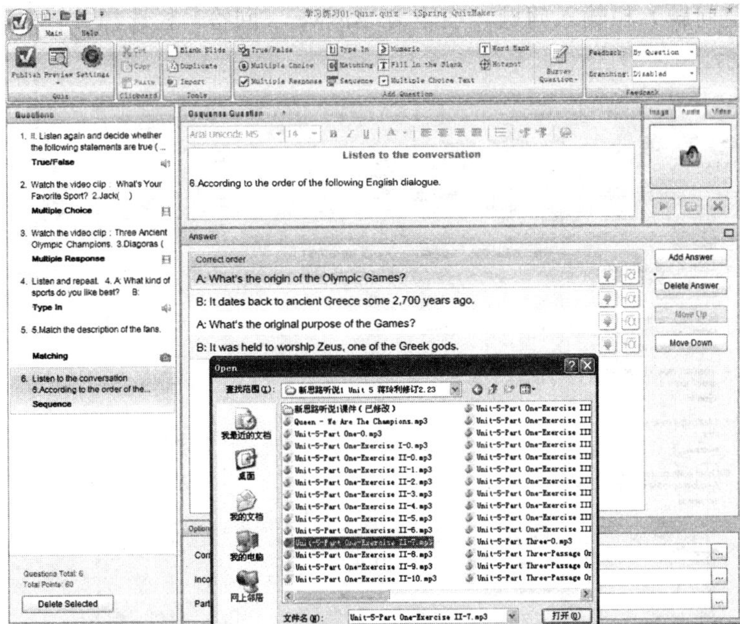

图 13-20　插入音频文件

其他设置同前，实时当前预览如图 13-21 所示。

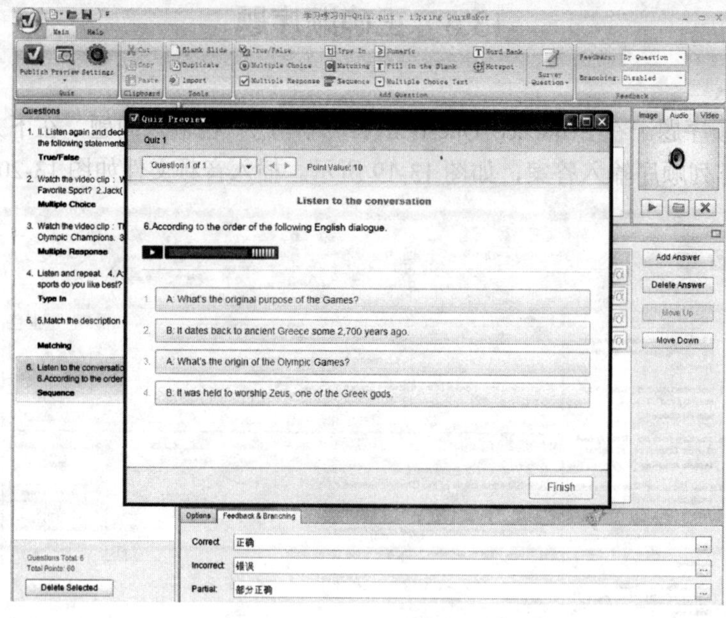

图 13-21　顺序题的预览效果

13.7　数值比较题

创建一个数值比较题。它可以实现从小学数学至高等数学教学的互动测试，在 Numeric Question（数值问题）栏输入问题，在下方 Answer（回答）栏选择并输入正确的答案，如图 13-22 所示。

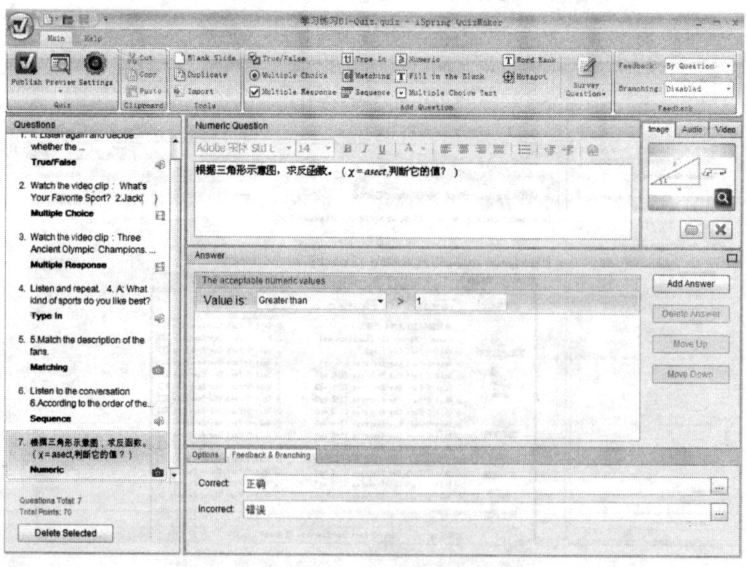

图 13-22　编辑数值比较题

需要说明的是，此时我们在数值题“答案”设置时选择了数值大于“1”的值都是正确的，所以如果提交的数值凡是大于“1”值的都会得分。

在答案编辑栏，可选择：等于、什么数之间的、大于、大于或等于、不到什么数字的、小于或等于和不等于，如图 13-23 所示。

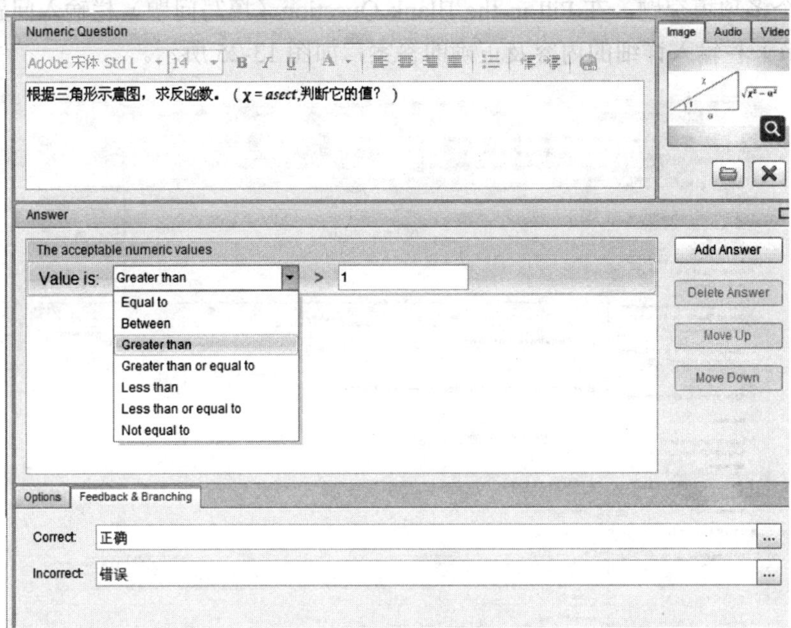

图 13-23　数值答案的编辑

其他设置同前。预览数值比较题，如图 13-24 所示。

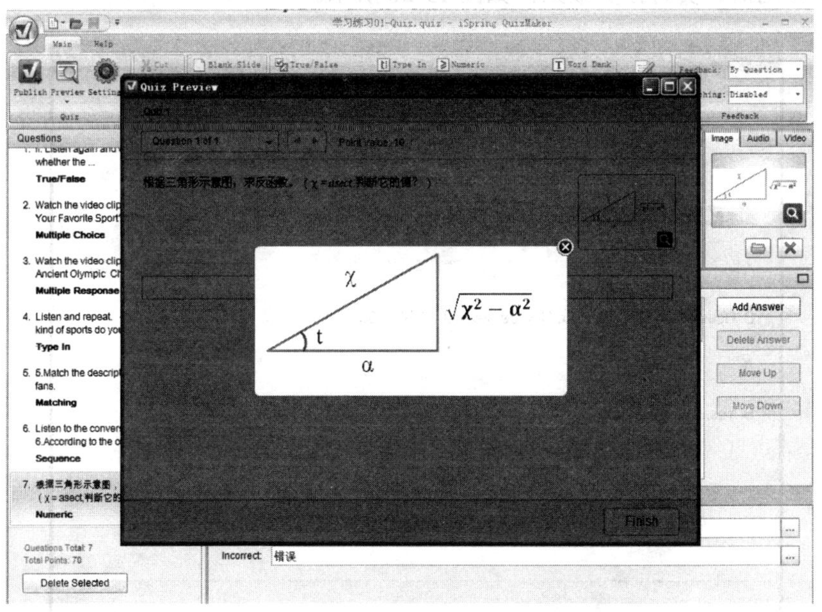

图 13-24　数值比较题图像放大的观看效果

13.8　多项填空题

创建一个多项填空题。在 Fill in the Blank Question（填写问题）栏输入问题，在下方 Details（细节）栏输入详细的内容及正确的答案，如图 13-25 所示。

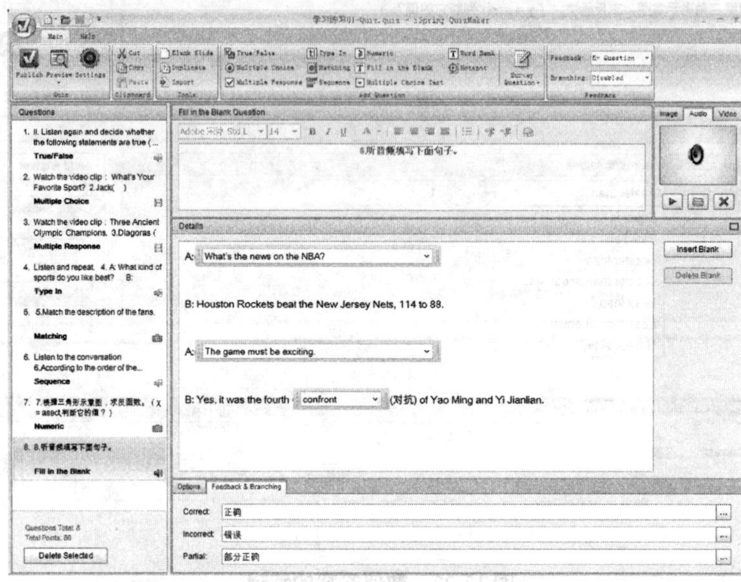

图 13-25　完成编辑的多项填空题

其他设置同前。实时预览效果，如图 13-26 所示。

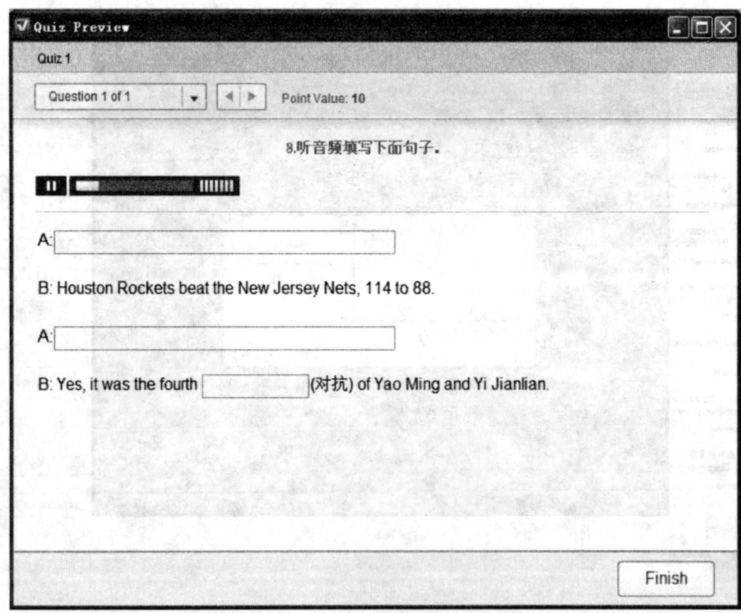

图 13-26　多项填空题的预览效果

13.9　复式选择题

创建一个复式选择题。在 Multiple Choice Text Question（多项选择文本问题）栏输入问题，在下方 Details（细节）栏输入详细的内容及供选择的多个答案和正确的一个答案并选择，如图 13-27 所示。这是一道看视频选择正确答案题，视频文件在右侧的媒体栏选择视频按钮，点击选择要插入的视频文件即可。

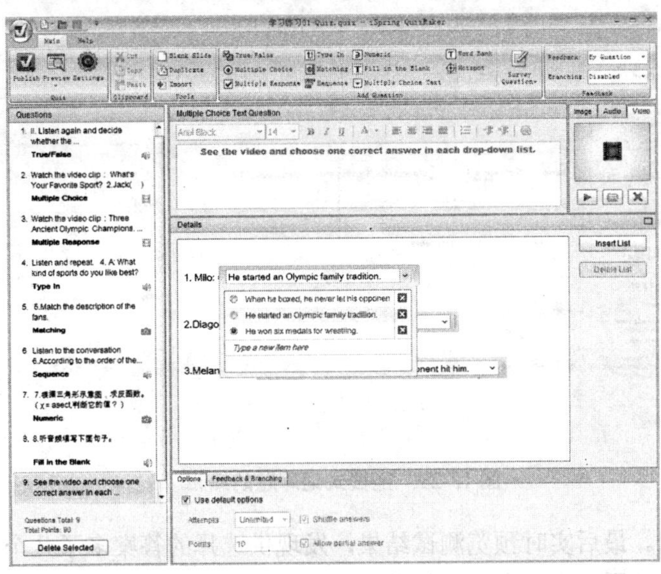

图 13-27　复式选择题的答案编辑及选择

其他设置同前。每题编辑完成后进行实时预览，知道测试结果有利于进一步完善对测试的编辑，测试效果如图 13-28 所示。

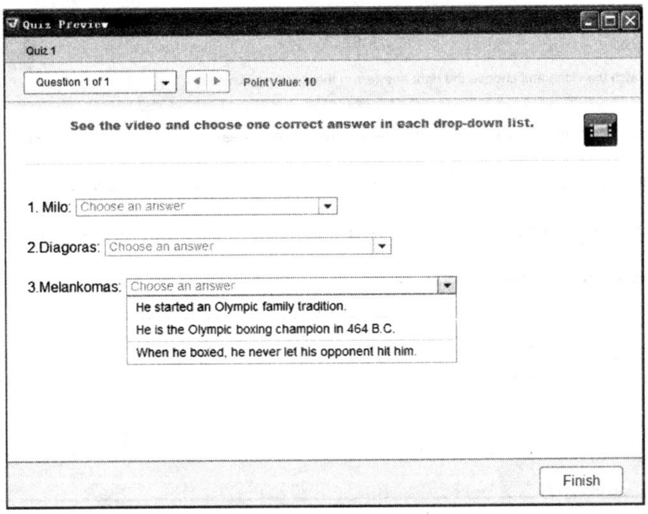

图 13-28　复式选择题的测试效果

13.10 拖拽式词库题

创建一个拖拽式词库题。在 Word Bank Question（词库问题）栏输入问题，在中间编辑栏 Details（细节）栏输入详细的内容及在空白占位符里填上正确的答案，在下方 Extra Items（附加）栏添加几个虚假的答案可使测试难度增加，如图 13-29 所示。

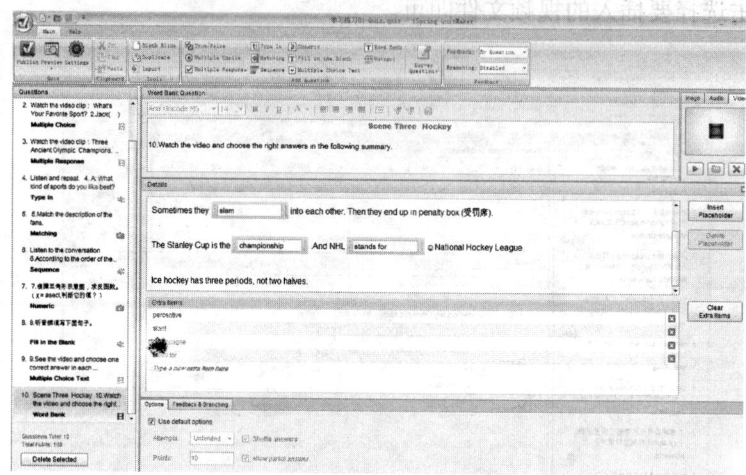

图 13-29　拖拽式词库题的编辑

其他设置同前。最后实时预览测试结果，发现供选择的答案多了几个，但正确答案只有四个，这使得测试题难度提高了。如图 13-30 所示。

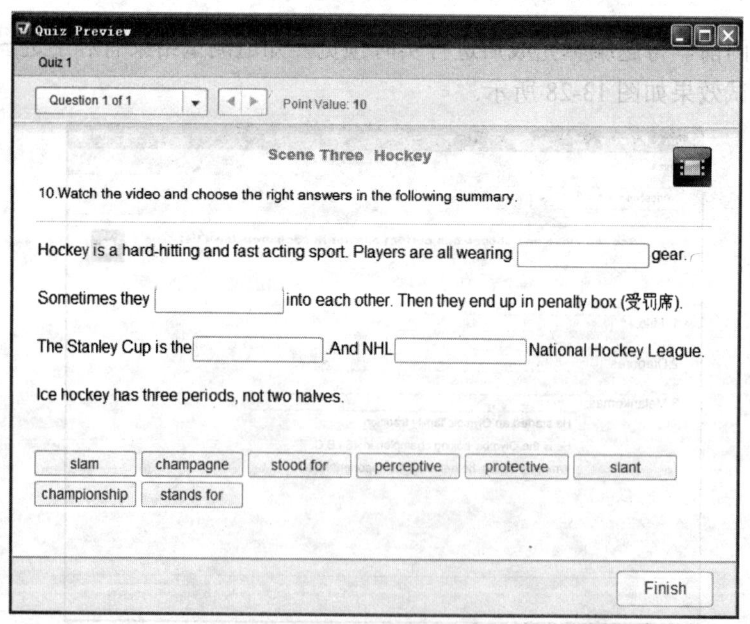

图 13-30　拖拽式词库题的预览效果

13.11　热点题

创建一个热点题。在 Hotspot Question（热点问题）栏输入问题，在下方 Details（细节栏）导入热点图片并创建热点区域，如图 13-31 所示。

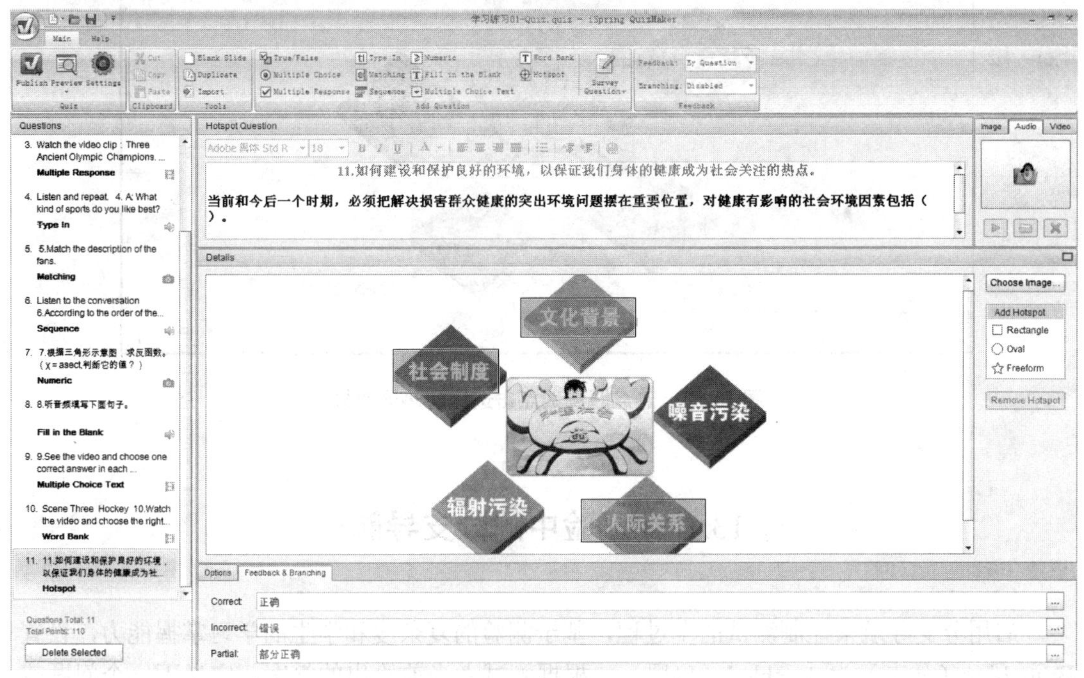

图 13-31　热点题编辑界面

在右侧媒体栏还可添加想要的图片、音频或视频等，可以使问题内容丰富起来，达到您所构想的测试内容效果；在下方热区编辑栏，可创建方形热区、圆形热区和多边形热区，如图 13-32 所示。

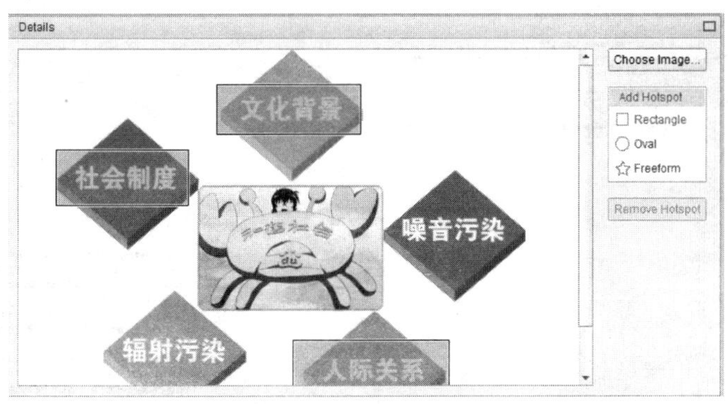

图 13-32　热区编辑栏

其他设置同前。实时预览热点题测试效果，如图 13-33 所示。

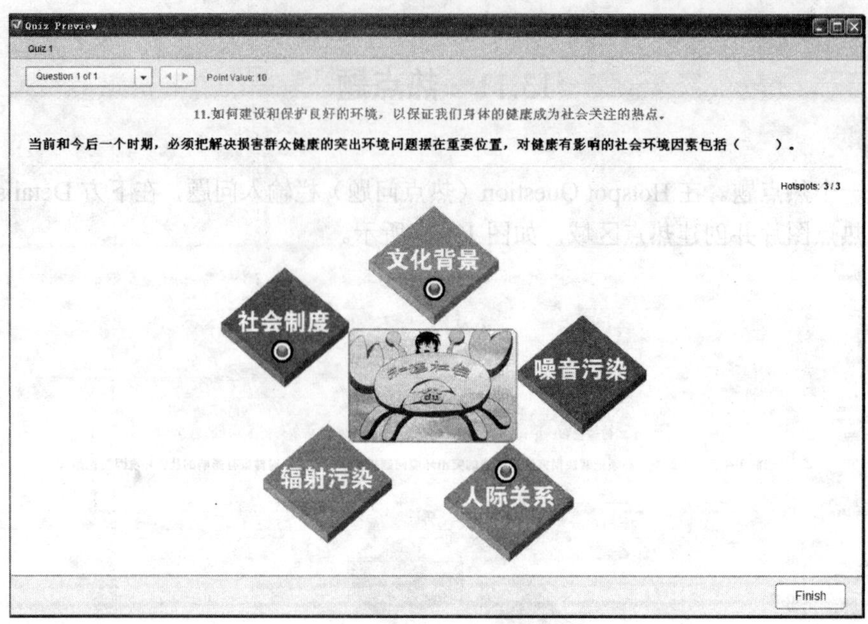

图 13-33 热点题测试点击选择的热区效果

13.12 测验中的分支导航

启用分支导航来控制测试的全过程，基于测验的复杂度和学生的学习掌握能力，设置 Branching（分支）为 Enabled（启用）。根据测试者当前给出的答案，定义下一个问题或完成测试等。参见图 13-34。

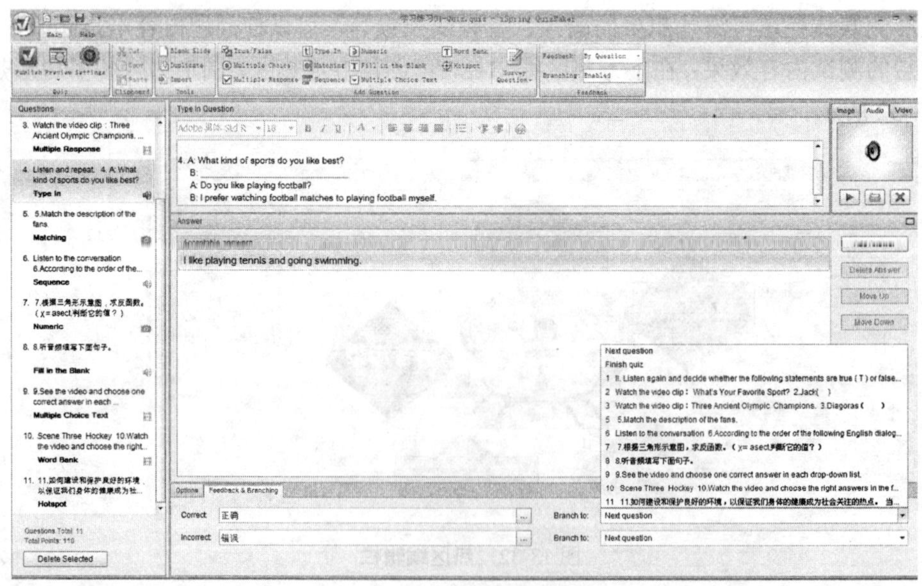

图 13-34 分支导航中自定义选择链接下一个问题或结束测试

13.13　整体测验的全局设置

回到“主页”，我们要对测试题做设置，点击“Settings”（设置），打开设置编辑器。如图 13-35 所示。

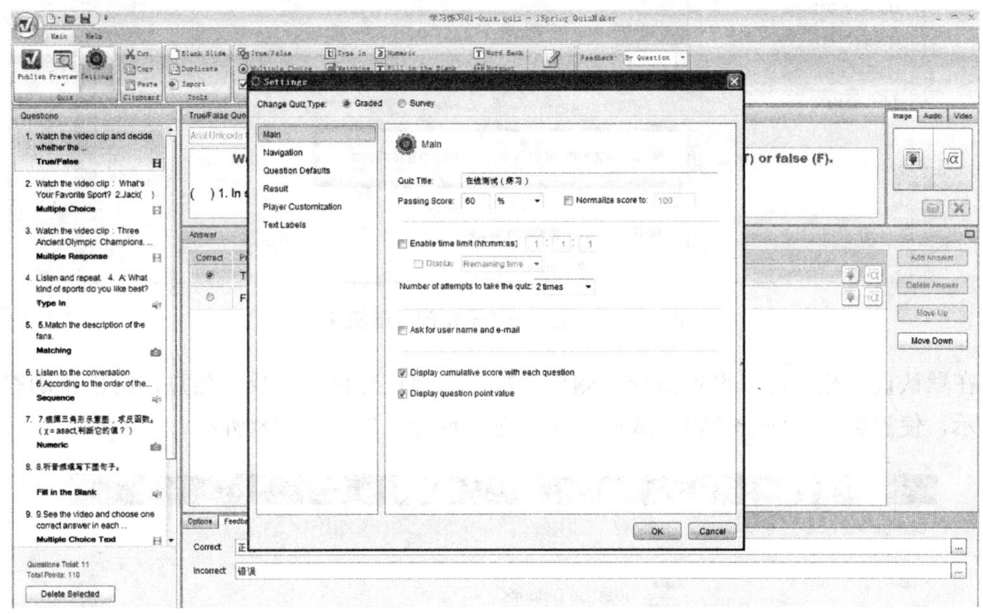

图 13-35　设置编辑器：在其中设置

通过规定测验时间和测验次数保证每一个测试者在同等条件下能够获取有效的、具有可比性的测验结果。

在导航栏可以自定义预设，可以打乱选项和题库的顺序来适应变化莫测的测验。

如果设置显示所有问题的时候，就把问题抽取随机化和打乱答案顺序，可使每次都能衍生出新的具有挑战性的测验题。如图 13-36 所示。

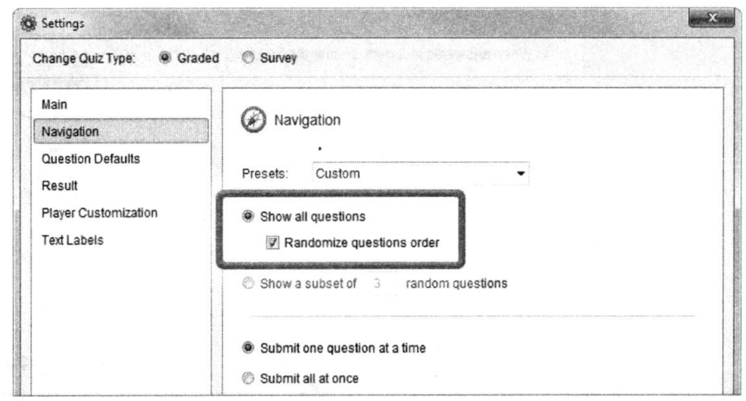

图 13-36　显示全部问题和随机抽题

也可自由地从题库中抽题。在子集栏输入想要的题目数，每次进入测验时就会得到一组新的测验题。如图 13-37 所示。

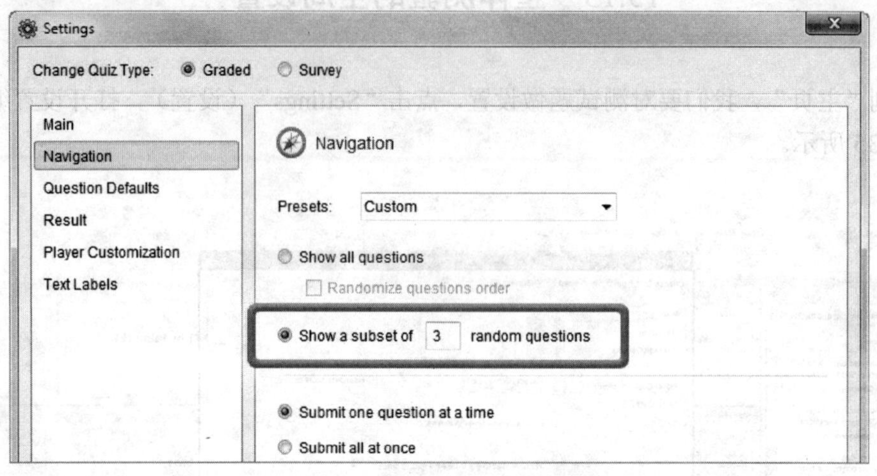

图 13-37 显示一个子集问题随机化

在默认设置栏：可以设置得分、测试次数等，通过提供个人反馈信息，给出正确答案的提示，使测验对任何一个答案或问题作出充分反应。如图 13-38 所示。

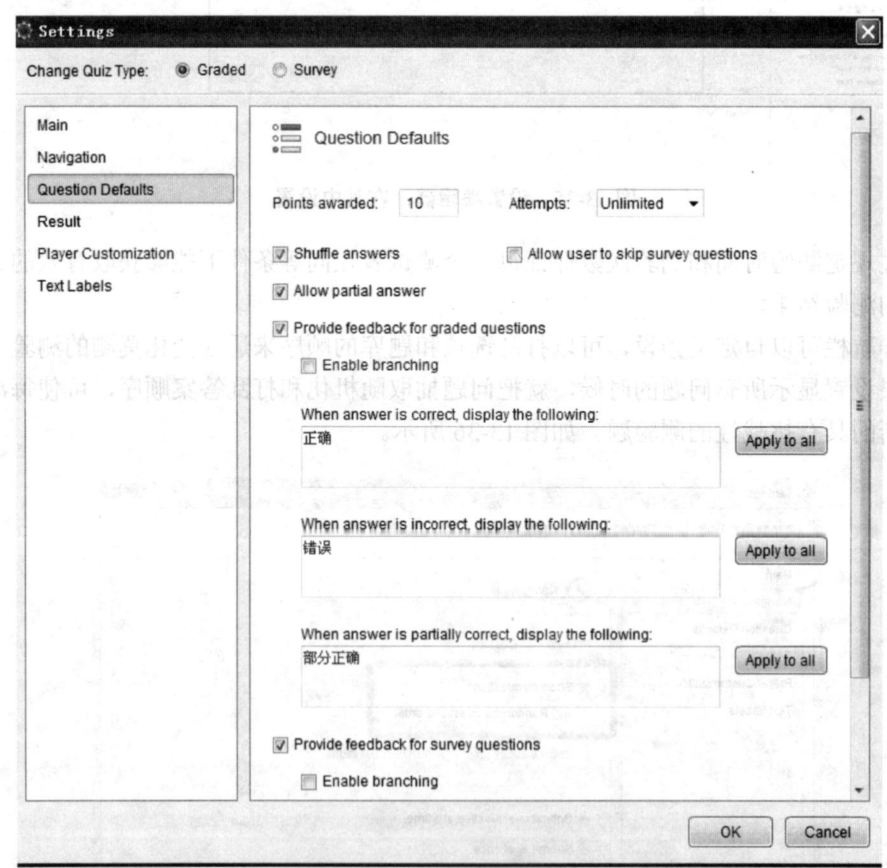

图 13-38 编辑默认设置栏

在结果栏中，如果测试者通过了测验，可以编辑 display message（显示信息）：“祝贺您通过测试！”等句子；如果测试者没通过测验，同样可以编辑 display message（显示信息）：“很抱歉，测试没通过！继续加油”等句子。不能说“您这个笨蛋”，要鼓励学生，不要骂学生，人才都是鼓励出来的。如图 13-39 和图 13-40 所示。

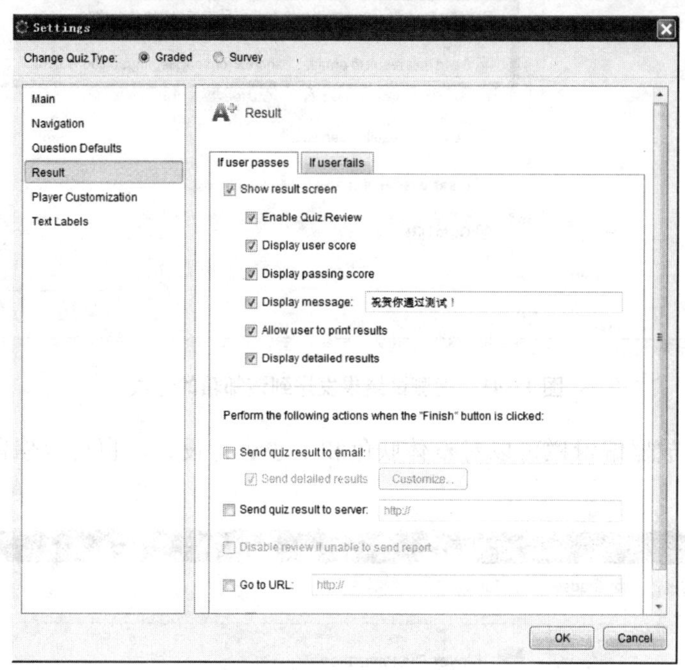

图 13-39　“测验通过”编辑栏

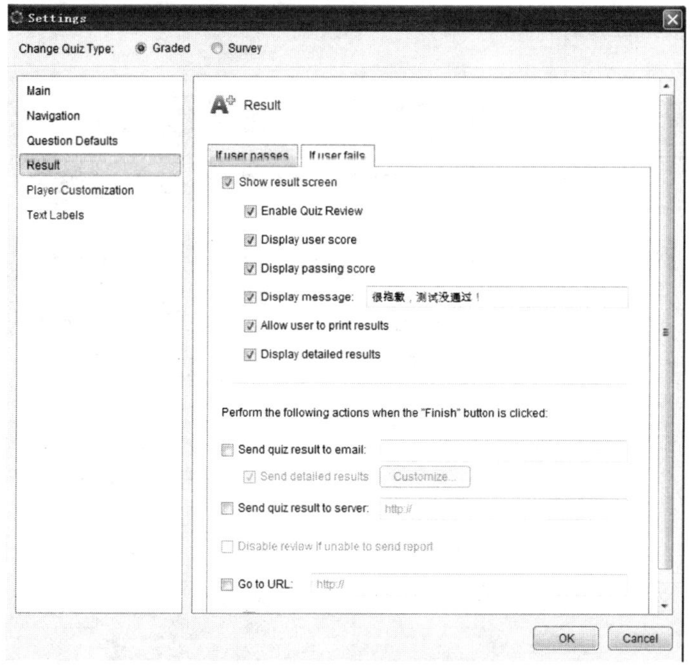

图 13-40　“测试失败”编辑栏

如有需要可执行：通过发邮件形式把接收到的完整测试内容的详细结果及测试者的选项直接发送到该邮箱，作为教学者能够及时了解学习者的学习成绩很有帮助；或是将测试结果发送给服务器共享。如图 13-41 所示。

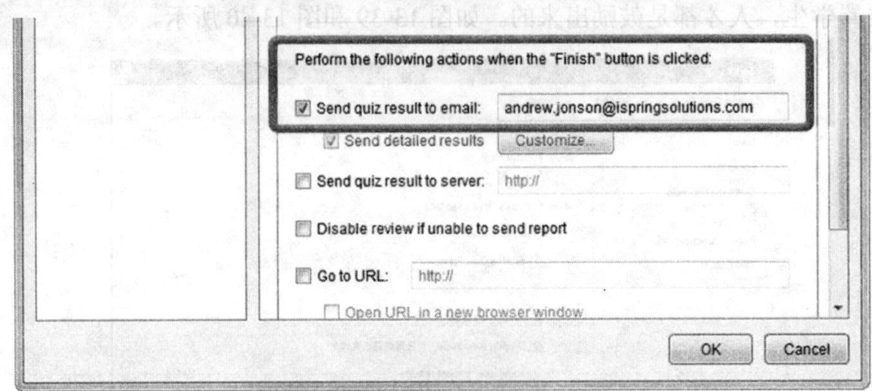

图 13-41 把测试结果发送到该邮箱的选项

在自定义播放器编辑栏可以对整体肤色和主题进行设置，也可以保留默认设置。如图 13-42 所示。

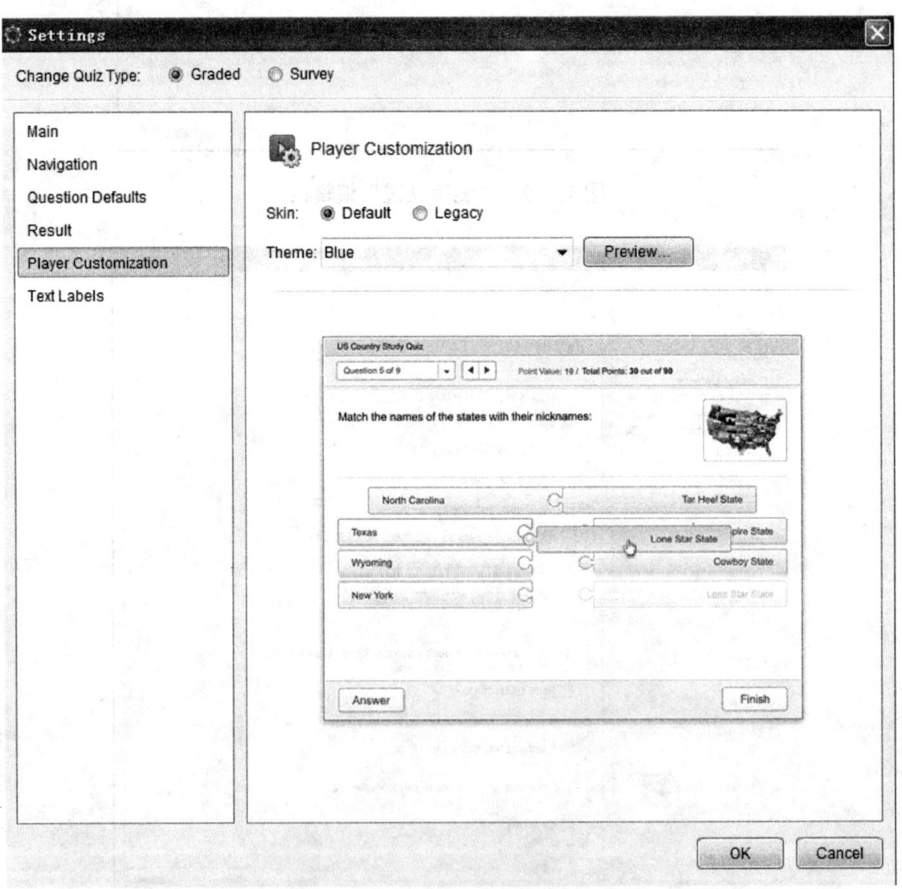

图 13-42 自定义播放器编辑栏

在文本标签编辑栏可以对每个问题的播放器重命名，每一个文本标签类型可以对特定的项目进行保存。更换为中文标签后的预览效果。如图 13-43 和图 13-44 所示。

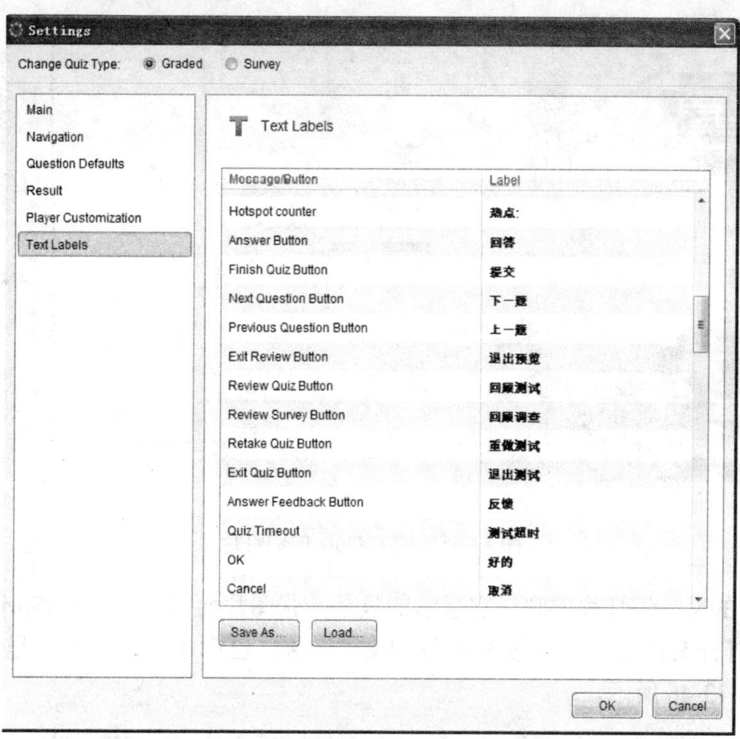

图 13-43　编辑文本标签属性栏

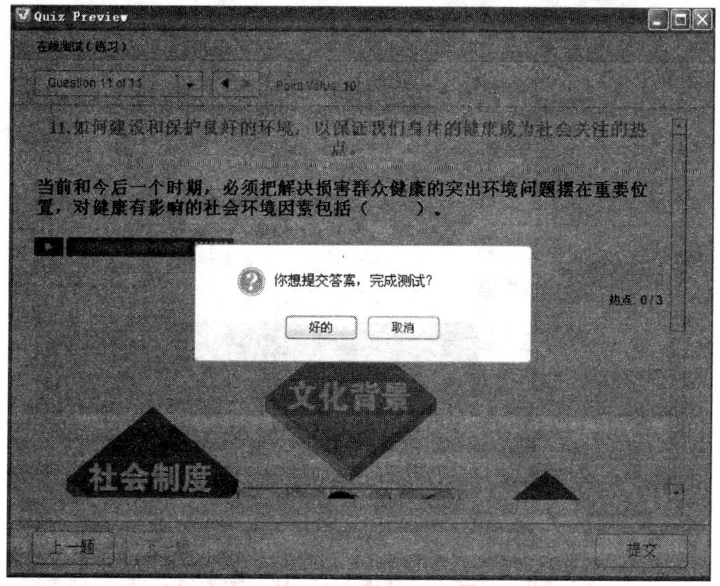

图 13-44　中文标签按钮的预览效果

在完成整个测试后，点击“保存”按钮保存，然后点击“关闭”按钮关闭测试，已经在 PPT 界面自动新增了一张“Quiz”幻灯片。如图 13-45 所示。

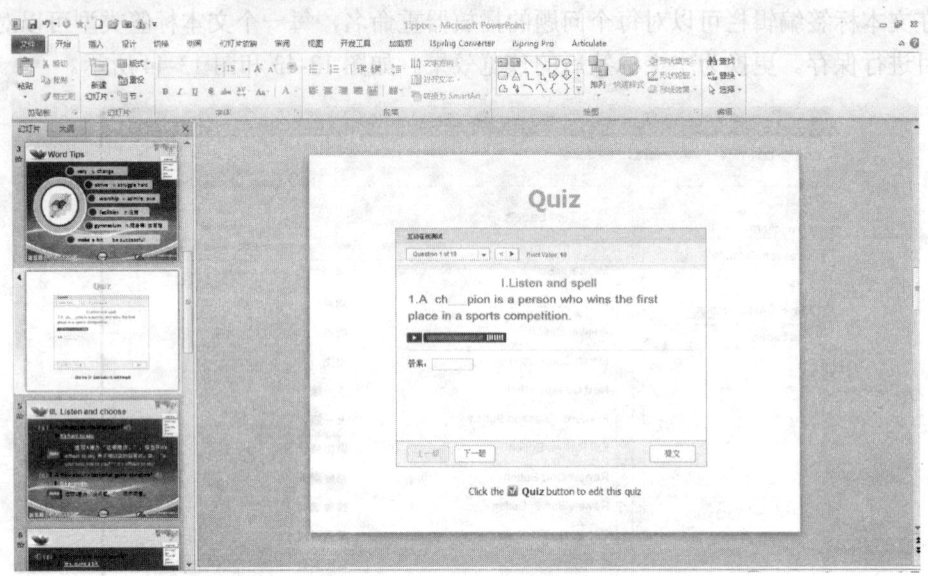

图 13-45 插入 Quiz 的幻灯片

需要说明的是，幻灯片放映时它显示的只是一张图片而已，只有在 iSpring Pro 里发布成 SWF 后，打开 HTML 文件预览转换好的文件效果，已成功完成了 PPT 里的互动在线测试题了。如图 13-46 所示。

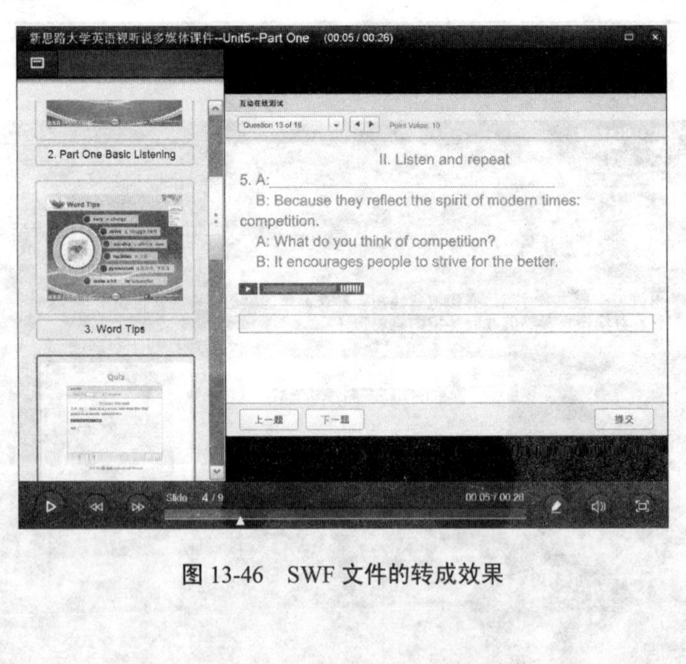

图 13-46 SWF 文件的转成效果

13.14 发布成 SWF 的参数设置

发布模块中有四种发布模式，分别为输出网站格式、输出到 CD、输出 iSpring 在线格式、LMS 格式。各选项卡的设置参见图 13-47 至图 13-50。

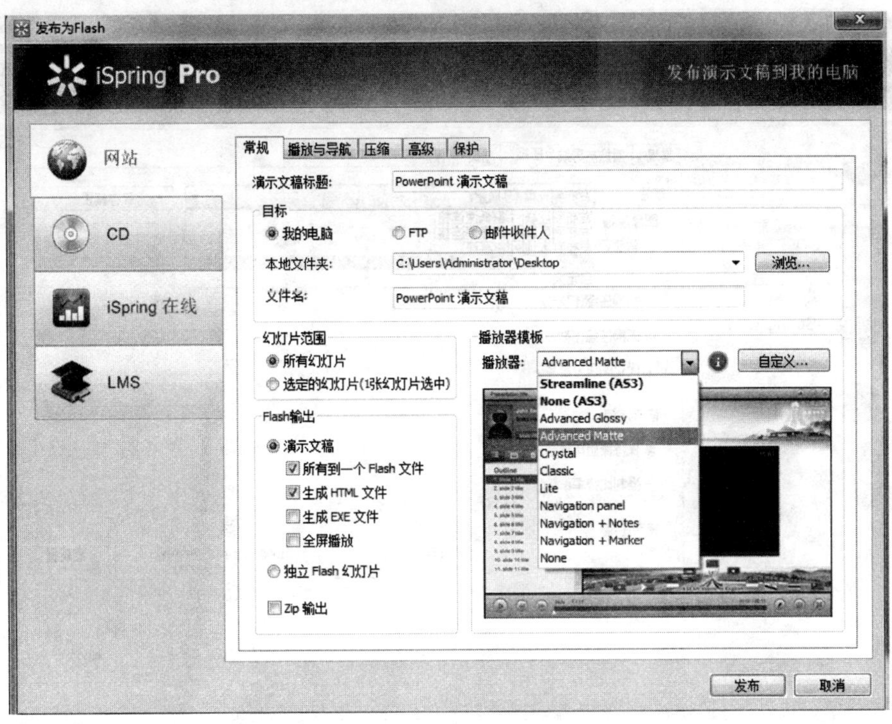

图 13-47　网页模式设置播放器面板上自定义项

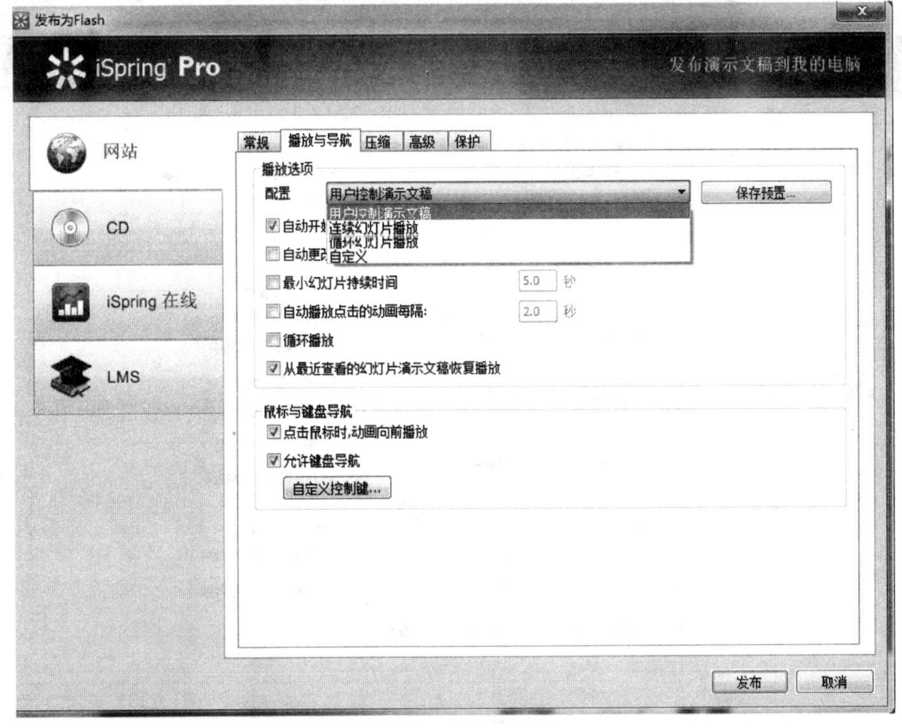

图 13-48　播放选项配置控制播放和时间

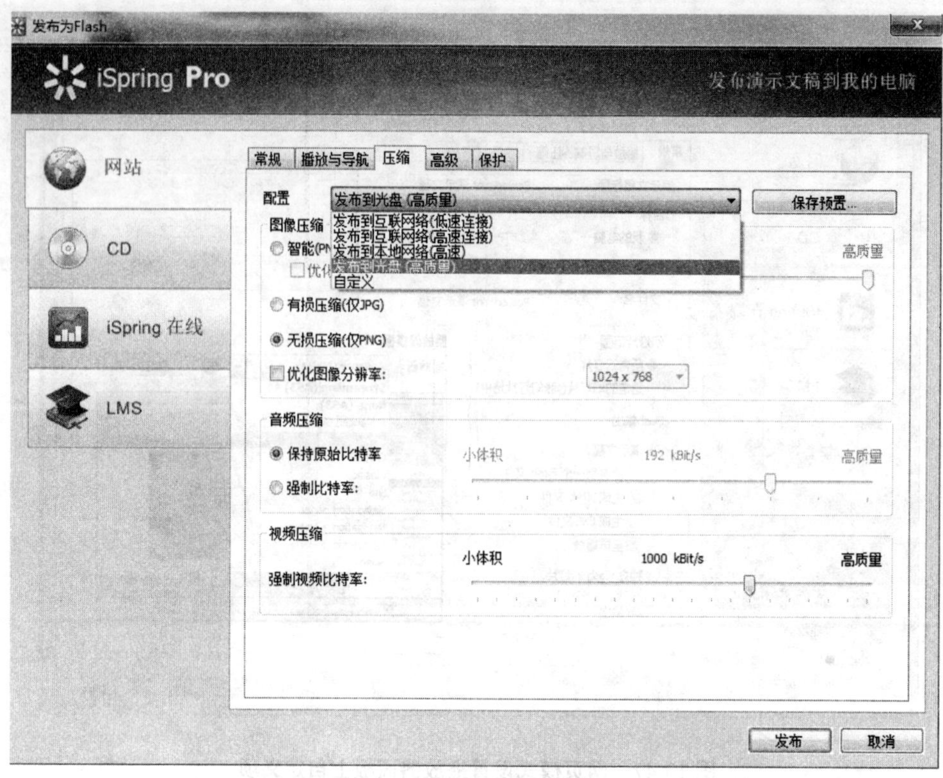

图 13-49 图像压缩配置

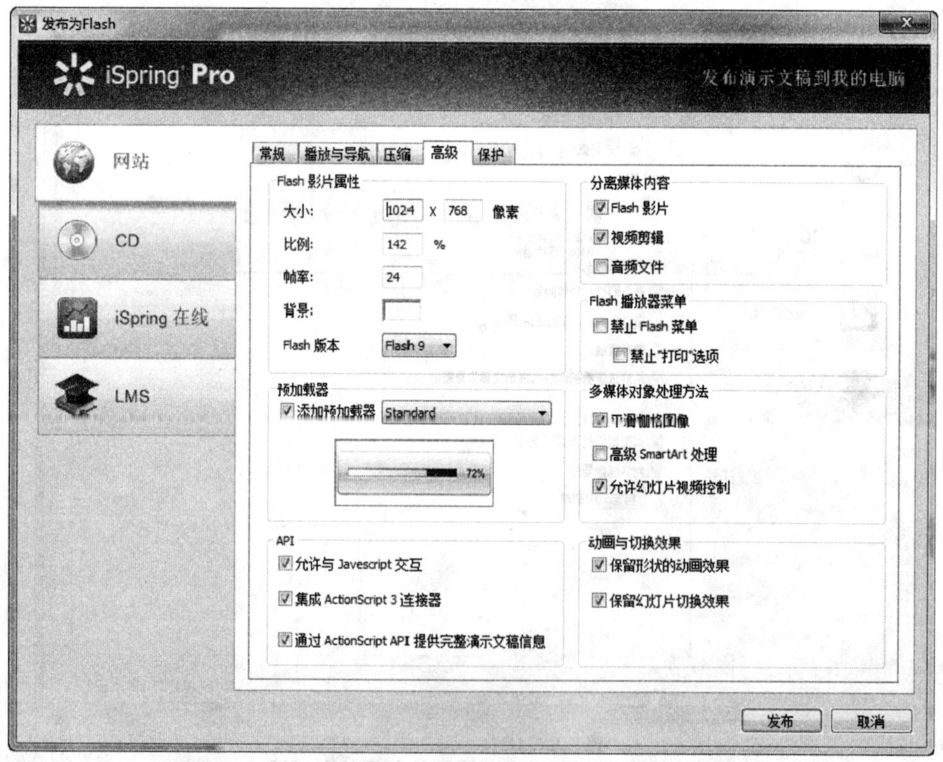

图 13-50 设置输出 Flash 影片尺寸，分离媒体内容

13.15　发布成不同形式的微课

完成 PPT 编辑后，直接点击“快速发布”直接发布为 Flash 影片，iSpring 会以默认的参数发布，生成 SWF 文件与 HTML 文件，自动保存到文档默认存储的路径里。

在这里我们选择单击“发布”，跳出选项对话框，选择第一个输出“网站”格式。在“常规”选项卡输入“演示文稿标题”和“文件名”，选择存储到“我的电脑”的文件夹路径，幻灯片范围项为“所有幻灯片”，演示文稿是“所有到一个 Flash 文件”和“生成 HTML”文件，如图 13-51 所示。

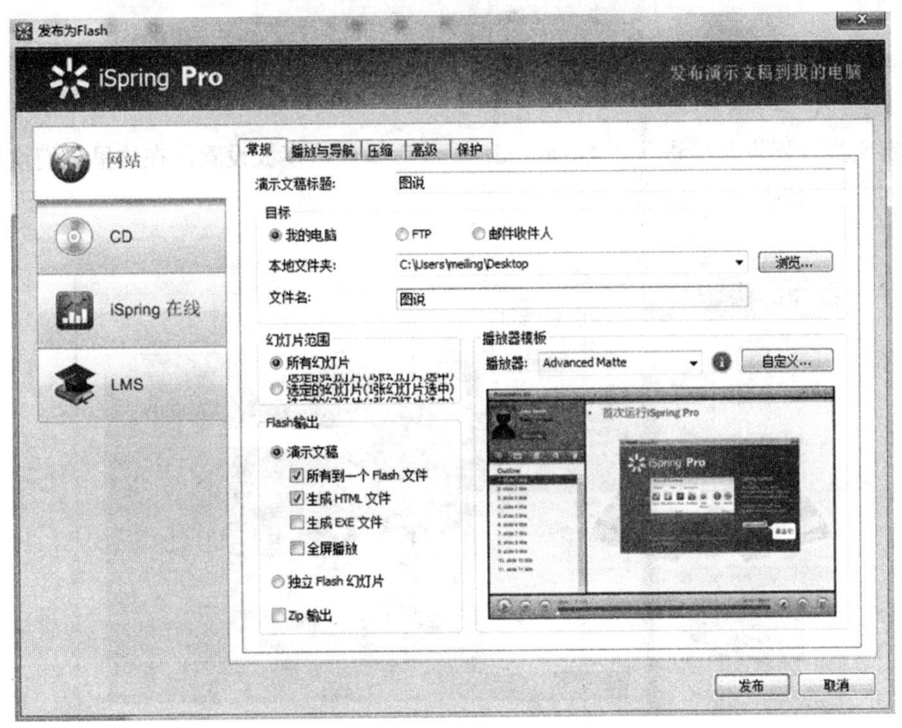

图 13-51　选择输出为“网站”格式并命名文档和选择保存路径

“播放与导航”选项卡可以配置为“用户控制演示文稿”或者自定义等；鼠标与键盘导航选项里同样可以自定义控制键。

“压缩”选项卡里有图像压缩、音频压缩和视频压缩，可以为 PPT 瘦瘦身。

“高级”选项卡里有自定义“Flash 影片属性”，“预加载器”、“API”、“分离媒体内容”、“Flash 播放器菜单”、“多媒体对象处理方法”和“动画与切换效果”这些选择项根据文档需要勾选它。

“保护”选项卡里可以对当前的演示文稿添加自己的水印或者设置加密等。这里我们就不需要写入保护了，因为分享版就是把正能量的东西传播出去，所以不用加密码也不添加水印。

需要注意的是，在播放器模板里按下小三角选择“显示更多播放器”，之后再按下小三角就会发现还有很多种播放器模板可选择。我们选中“Advanced Matte”播放器，单击“自定义”按钮再设置播放器模板项，如图 13-52 所示。

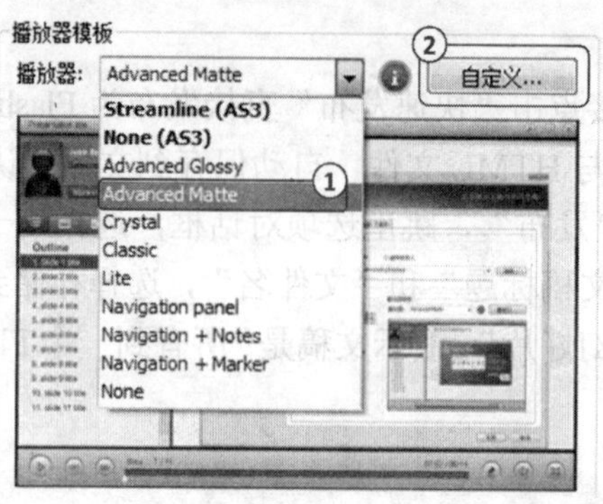

图 13-52 选择“Advanced Matte”播放器

自定义播放器设置：进入“Advanced Matte”播放器模板设置，在这里我们设置得简洁些，如图 13-53 所示。

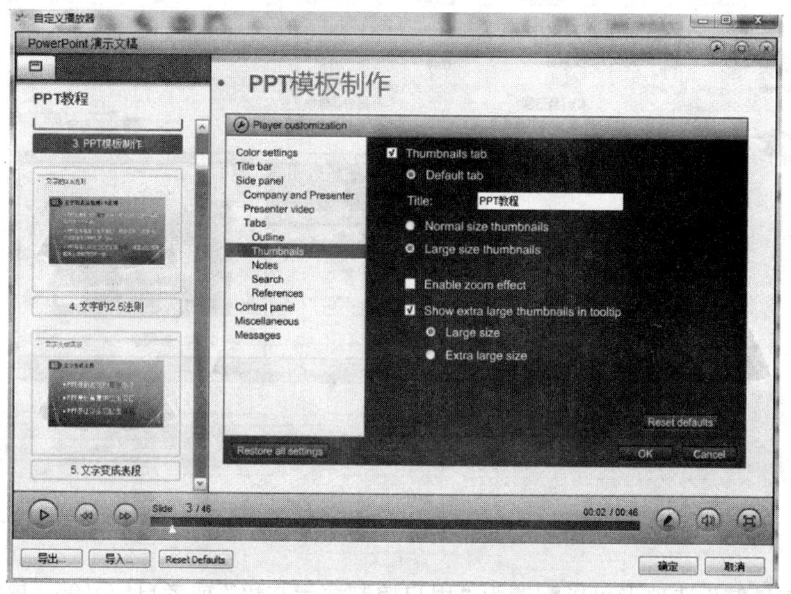

图 13-53 简单设置了播放器模板后的界面

“Color Settings”颜色设置项里可以更改整体播放器的配色，也可以自定义调配模板的颜色。

“Title bar”标题面板项有显示演示时间、启用全屏和关闭按钮，默认是全选中的，觉得没必要某一选项的就把勾去掉。

“Side panel”幻灯片面板不动它，如果把打勾去掉了会发现下面的 8 项自动变灰色了，不能编辑也就是省略掉了“Company and Presenter”、“Presenter video”和“Tabs”这几项，我们把勾打上，幻灯片面板要留着。

“Company and Presenter”公司和演示者选项，可以把公司的 Logo 放进来，并填写公司信息或者演示者信息。

“Presenter video”演示者视频选项就不要勾选了，因为现在我们这台电脑上没有配置摄像头，如果把勾打上了，后面发布出来的演示者视频区域是黑屏的没有东西在里面。如果您的电脑上装有摄像头并一直打开着，进入“Advanced Matte”播放器模板设置时就会发现在左上角的视频框里有您录制的视频。

“Tabs”选项卡里，在“Outlinc”里可以输入大纲的标题文字和设置其他选项，这项把勾去掉，可以不作修改；在“Thumbnails”选项里输入缩略图的标题和选择相关选项；“Notes”里不选中；“Search”里也不勾选中；“References”里我们没有引用，所示同样的不勾选它。

“Control panel”控制面板选项里默认设置就行了，或者根据您的展示习惯可以另设置。

“Miscellaneous”其他参数设置选项，可以调整页面大小来适合 Flash 播放窗口，也可以使用系统字体，都勾选中。

“Messages”信息选项，默认就行了，或者很有必要的就认真的重新填写了。

温馨提示：自定义设置播放器模板时，参数设置不好或者其他选项勾选错了，直接点击下方的“Restore all Settings”按钮，恢复所有的默认设置，然后重新设置一遍；或者单击“Reset defaults”按钮，清除当前选项设置恢复为默认设置，直接重设置当前项就行了。如图 13-54 所示。

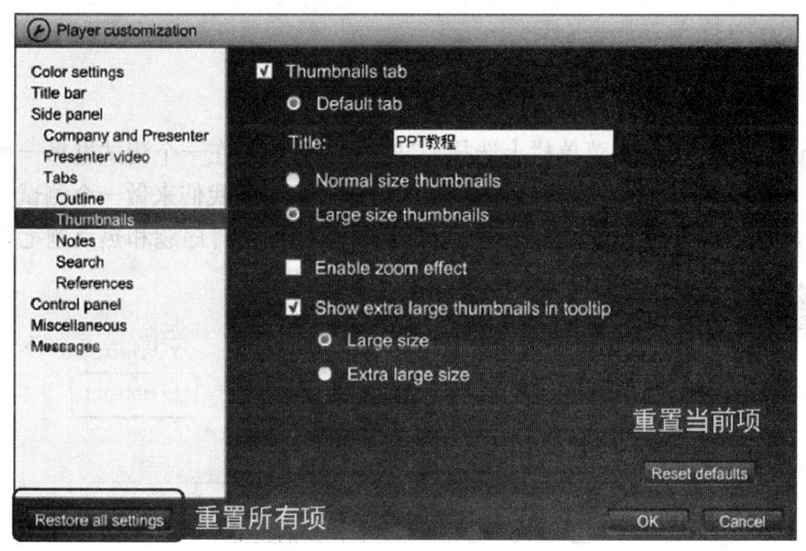

图 13-54 设置不满意时可以点击重置按钮恢复默认设置

最后，点击“OK”就完成了自定义播放器模板的设置，直接预览到更改设置参数的效果，很满意了就点击下面的“确定”按钮，接着就可以发布了。

13.16 插入交互式微课的在线测验

PPT 文稿里，在 iSpring Pro 插件选项可以插入试题、互动范本、Flash、YouTube 视频和在线加载项。

试题插入：单击插入模块的“试题”图标，随后弹出 iSpring QuizMaker 选择框，第一步是创建一个新的测验，如图 13-55 所示。

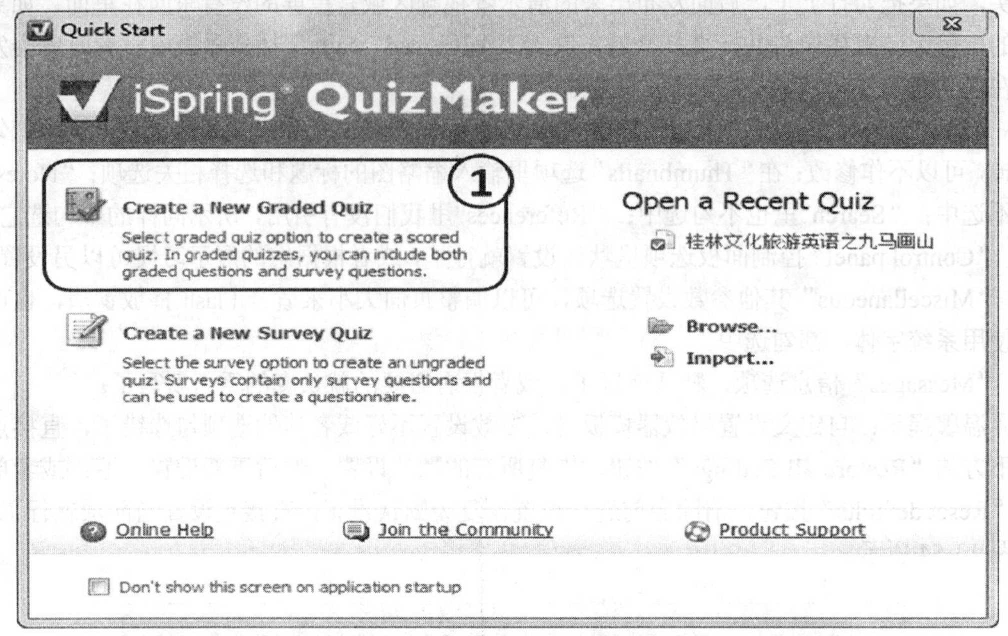

图 13-55 选择创建一个新的测验

进入 Quiz 编辑界面，在菜单栏上选择测试题型。最好是在一个测试里每一种题型都做 1～3 道题，不要求做得很多，题型有七八种就可以了。下面我们来做一个测试，选用题型为：判断题、单项选择题、多项选择题、填空题、匹配题、排序题和热点题七种常用到的题型。如图 13-56 所示，红色框选中的为我们选用到的题型。

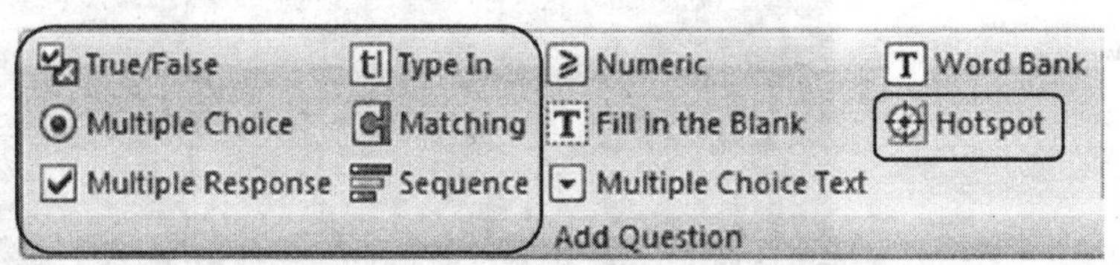

图 13-56 首先计划好选用到的题型

第二步，开始编辑试题。

单击“True/False”，在“True/False Question”问题栏输入问题文字，右边媒体项里选择添加图像或者公式、音频、视频或者 Flash 进来；在“Answer”答案栏给出正确的答案，同时还可在答案文字上添加图像或者数字公式。

下方“Options”分数项里保留默认设置，或者自定义分数值。“Feedback & Branching”反馈项可以对反馈信息进行编辑。

添加判断题完成后，继续添加其他试题进来，如图 13-57 所示。

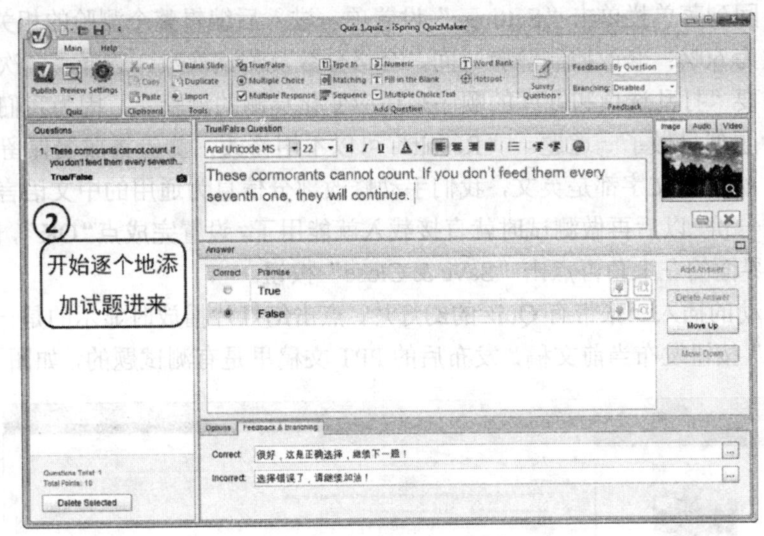

图 13-57　完成判断题的添加的编辑界面

其他测试题型的操作方法和判断题的操作方法基本相同的，都是在上面空白处输入问题项，右边栏添加媒体进来；在下面答案项给出正确的答案；在底部项里设置该题的分数值和反馈信息。完成后，在左边的大纲栏可以看到添加的问题题型和问题数量。

热点题型是个比较有意思的题型，很多题型都是可以转换为“Hotspot”热点题型。创建的具体操作方法是：单击“Hotspot”按钮，在“Hotspot Question”问题栏输入问题文本，右边栏添加相关的媒体或者提示符号等都可以；在“Details”栏右边的“Choose Image”按钮点击导入一张包含给出问题答案的图片进来。然后，在“Add Hotspot”项里选择热区形状，接着在导入的图片上绘制热点区域，热点区域一定是能解决上面问题的最佳答案，如图 13-58 所示。之后，在下方自定义分数值和输入测试者的反馈信息。

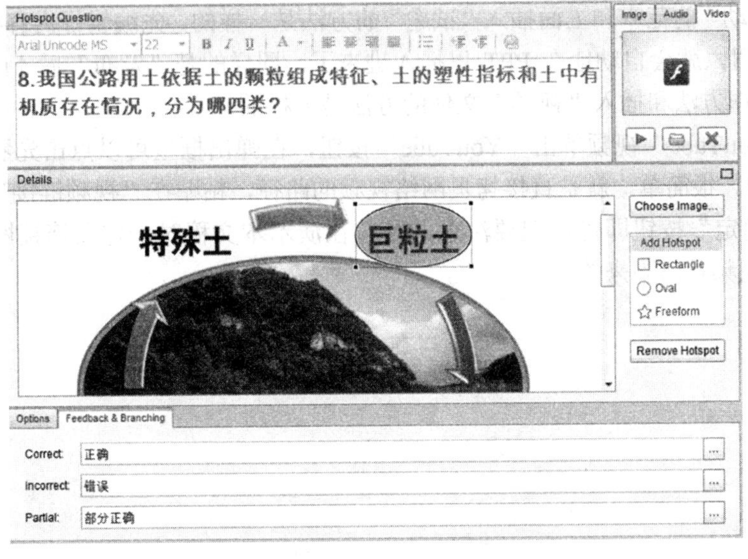

图 13-58　在导入的图片上面添加“热点”

第三步，回到菜单栏单击“Settings”设置项，进入后编辑整个测验的相关选项。

通过率改为 60%；修改控制测验时间、合格分数及测试次数；选择“一次性提交所有问题”；不需要“打乱选项和题库的顺序来适应变化莫测的测验”，因为我们只做了七种题型而且一种题型只做了一道题。“Result”可以不用修改；测验播放器保留默认的；在“Text Labels”标签栏文字都是英文，我们手动修改部分信息为通用的中文语言就行了，可以选择另存储一份，以后再做测试时就直接载入就能用了。设置完成点“OK”，回到 iSpring QuizMaker 主界面的左上角再点击“Save & Close”按钮。

PPT 里自动的插入一张带有 Quiz 的幻灯片，点击幻灯片播放时显示的是一张图片，这时点击“发布”按钮发布当前文稿，发布后的 PPT 文稿里是有测试题的，如图 13-59 所示。

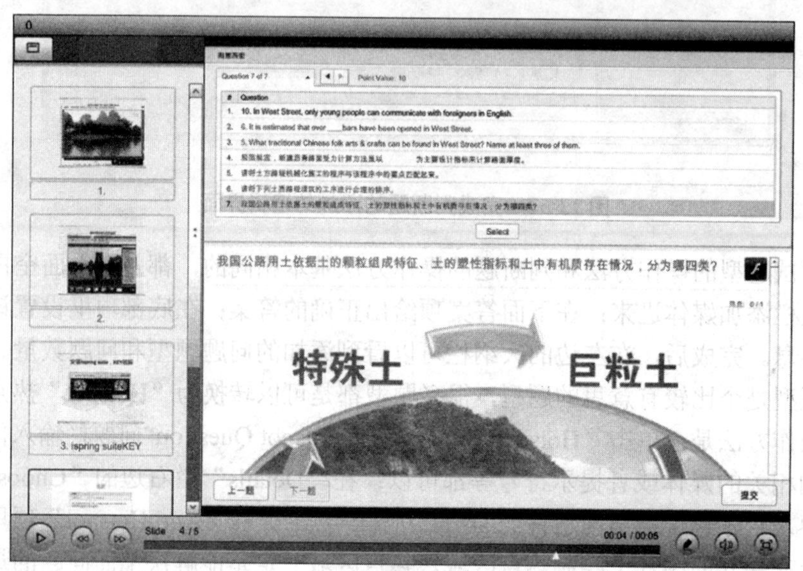

图 13-59 发布后的在线测试题

插入“互动”的范本和上面插入“试题”的方法是一样的，先编辑好内容再点击“Save & Close”按钮，就会自动地在 PPT 里插入进来了，同样的是“发布”后才能看到。插入“Flash”的操作方法和插入“视频”文件的方法是一样的。

插入“YouTube”视频单击“YouTube”按钮，在弹出框里可以点击先看看视频教程是怎么操作的。很简单，就是直接拷贝网络视频的路径，粘贴在“视频链接”空白框里再点下方的“确定”按钮即可，但要注意的是，在演示本文稿时一定要连接网络，否则，“YouTube”视频是出不来的。

第 14 章　微课的互动自测软件 QuizCreator

QuizCreator 集灵活性和多媒体元素于一体，不仅能促进学习且提供多样的结果统计和管理工具包。您可以拥有多达 9 种试题类型来创建您的试卷，同时还可以加入丰富的媒体元素，如图片、截屏、Flash 动画、说明元素和音乐。如图 14-1 所示。

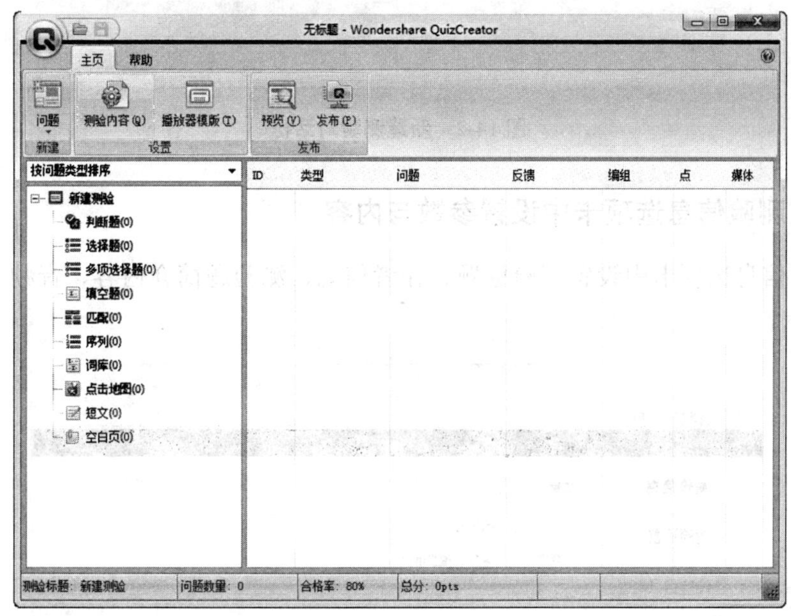

图 14-1　QuizCreator 软件支持 9 种客观测验题型制作

QuizCreator 可以完成小型的在线限时测验考试，可以在完成考试后立刻统计出学生的成绩并汇总于一个电子邮件之中，可以灵活组卷并随机布置试题的顺序，让学生在没有监考老师的状况下，自觉完成相应的在线测验。因此，该技术是您在制作微课时不可或缺的一关。

14.1　创建测验主题并设置测验参数

打开 Wondershare QuizCreator，选择“创建一个新的测验”，创建一个新的测验，如图 14-2 所示。

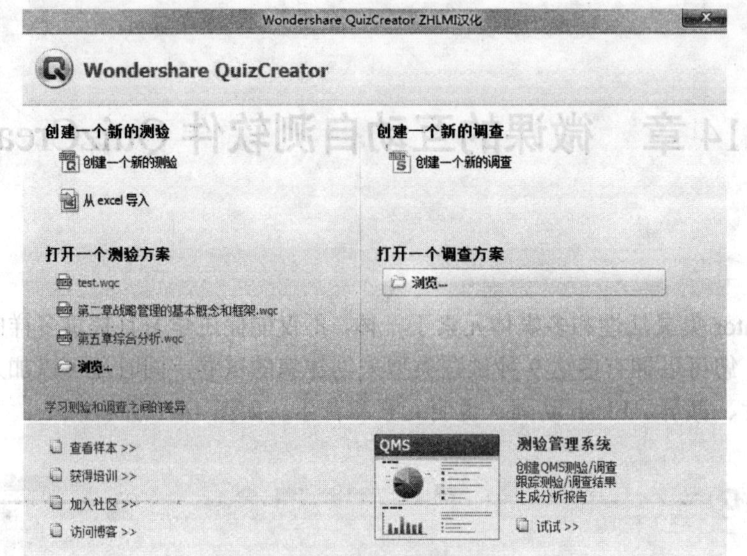

图 14-2 新建测验对话框

14.1.1 在测验信息选项卡中设置参数与内容

在测验信息选项卡中设置测验标题、作者信息、测验题简介内容、音频、视频，如图 14-3 所示。

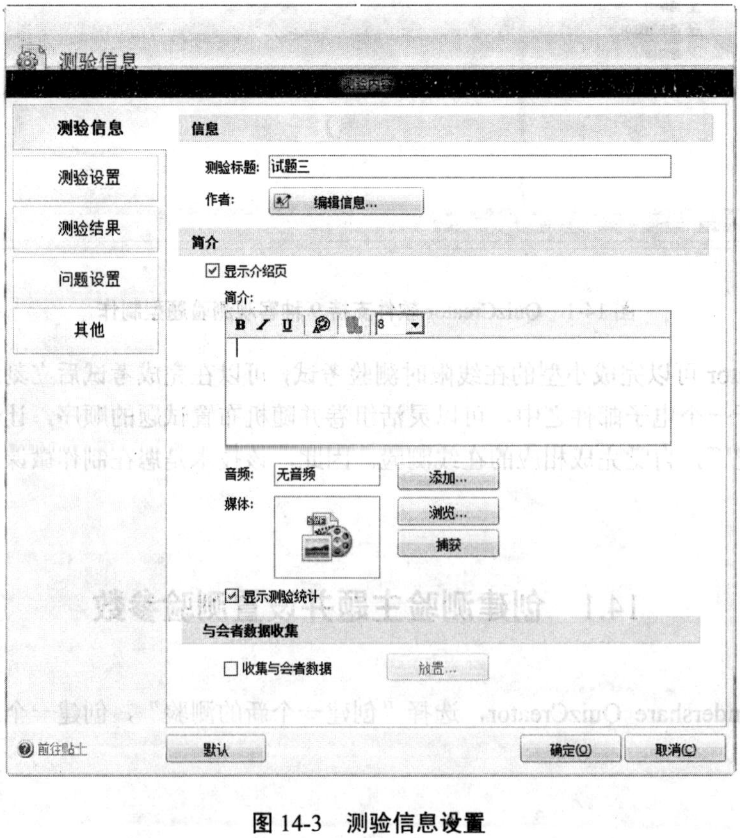

图 14-3 测验信息设置

在收集与会者数据里，可以把学生的学号和考试密码两列信息一起导入，这样学生只能参加自己的测验，避免了监考带来的困惑。

14.1.2　在测验设置选项卡中输入测验设置

测验设置选项卡中对测验题的合格率（例如 80%以上才视为通过）、测验时间限制、测验题是否随机出题、答案提交进行设置，如图 14-4 所示。

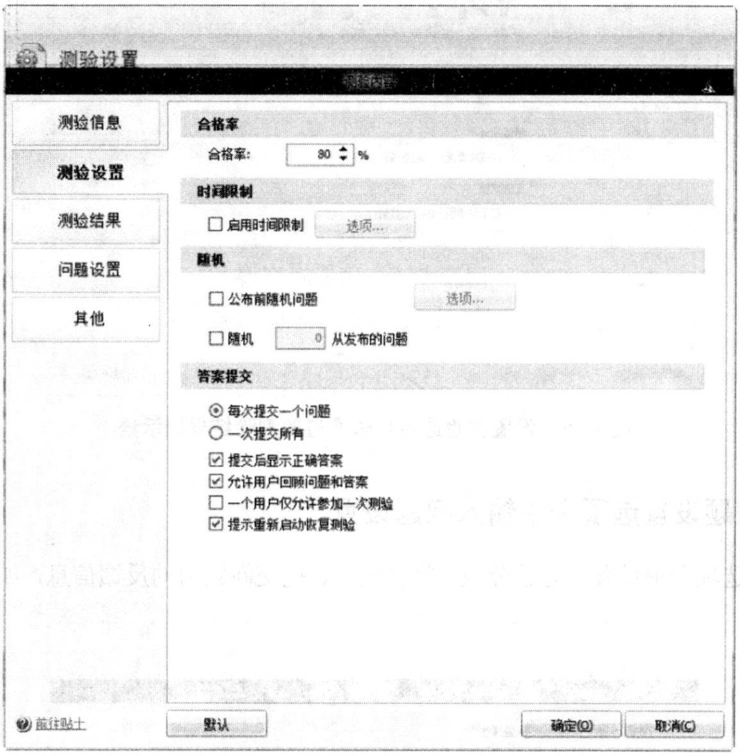

图 14-4　设置合格率与答案提交参数

测验题随机出题建议不要选随机出多少题题目，而是按不同类型的题型，设置相应的题数，这样随机出题的科学性更强。

14.1.3　在测验结果选项卡中输入测验结果

测验结果选项卡中设置测验结果提示语（设置为成功后的鼓励话语，以及失败后温馨的提示语句）、测验统计、完成按钮，如图 14-5 所示。

在完成按钮这一项可以设置为个性化导向。譬如，有个微课有 12 页的 PPT，您可以在第 8 页加一个在线测验，针对前面 7 页的讲解进行一个评价。如果通过了测验，才能进入 9～12 页的综合及拓展内容；如果没有通过，则回到前面 7 页的步进教程中再继续学习。您可以把 12 页的 PPT 分成两个文件，1～8 页的用 iSpring 生成 1-8.html 网页文件，9～12 页用 iSpring 生成 9-12.html 网页文件。这样，您在完成按钮下面的两个分支中填入相应的网页文件，一个针对不同学生个性化学习的交互式微课程即完成了。

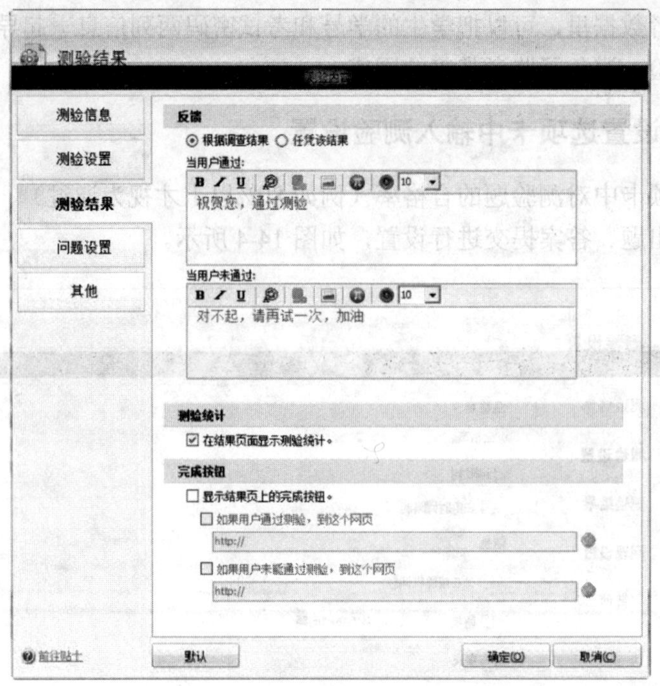

图 14-5 设置测验通过与未通过的测验结果提示语

14.1.4 在问题设置选项卡中输入问题设置

问题设置选项卡中设置测验题分数、字体属性、提交问题后的反馈信息，如图 14-6 所示。

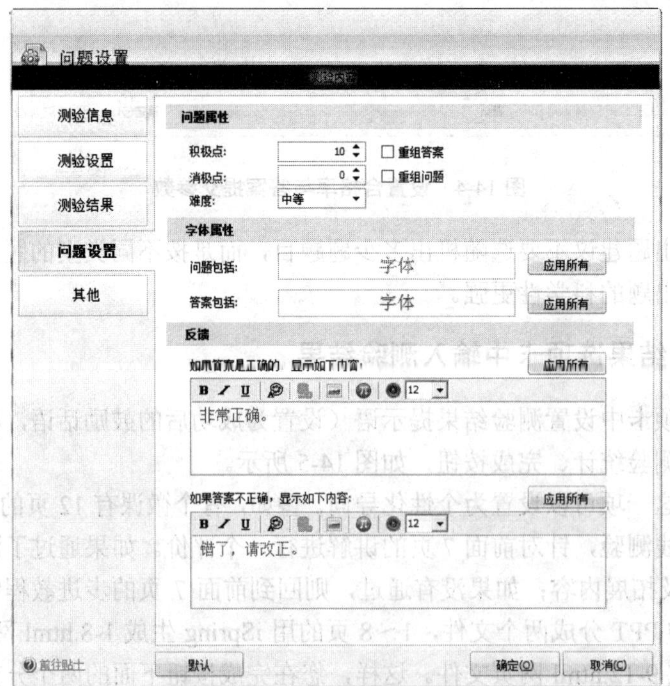

图 14-6 设置测验题分数值、字体属性、提交问题后的反馈信息

14.2　以案例形式理解微课中的在线测验

Wondershare QuizCreator 是一个强大的 Flash 试题制作与调查测评制作工具，它简单易用，功能强大，支持可视化快速开发，没有编程基础的普通老师也能轻松地制作出基于 Flash 的交互式的试题和测验并能进行在线测评。

下面我们来做一个例子。在 Wondershare QuizCreator 已汉化的主界面里选择单击第一项“创建一个新的测验”，如图 14-7 所示。

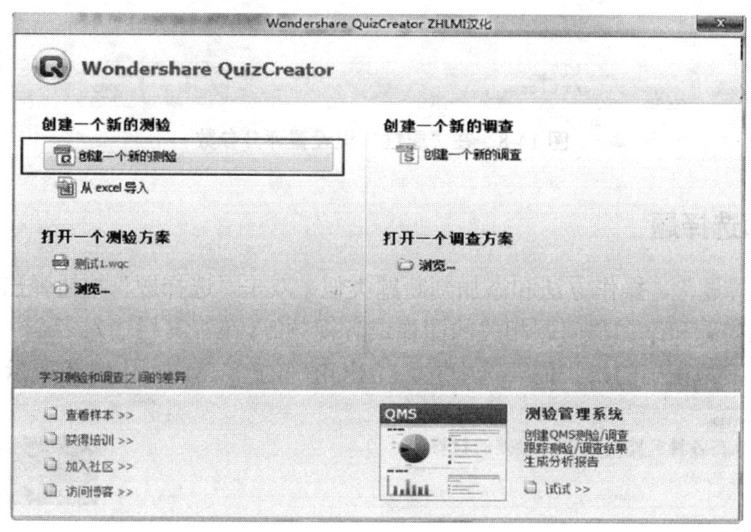

图 14-7　在打开的主界面里选择“创建一个新的测验”

在新建的测验文档的编辑界面里，菜单栏下方左侧是新建测验的所有题型栏，可以按问题类型排序或者是按问题分组排序。一共有 9 种题型，但常用到的就是前面的 8 种题型：判断题、单项选择题、多项选择题、填空题、匹配题、序列题、词库题和点击地图题。

14.2.1　判断题

双击“判断题”按钮添加第一道试题，自动弹出“判断题”的编辑框，在“输入问题”栏里输入问题语句，可以选择字体、更改字体大小和颜色等；同时在上方工具栏的“插入”里选择图片或声音等媒体按钮，点击它，然后选择从本地磁盘里插入媒体文件。或者单击右边的媒体框后出现下拉选项栏，可以选择是添加图像或是直接捕获屏幕又或是添加影片。

还可以在试题里插入注意事项，或是在插入的注意项里输入带有提示答案的话语都是可以的。最后，在下方的“输入选项”里选中正确的答案，即是给出正确的答案。

切换到“属性”参数栏，设置难度为“中等”，积极点为“5”或其他数字，尝试为“1”，消极点为“0”，设置完成后点击“确定”，如图 14-8 所示。这里我们继续在后面添加一道判断题进来，操作方法一样。

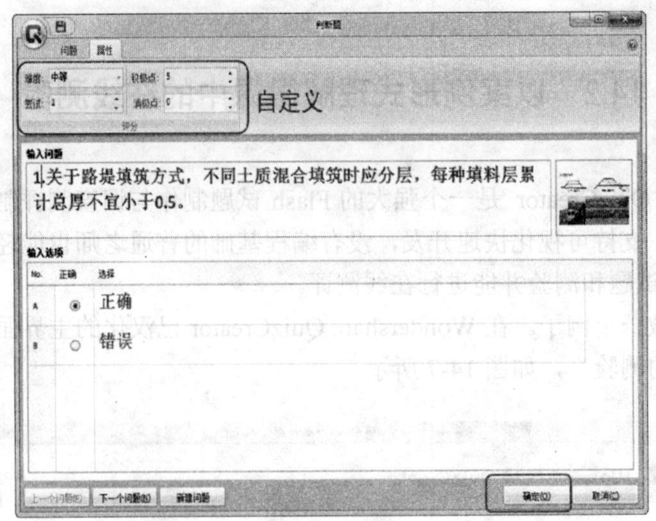

图 14-8 在“属性”里设置评分参数

14.2.2 单项选择题

添加“选择题”，操作方法和添加判断题类似。双击“选择题”按钮弹出试题编辑框，在问题栏输入问题和添加与问题相关的图像或者视频等，在答案栏输入多个供选择的答案，但只有一个答案是正确的，我们要选中它，给出正确的答案，如图 14-9 所示。

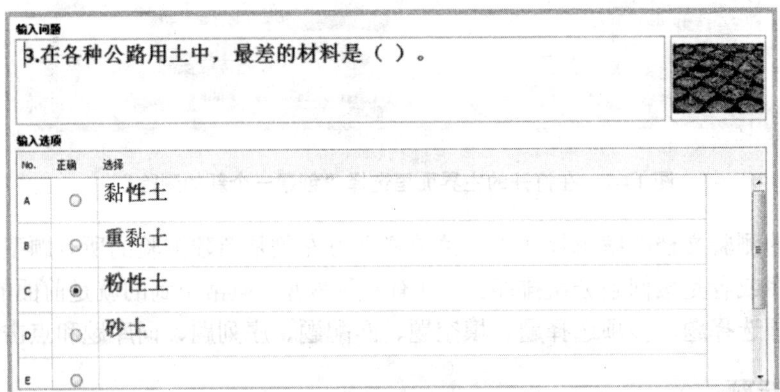

图 14-9 编辑单项选择题

最后在上方“属性”工具栏里设置参数，如图 14-10 所示，完成后点击“确定”即可，添加多一道单项选择题进来，也是一样的操作方法。

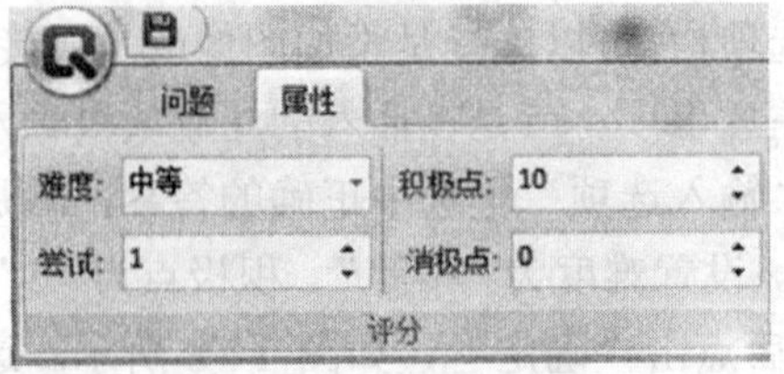

图 14-10 单项选择题的“属性”参数设置

14.2.3　多项选择题

添加“多项选择题”的操作方法和添加单项选择题的操作方法基本同样，不同的是在答案栏里勾选上正确的多个答案，可以是多个或全部，如图 14-11 所示。右边的媒体框里如果不想要图像，可以删除后添加影片视频或是动画进来。

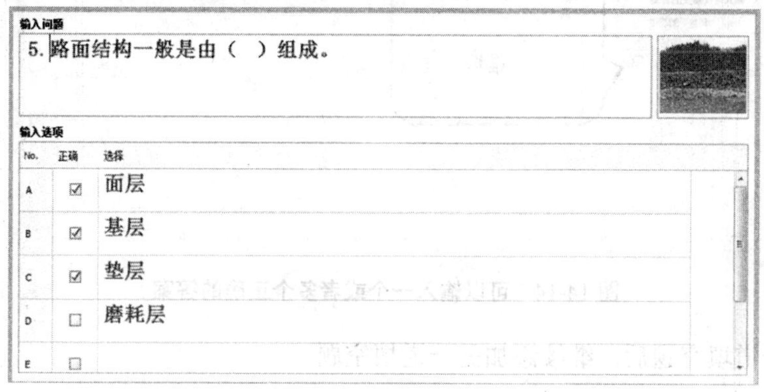

图 14-11　添加“多项选择题”的答案选择

“属性”栏里的参数设置，如图 14-12 所示。完成之后继续在后面添加多一道多项选择题进来。

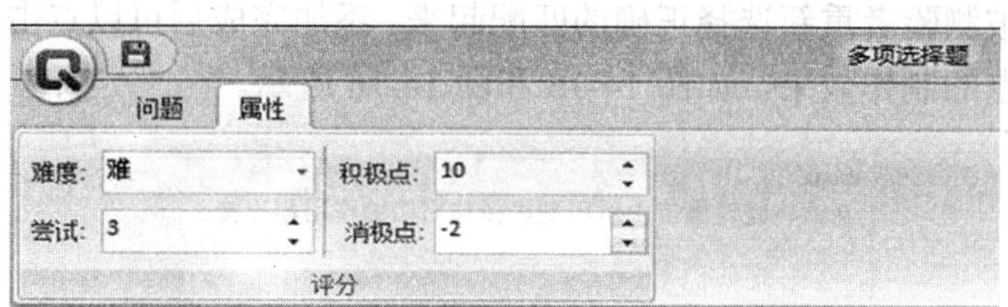

图 14-12　多项选择题的“属性”栏参数设置

14.2.4　填空题

在左侧题型栏里双击“填空题”按钮后弹出填空题编辑界面，可以先切换到“属性”栏，设置试题的难度等级、得到的分数和尝试的次数等参数，如图 14-13 所示。

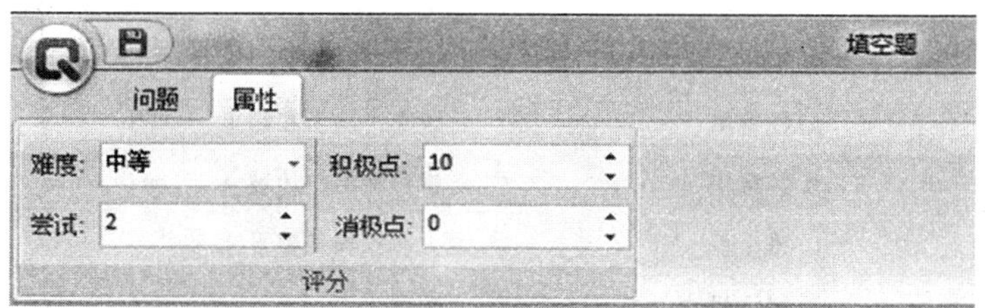

图 14-13　设置“属性”栏的试题参数

然后回到“问题”栏，输入问题语句到“输入问题”空白框里，随后更改字体大小和颜色；再在右边的媒体框添加一张相关的或是带有提示的图片。

同时在下方的"输入可以接受的答案"栏输入一个或者多个可以接受的答案到A、B、C、D等答案方框里，如图14-14所示。

输入问题
7.挡土墙可采用______与路堤连接。
输入可以接受的答案
No. 可接受的答案
A 锥体护坡
B 锥坡
C
D
E
A 锥体护坡
B 锥坡

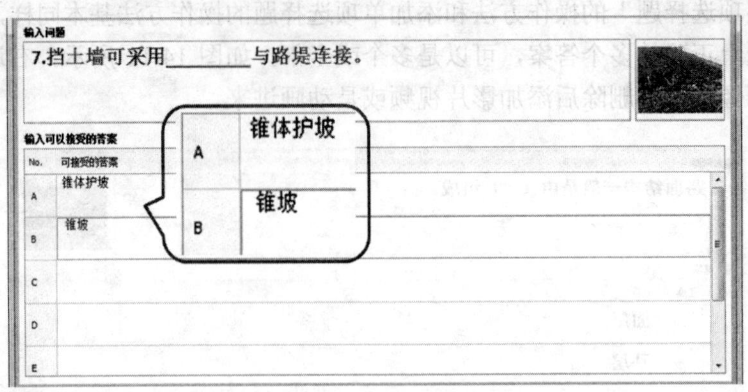

图14-14 可以输入一个或者多个正确的答案

完成第一道填空题后，继续添加另一道填空题。

14.2.5 匹配题

在"输入问题"方框里我们输入问题要求文字；在"输入项目"的"选择"和"匹配"里分别输入已匹配好的句子，如所示。Wondershare QuizCreator程序最后生成时会以打乱它们的顺序来给被测验者重新选择正确的匹配起来。添加完成后可以点击右上角的"预览"按钮查看当前试题的制作效果，如图14-15和图14-16所示。

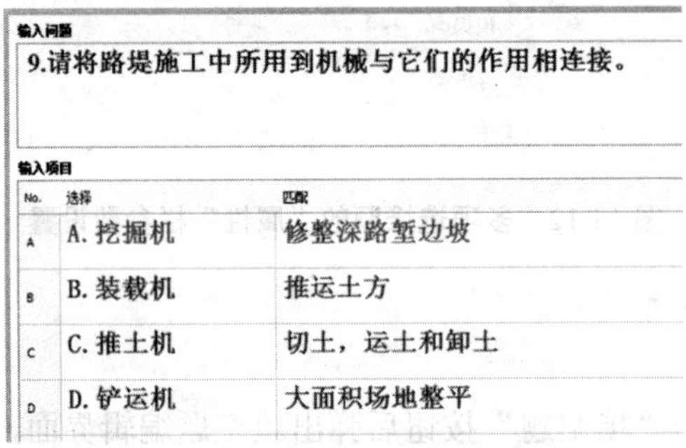

输入问题
9.请将路堤施工中所用到机械与它们的作用相连接。
输入项目
No. 选择 匹配
A A. 挖掘机 修整深路堑边坡
B B. 装载机 推运土方
C C. 推土机 切土，运土和卸土
D D. 铲运机 大面积场地整平

图14-15 编辑匹配题的内容界面

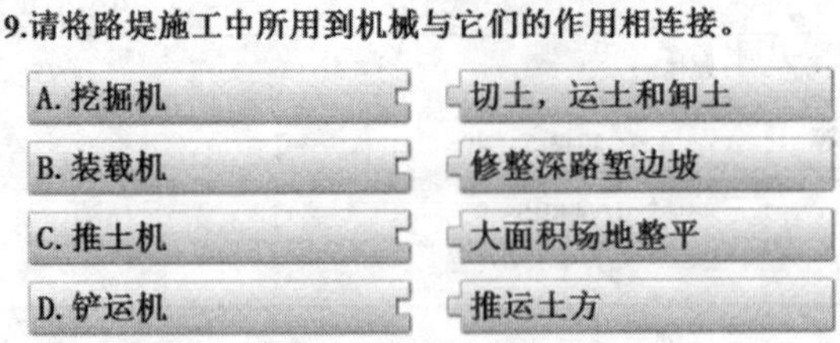

9.请将路堤施工中所用到机械与它们的作用相连接。
A. 挖掘机
切土，运土和卸土
B. 装载机
修整深路堑边坡
C. 推土机
大面积场地整平
D. 铲运机
推运土方

图14-16 预览匹配题的制作效果

14.2.6　序列题

在“输入问题”方框里输入问题要求文字，并更改字体颜色和大小与前面试题的一致，右边媒体框里添加一张相关的图像；在“输入项目”的“正确顺序”里输入排列正确的语句，语句的数量没有限制，但最多不能超过 9 个的语句的排列顺序题，如图 14-17 所示。

输入问题

10. 请将下列填石路堤填筑的工序进行合理的排序。

输入项目

No.	正确顺序
2	清表压实
3	边坡码砌
4	填筑石料
5	压实填料
6	路床填筑
7	碾压
8	边坡修整

上一个问题(P)　下一个问题(N)　新建问题　确定(O)　取消(C)

图 14-17　排列顺序题的填写

生成后的排序试题顺序会自动的被打乱了，或者现在点击右上角的“预览”按钮可以查看到它们的顺序已经乱完了，得重新拖放回正确的位置。

最后设置“属性”栏里的评分参数，如图 14-18 所示。

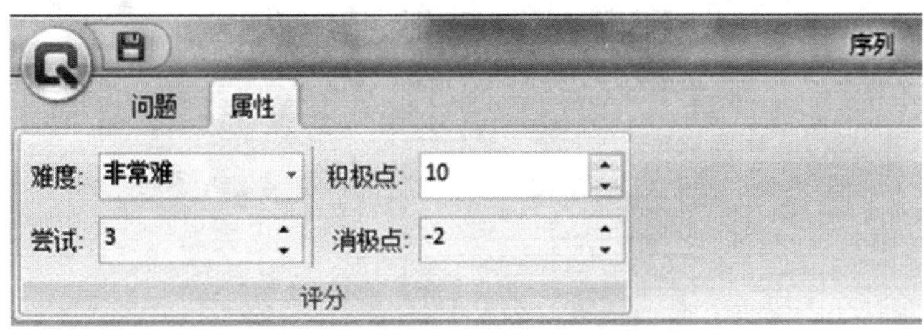

图 14-18　序列题的“属性”评分参数设置

14.2.7　词库题

添加“词库”试题的操作方法和前面介绍的添加试题的操作方法是一样的，不同的是在“输入选项”栏，但有点和匹配题相似。“空白”项填写单词或是数字；“选择”项填写和“空白”项匹配的答案，在后面还可以继续添加可供选择的答案，如图 14-19 所示。

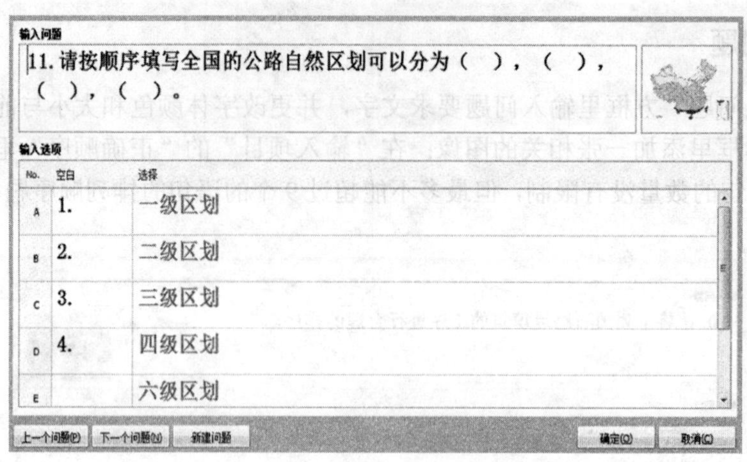

图 14-19 编辑词库试题的界面

在上方的“属性”栏的评分参数设置，如图 14-20 所示。

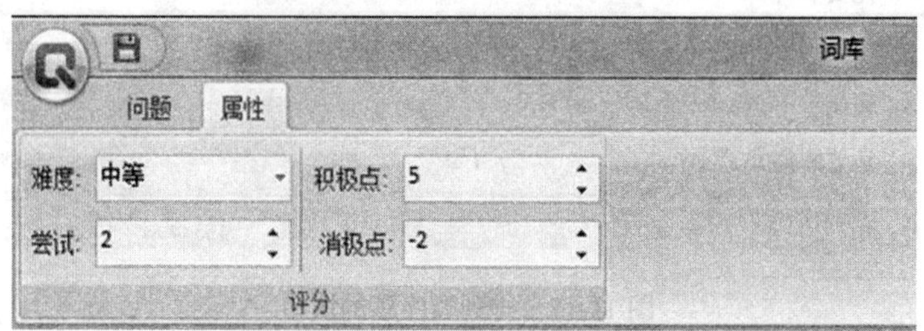

图 14-20 词库题的“属性”参数设置

设置完成后，可以预览词库题的生成效果，如图 14-21 所示。

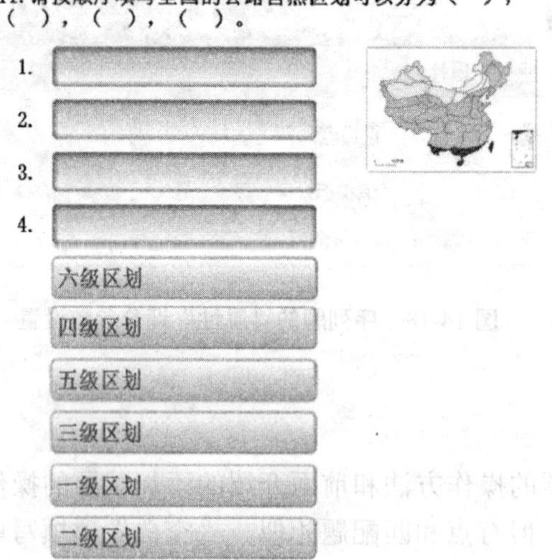

图 14-21 完成词库题后的预览效果

14.2.8 点击地图题

添加“点击地图”试题的操作方法同样是很简单的，在“输入问题”方框里输入问题文本；在“导入地图”栏里导入一张我们事先做好的带有答案的 jpg 格式的图片，图片为 jpg、bmp、emf 和 wmf 格式的都可以导入得进来。再把热点图形画在图片的正确位置或者正确的答案上面，最后一步记得要在“热点序号”选项里更改数字为添加了正确热点的个数，默认为 1，如图 14-22 所示。

图 14-22 添加多个热点后记得更改“热点序号”的数字

14.2.9 测验内容设置

单击菜单栏的“测验内容”，在测验内容选项里可以对“测验信息”的测验标题重命名，作者信息进行编辑，测验简介的编写和与会者数据收集进行设置。

“测验设置”里合格率改为 60%通过，可以不启用时间限制，随机选取测验问题或者可以不随机问题，答案提交的方式可以是“每次提交一个问题”或者是“一次提交所有答案”，如图 14-23 所示。

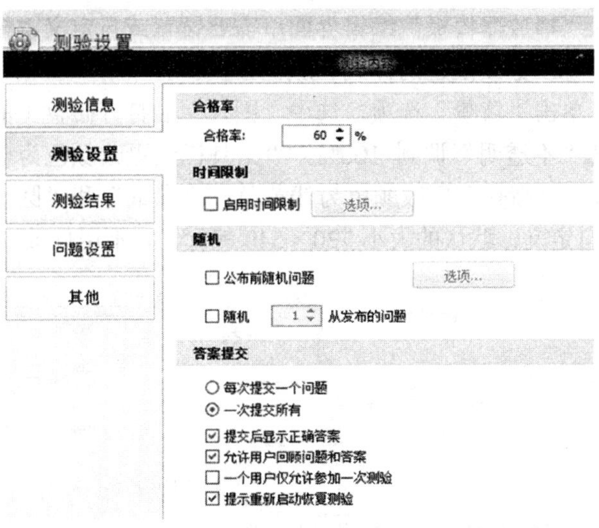

图 14-23 “测验设置”的选项设置与选择

“测验结果”里自定义反馈信息，可以在完成按钮上添加超链接页面，按照通过等级设置“如果用户通过测验，到这个网页”和“如果用户未能通过测验，到这个网页”。

“问题设置”里自定义问题属性、字体属性和反馈的信息，如图 14-24 所示。

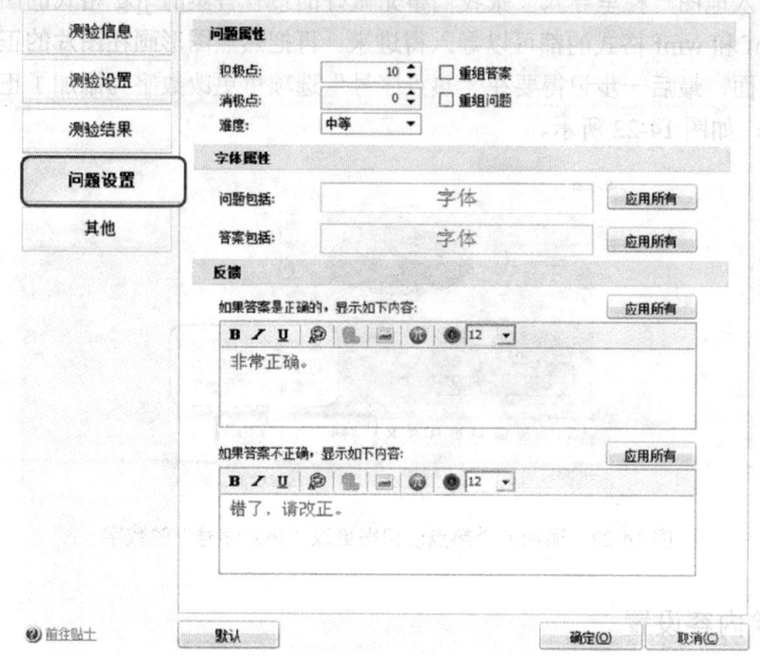

图 14-24　自定义设置“问题设置”选项

“其他”项里能设置密码保护、在线访问域限制和增加文字说明与添加关键词搜索功能。

14.2.10　播放器模板设置

到此已经试题全部完成了，回到 Wondershare QuizCreator“主页”菜单栏单击“播放器模板”选项，进入“播放器模板”编辑界面里需要设置或自定义“模版”和“布局”。

在“模版”里，可以更改主题的样式和颜色。

在页面设置栏，单击“背景”选项，选中“图片”后打开磁盘上的一张图片作为整个试验的背景，同时把“不透明”调到 100%。“工具栏”更改颜色为桔黄色；“面板”的“不透明”调到 10%；“高亮”更改颜色为浅黄色；“卷纸”和“圆角”需要都勾选中；“播放器尺寸”可以自定义，默认的大小 720×540 就行了，不用修改它，如图 14-25 所示。

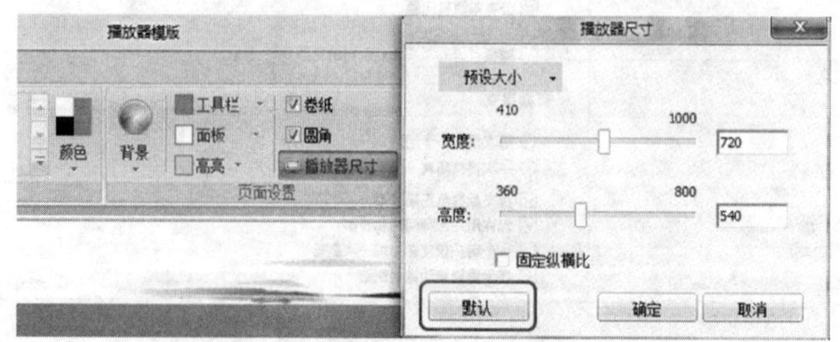

图 14-25　页面设置里的“播放器尺寸”设置

在测验里还可以添加背景音乐，单击特效里的“声音”按钮，弹出“背景音频”对话框，浏览本地文件夹打开声音文件，导入进来后可以设置需不需要重复播放和音频特效选项。

单击“文本&标签”按钮进入文本标签设置，这里的反馈信息都是可以更改的，比如有些反馈的文本文字我们就修改文字为通用的。如果是英文版的文本标签设置就单击左下角的“加载”按钮，找到 Wondershare QuizCreator 安装目录下的“language”文件夹，选中“Chinese. lang”文件加载进来，文本标签设置里的文本语言就可以转换为中文了。

切换到“布局”工具栏，如图 14-26 所示为我们设置的选项。

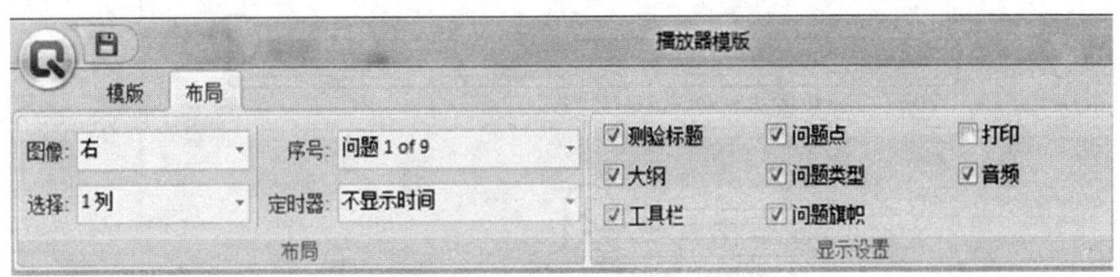

图 14-26　“布局”选项设置

14.2.11　发　布

单击菜单栏上的“发布”，弹出“测验发布”选择框，可以发布到质量管理体系（测验管理系统），也可以“发布到我的计算机”，如图 14-27 所示。

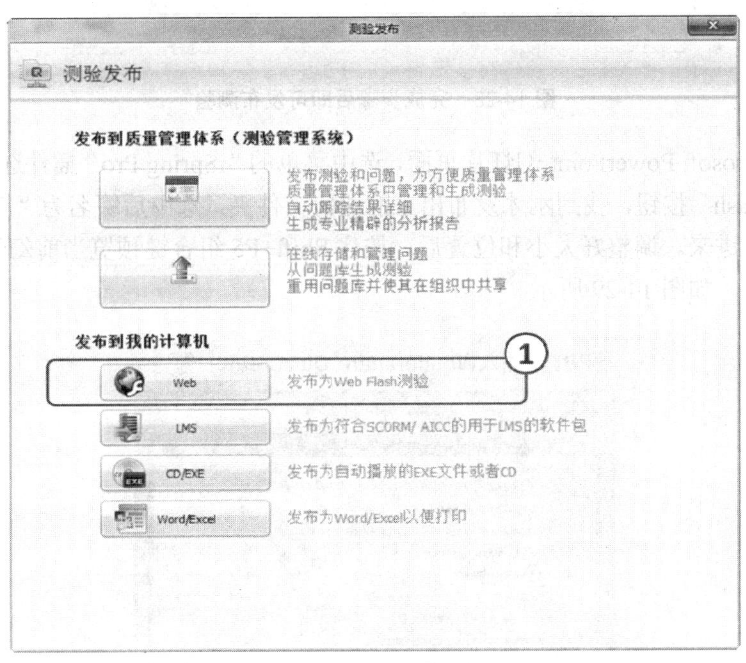

图 14-27　发布为 Web Flash 测验的步骤 1

发布测验和问题，为方便质量管理体系中管理和生成测验，自动跟踪结果并生成专业的详细分析报告。在线存储和管理问题，从问题库中生成测验，重用问题库并使其在组织中共享。

发布到本机可以有四种形式，发布为 Web Flash 测验是我们常用的一种，分 4 个步骤即可完成。

步骤 1，单击“Web”后。进入步骤 2，测验标题的命名。步骤 3，选项里选择一种发布的类型。步骤 4，选择输出文件夹的地点位置，如图 14-27 和图 14-28 所示。最后点击下方的“发布”按钮即可完成测验的发布操作。

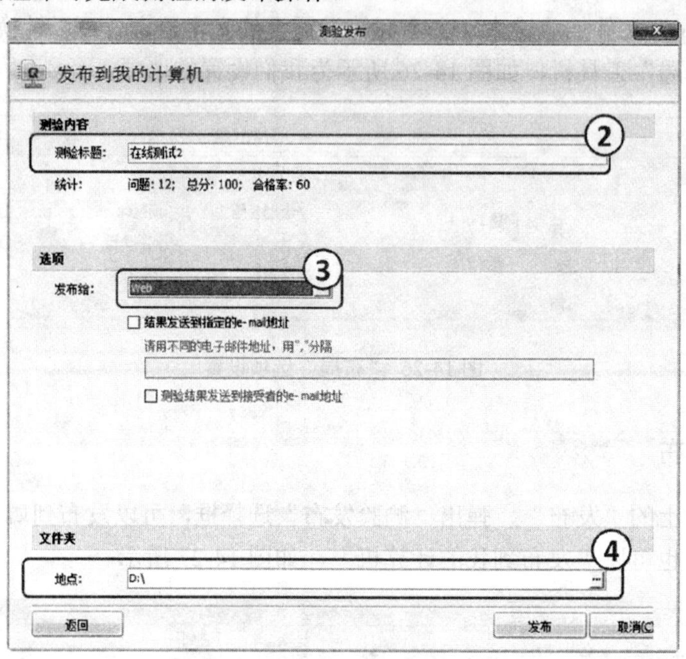

图 14-28　完成步骤后即可发布测验

回到 Microsoft PowerPoint 幻灯片页面，选中菜单的“iSpring Pro”插件选项，单击“插入”栏的“Flash”按钮，找到刚才发布出来的测验文件夹，选中后缀名为“.SWF”格式的文件直接插入进来。调整好大小和位置后，按住 Shift+F5 组合键预览当前幻灯片，交互式测验题出来了，如图 14-29 所示。

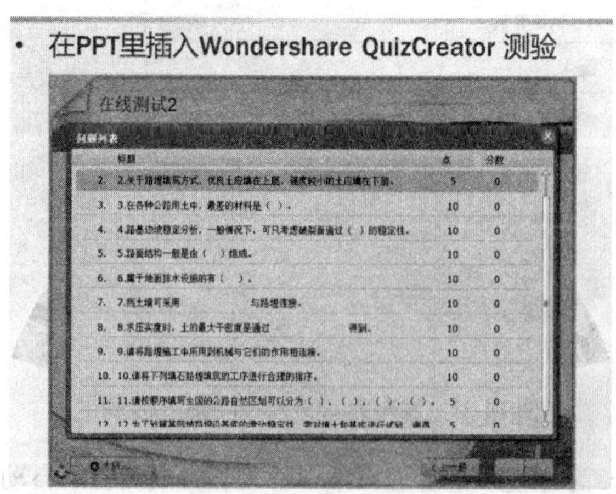

图 14-29　在 PPT 里预览 QuizCreator 测验效果

最后需要说明的是，在 PPT 里插入的 Wondershare QuizCreator 测验是不能直接转换的，可以选择在PPT里增加按钮超链接到刚才发布的QuizCreator测验文件夹的“index.html”文件，同时把相对路径更改为“QuizCreator/ index.html”即可，发布后一定要把 QuizCreator 测验文件夹放到 PPT 发布的文件夹里。

快速做微课并置入在线测验的做法，记住以下两点：

（1） 针对课程的重点难点疑点易混点易考点等知识点，把所有的点放在一个 PPT 之中，然后分节（新版本才有分节），每一节有 N 张 PPT，诠释一个“点”，有空就加几页，慢慢积累，形成步进教程；这样您的一门课程的 N 个“知识点干货”就全部理清啦，打散章节，前后贯通，关联点群，只做“点”工。这个 PPT 上课也好用的呢。

（2）然后按照我说的“陈氏五步教学法”（图 14-30）：第一步把结果拿出来，反向教学问为什么呢？第二步剖析这个点，以步进教程教程的形式一页页 PPT 地进行说明，可以整合新概念多媒体中讲到的技术要点，用不同的技术表达形式解译；第三步再继续剖析，以二维或三维动画、视频、借用的课件来继续讲解，深入剖析，加深理解；第四步置入在线测验，针对前面的知识点干货马上进行自测，若通过，则有成就感地进入最后一步，若不通过，对不起咯，自动回到第一步再来学一遍，下次测验时因为随机出题，还不一定能通知呢，这样的教学设计就体现了个性化自学啦；第五步是要点总结及知识拓展，总结这个难点疑点并拓展开来，激发学生的想象力和自我探索能力。

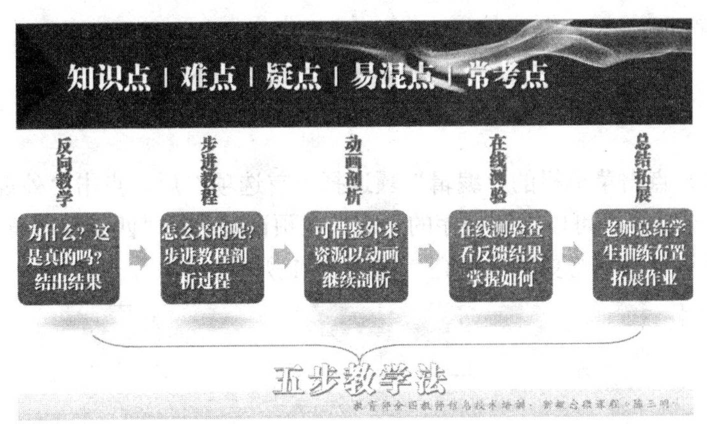

图 14-30　反向教学五步法

第 15 章　微课中的音频处理与后期合成

Adobe Audition CS6 是一款专业的声音编辑和混合环境的音频处理软件。它操作简单，可以直观地对单个音频文件进行编辑，系统混合了 128 个声道，并可使用 45 种以上的数字信号处理音频效果。无论是录制音乐、无线电广播，还是为录像配音，Adobe Audition 程序都会以可观的音频混合、编辑、控制和效果处理功能为在照相室、广播设备和后期制作设备方面工作的音频和视频专业人员创作出高质量的丰富及细微的音响。

在制作微课需要进行音频编辑或录制工作时，使用 Adobe Audition 的功能优点辅助微课录制音频与处理、多音频合并及编辑、单个音频文件的处理等，都能快速地完成剪辑工作，达到理想的音频效果。

首选运行安装 Adobe Audition CS6 程序，安装绿色版时双击“QuickInstall.exe”完成一次快速安装即可，或者使用命令行“QuickInstall.exe /i”安装。“QuickInstall.exe /u”为卸载。

15.1　单个音频文件的处理

打开主界面，点击菜单栏的“编辑”项选择“首选项”后，点击“外观”按钮，在弹出的“首选项”对话框里可以设置程序的外观。在预设里选择“西雅图布鲁斯*”的外观类型，在亮度项里还可以调得更暗或更亮，如图 15-1 所示。

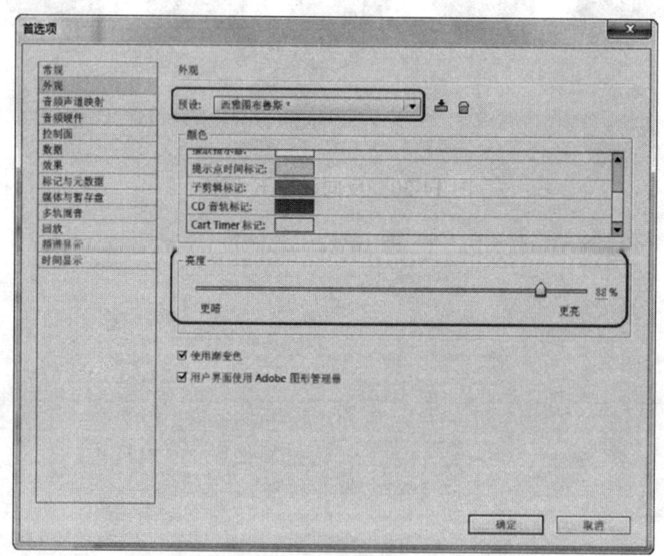

图 15-1　在“首选项”里设置程序外观为“西雅图布鲁斯*”类型

进行单个音频文件处理时，直接使用单轨迹编辑环境。点击界面的“文件”工具栏的“导入文件”按钮，选择一个需要裁剪的音频文件导入进来，如所示。或者点击菜单栏的“文件”后在下拉列表里选中“导入”后，单击“文件”即可选择音频文件导入，也可以按 Ctrl+I 组合键选择音频文件导入，如图 15-2 所示。

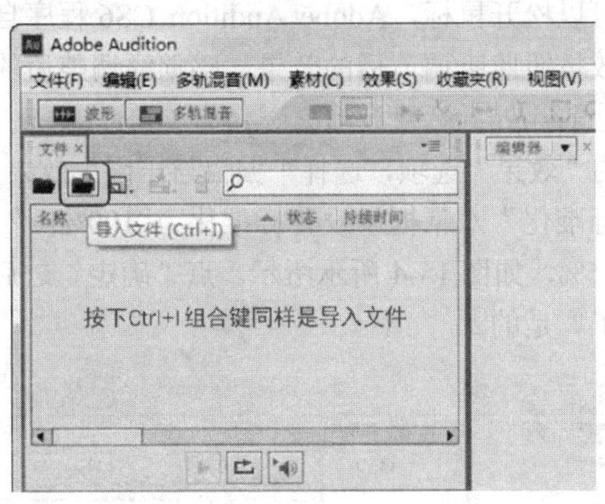

图 15-2　按下 Ctrl+I 组合键选择音频文件导入

打开音频文件后，在波形编辑界面里可以看到以波形的形式出现的音频文件。首先点击下方的播放按钮，在听的时候记录下需要裁剪的音频时间段；然后，在波形区域里单击开始裁掉音频的时间点，按住鼠标直接向右拖动到音频的需要裁掉的结束时间点上，之后松开鼠标。已经框选中的音频段呈白色区域，未选择的波形区域是黑色的，按下 Delete 键删掉不需要的小段波形。

这时重新点击下方的播放按钮，听着音频文件时会发现之前不想要的那段音频已经不在了。在这个音频文件里还是有些地方的音量很小，那怎么逐处的调大音量呢？

首先，选中低音量的音频段。单击低音波形处，按下鼠标向左或向右拖动即能选中需要调高音量的低音频波段，选中区域为白色。如图 15-3 所示。

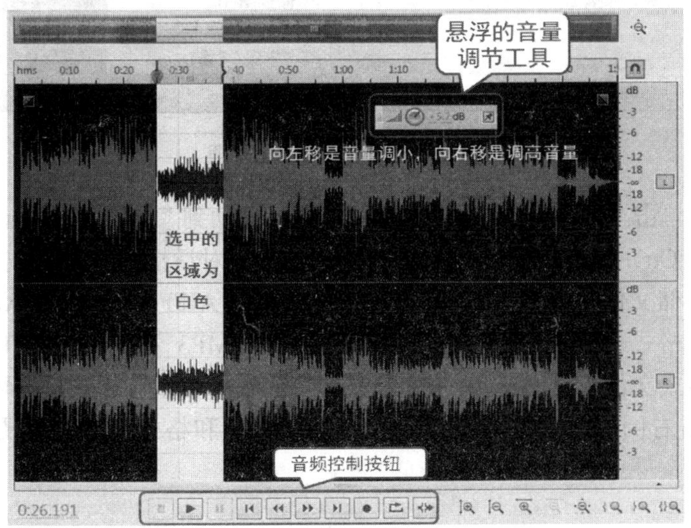

图 15-3　使用悬浮的音量调节工具调节音量

然后，在悬浮的音量调节工具里单击中间的“+0dB”直接输入倍增值，但一般不是很准。我们可以观察，鼠标移动到音量调节工具上面时自动变成了有两头箭头的形状，此时按住鼠标向左或向右移动，向左移是音量调小，向右移是调高音量。

接着观察选中调节的波形，鼠标向右移动时选中的波形随即变大，调节的音高和旁边的波形差不多大小时就可以松开鼠标，Adobe Audition CS6 程序自动应用了所调节的参数值。实时点击下方的播放按钮监听调节后的效果，感觉经调整后的音频基本上可以了，再使用同样的方法调节其他的几处低音量波形。

最后，单击菜单栏的“效果”选项，选择“振幅与压限”效果里的“标准化（N）（处理）”项，在弹出的“标准化”对话框里设置标准化为 100%；勾选上平均标准化所有声道；DC 偏差调整值为 3.5%，如图 15-4 所示所示。点“确定”之后，试听一下音频，音频的起伏效果是不是平滑了？是的。

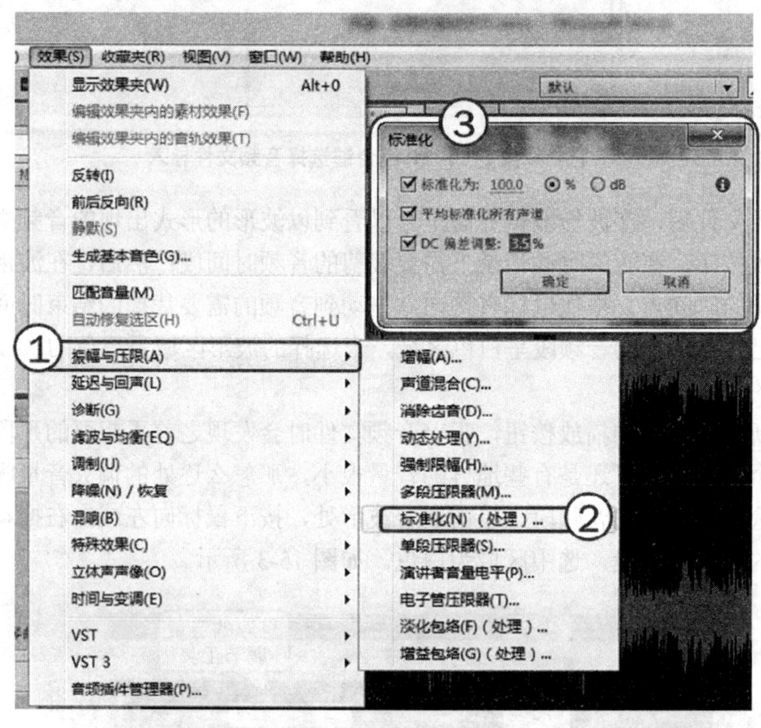

图 15-4 振幅的标准化处理

回到菜单栏单击“文件”后在下拉列表里，鼠标移动到“导出”项后选择“文件（F）”点击，或者按下 Ctrl+Shift+E 组合键打开“导出文件”对话框。在“导出文件”对话框里输入文件名和存储文件的位置，可以选择导出的音频为 AIFF、Monkey’s Audio、libsndfile、FLAC 无损文件格式、Xiph OGG 容器、MP2 音频、MP3 音频、QuickTime（音频）、Wave PCM 的格式文件，我们选择 MP3 格式即可。采样类型和格式设置可以采用默认的设置，或者点击右侧的“更改”按钮分别对采样类型和格式设置进行更改或设置，如图 15-5 所示。

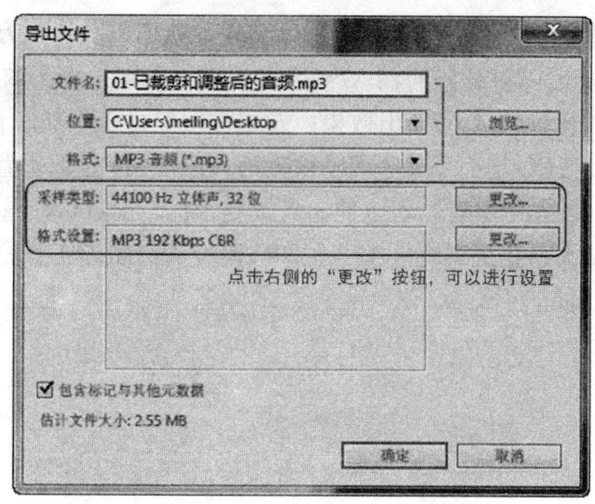

图 15-5　自定义设置“导出文件”选项

15.2　多音频编辑与合并

有时微课的音频文件需要制作出特别效果的音响，这时就使用多轨编辑环境。将多个音频文件导入后再进行编辑与合并，操作便捷，合成后的音频效果很理想！

如何操作呢？下面我们来做一个例子，制作一个微课音频。素材准备：听力原文为英语的音频，相关内容提示的音频，报道人员或老师讲解内容为英语的音频。

首先，在 Adobe Audition CS6 程序主界面里点击工具栏的“多轨混音”按钮，新建一个多轨混音项目，可以选择程序提供的各种模板，或者直接选择无，采样率为 44100 Hz，位深度为 16 位，主控为立体声，如图 15-6 所示。

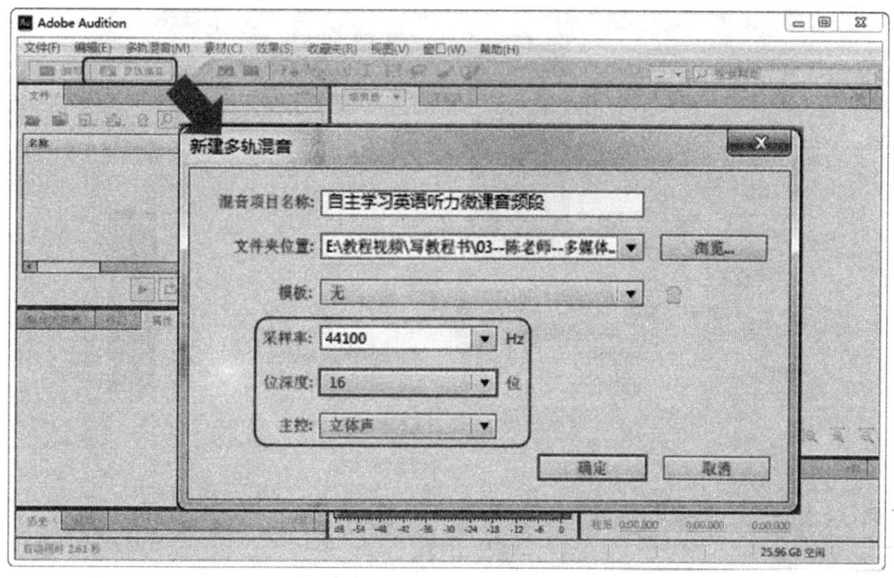

图 15-6　新建一个多轨混音项目

在新建的多轨编辑器里可以看到一共有七个轨道，轨道工具栏上方是控制轨道的按钮。左边有输入/输出按钮，可以对音频的输入/输出设备进行设置；点击效果按钮可以显示所有效果的开关状态和添加音频的淡入/淡出效果；发送按钮里可以添加总音轨道便于编辑；EQ按钮，单击它可以对音轨EQ进行编辑，可以设置为人声增强、全部重置、削减爆音（Kick）、常规低通、常规高通、最大化声音、木吉他、老式收音机、说唱乐、重金属吉他和雄壮军鼓等。右边还有节拍器开关、全局素材伸缩开关和吸附开关。轨道工具栏如图15-7所示。

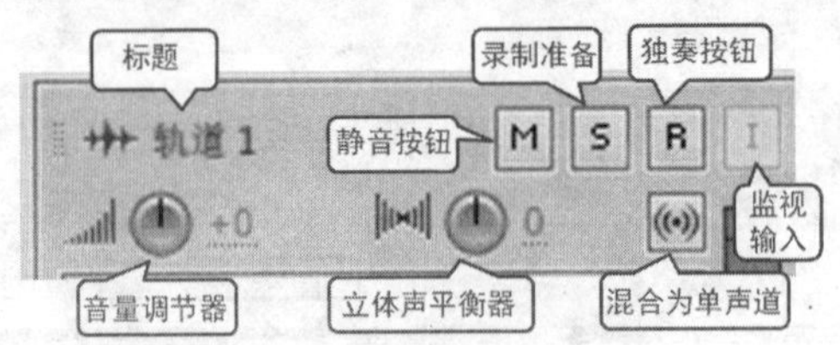

图15-7　轨道工具栏的按钮选项

单击轨道1的标题处更改标题为“听力原文”，接着点击右边的波形框后，鼠标右键点击选择“插入”项的“文件”，插入听力原文为英语的音频。

单击轨道2的标题更改标题为“相关内容”，在波形空白框里右键点击，选择“插入”项的“文件”，选择相关内容提示的一个或多个音频插入进来，多个音频插入进来时则需要陆续在音频后面增加，同时插入多个音频时会自动的添加到其他的轨道里。在这里我们添加一个相关内容提示的音频即可。

单击轨道3的标题处更改标题为“内容讲解”，鼠标移到右侧空白波形处时右键点击，选择“插入”项的“文件”，选择报道人员或老师讲解内容为英语的一个音频添加进来，如图15-8所示。

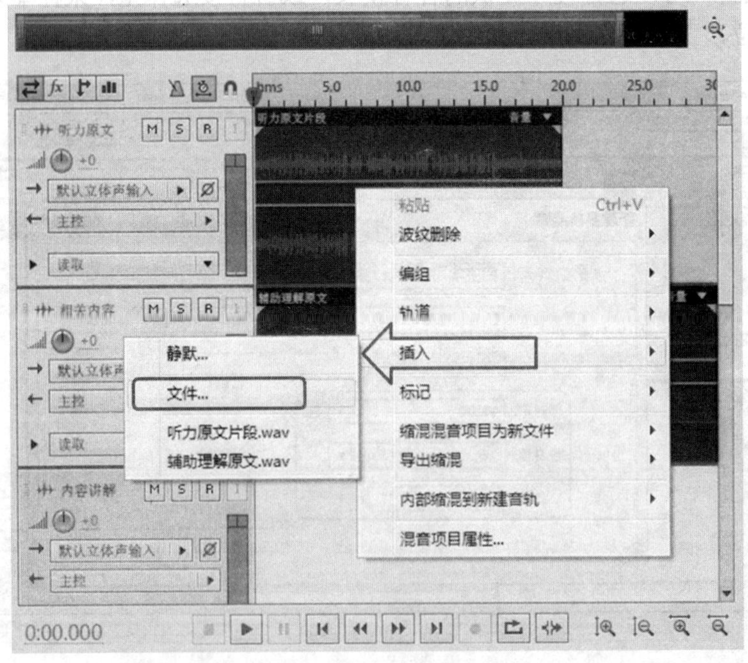

图15-8　分别在轨道里添加音频文件进来

现在来调整音频的的播放时间，首先把“相关内容”音频拖放到“听力原文”音频的结尾处，再把“内容讲解”音频的结束时间与“相关内容”音频的结束时间对齐。然后把播放时间轴移到“内容讲解”音频的开始位置，单击选中“相关内容”音频，点击左上方的选择素材剃刀工具按钮，对准时间播放轴的位置后直接在选中的音频上切一刀，如图 15-9 所示。

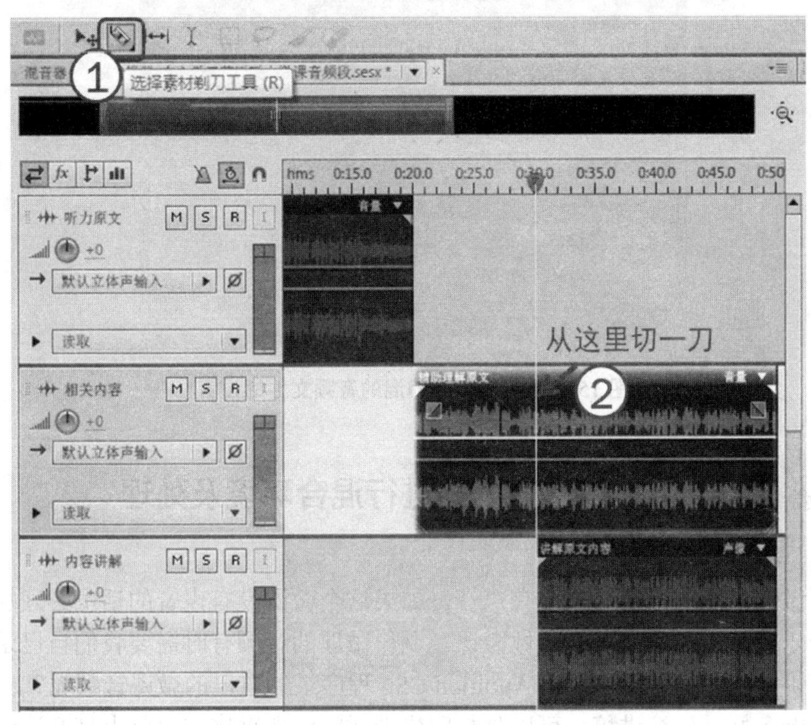

图 15-9　对准时间播放轴的位置在“相关内容”音频上切割一刀

“相关内容”音频已分离为两段了，选中后面那段音频，直接拖动到轨道 4 后更改轨道标题为“调低音量”。当鼠标移动到调低音量标题下方的音量调节器时自动变成了有两头箭头的形状，这时按下鼠标往左移动是调小音量，向右移动为调大音量，调小音量为“-15.3”后，点击下方音频控制栏的播放按钮，监听一遍音频效果。如果音量调低了听不见声音，可以继续作调整，调整成“内容讲解”部分音频的背景声音即可。

最终的音频效果是，一段新闻的报道，接着是身临其境的实况，在播放实况的同时加入报道人的讲解，实况与讲解的时间重合时就选择讲解为主，实况为辅，所以把后段实况音频调低音量当作一个故事的环境背景声音。

在菜单栏的“效果”选项里还可以进行一些音频效果的处理，根据音频文件的需要来添加，可不要弄巧成拙哟！

音频调整得没有问题了之后，单击“文件”菜单，选择“导出”为“多轨缩混（M）”的“完整混音（E）”，弹出“导出多轨缩混”对话框后，设置如图 15-10 所示。

很适合自主学习的一个英语听力的微课音频就做好了，是不是很简单和方便呢？

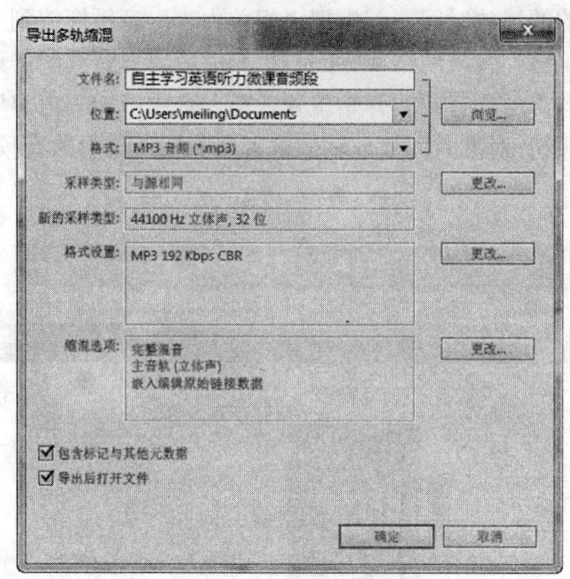

图 15-10 导出多轨缩混的音频文件的设置

15.3 录制音频并进行混合环境及处理

如果要做一个好的微课必须要有声音，如果这个微课没有声音的话也必须加个背景音乐，没有音乐或声音的作品不能叫做微课。制作微课的音频有时需要我们自己录制，如一篇短文的演讲，那如何使用 Adobe Audition CS6 程序录制自己的微课音频呢？

首先，准备好一份演讲稿，可以是打印成纸质的或者直接在电脑上打开演讲文档；接着，使用麦克风与电脑连接上后，在电脑右下角声音图标上右击，选择“录音设备”。在打开的“声音”设置里双击“录制”项的麦克风设备，弹出“麦克风属性”对话框后点击“高级”按钮，在默认格式里选择“2 通道，16 位，44100 Hz（CD 音质）”格式后点击“确定”按钮。如图 15-11 所示。

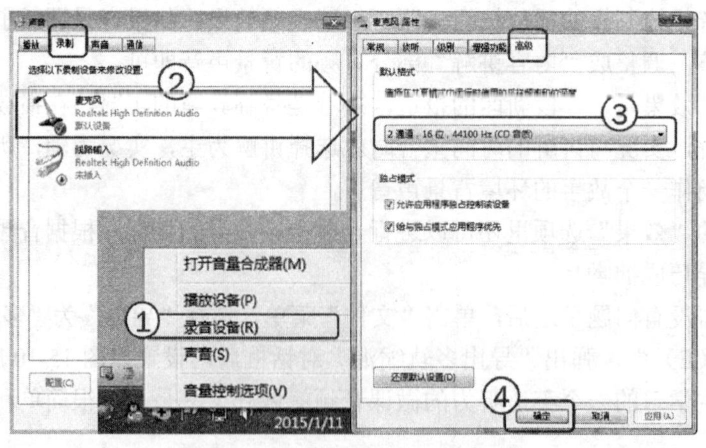

图 15-11 设置“录音设备”

然后，在打开的“声音”设置里点击第一个“播放”按钮选项，接着双击“播放”项里显示的扬声器设备。如图 15-12 所示。在弹出的“扬声器属性”对话框里，点击“高级”设置项按钮，默认格式里选择“16 位，44100 Hz（CD 音质）”格式后点击“确定”按钮，如所示。如果不需要“扬声器属性”的增强功能时就把增强功能里的选项全部不勾选中，因为默认设置里是已启用了增强功能。

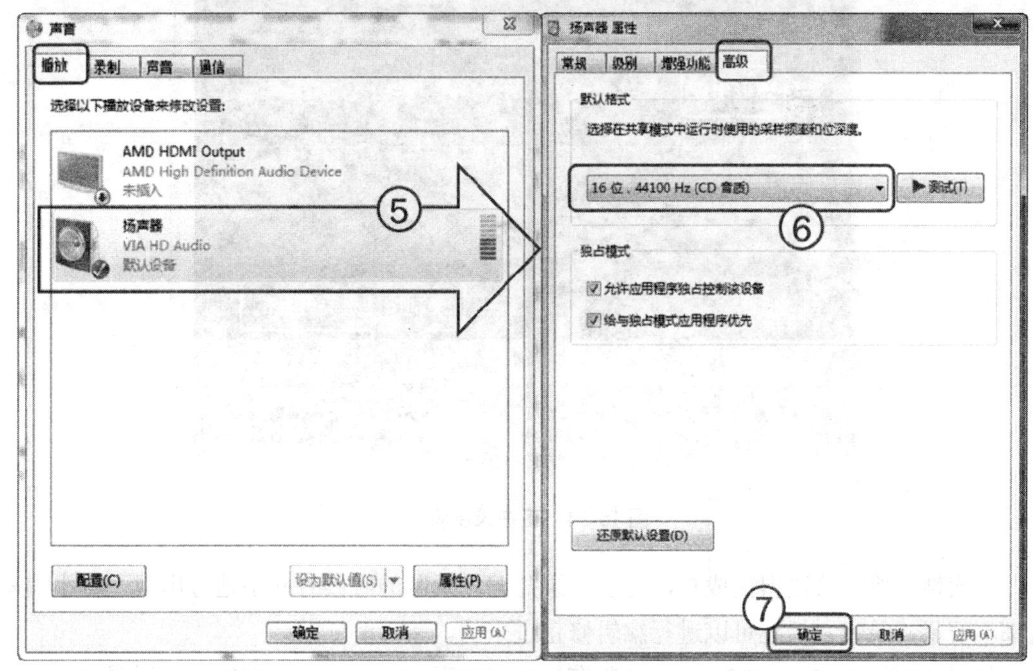

图 15-12　设置“播放设备”

最后，运行 Adobe Audition CS6 程序后选择新建一个音频文件，设置新建音频文件的采样率为 44100 Hz，声道为立体声，位深度为 16 位。接着，在“编辑”菜单里选择“首选项”的“音频硬件”后点击，弹出“首选项”设置对话框需要对“音频硬件”项进行设置，采样率更改为 44100 Hz，如图 15-13 所示。

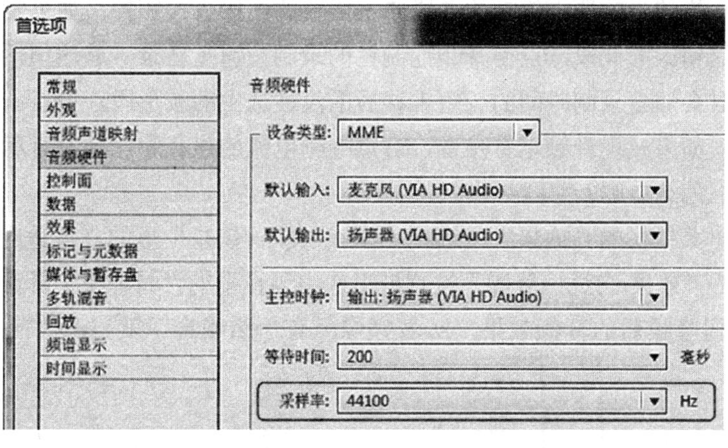

图 15-13　音频硬件里主要设置采样率为 44100 Hz 即可

准备工作完毕后就可以开始录制音频了，点击编辑器下方音频控制栏的红色圆点的"录制"按钮，开始录制。怎么知道它是正在录制呢？录制时编辑器里会出现波形，录制按钮为亮红色的，电平栏里忽长忽短的电平出现，如图 15-14 所示。

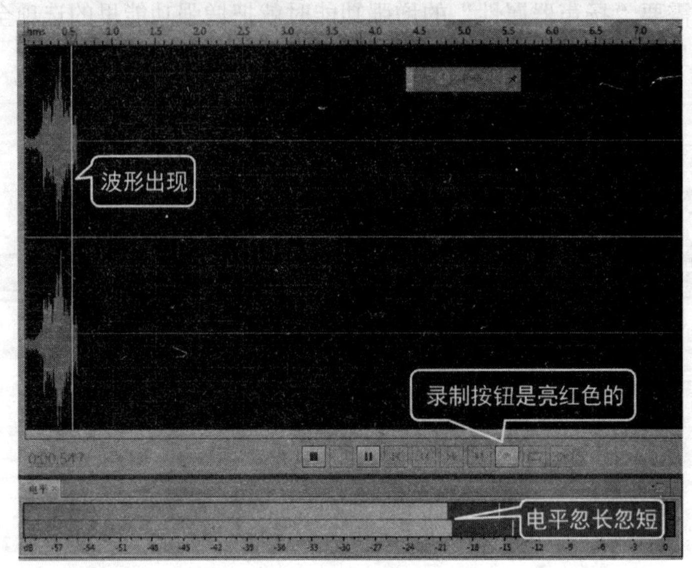

图 15-14 正在录制音频

一次性不容易录制得很成功，可以多录几遍，录制的时候有些小地方出现一点小偏差这都不要紧，录完之后还可以进行编辑修正过来的。

使用 Adobe Audition CS6 程序录制有什么好处呢？打个比方，有的人讲话漏风啊，或鼻塞将近感冒时，在讲着演稿时还会出现口吃啊，这些都被一起录了下来。在后期编辑时就把口吃部分裁剪掉，添加“降低嘶声”的效果来处理讲话漏风的音频和添加“消除嗡嗡声”的效果来处理鼻塞将近感冒时的音频。这是不是很方便吗？是的！

演讲文稿录制完毕后，点击编辑器下方音频控制栏的小实心方形的“停止”按钮，结束音频的录制。单击“播放”按钮听听自己录制的效果怎么样了。有些间隔时间长了和可能几处带有口头禅的，就选中停顿的波段或不需要的波段直接删掉。如果发现有某句话讲得不对就选中这句话的波段，点击音频控制栏的录制按钮重新录一遍这句话，它会覆盖住选中的波段而且会随着录制时间的长短推移后面没被选中的波形段，再点击一遍录制按钮即可完成录制。如果发现音频里有噪音，有点嘶嘶电流的声音和在录制时房间产生的一些嗡嗡的回音声，怎么办呢？

首先，点击菜单栏的“效果”项选择“降噪（N）/恢复”里的“自适应降噪（M）”选项，在弹出的“效果-自适应降噪”设置框里选中预设里的“弱降噪”后点击左下方的播放按钮，监听弱降噪后的音频效果，听着好像没有什么噪音了就点击“应用”按钮，如图 15-15 所示。

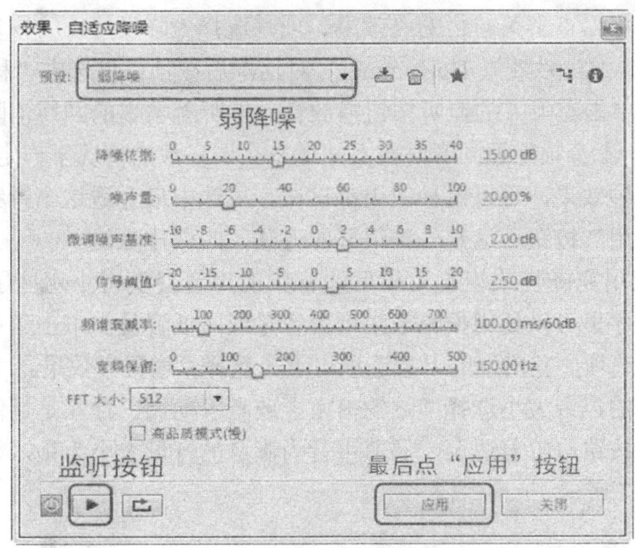

图 15-15　应用“弱降噪”效果

系统应用了降噪效果后能看得到吗？可以把波形不断放大。看背景的地方很细了，就说明不需要再降噪了。如果背景里还有些毛毛刺刺的噪音，可以再应用一次“弱降噪”效果或者手动调节降噪效果。需要注意的是手动调节时幅度不可太大，否则容易声音失真；有时应用“强降噪”效果也会造成音频失真。

然后，回到菜单栏点击“效果”项，选择“降噪（N）/恢复”里的“降低嘶声（H）（处理）”选项，在弹出的“效果-降低嘶声”设置框里点击预设项选择“轻”，或者自定义稍微调节即可。因为录制的这个音频里只是有点电流的嘶声而已，所以不用大调节嘶声。点击播放按钮监听下降低嘶声的效果，没有问题了就单击“应用”按钮，如图 15-16 所示。

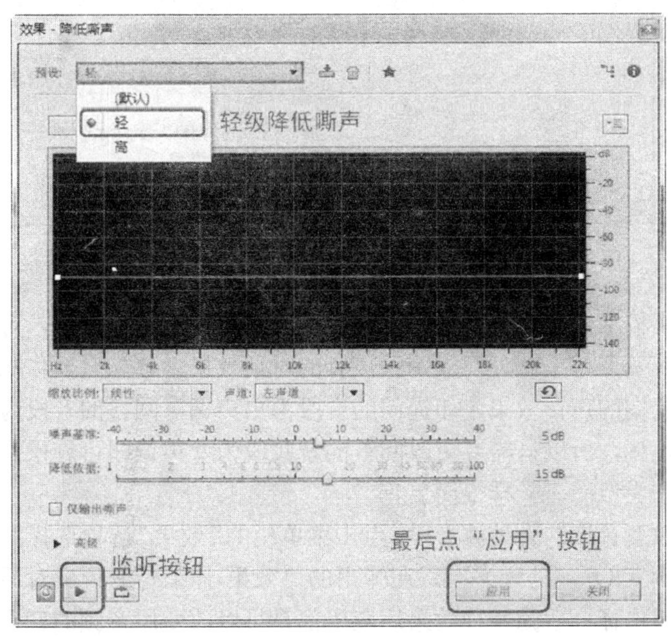

图 15-16　应用“轻”级降低嘶声效果

最后，消除回声。点击菜单栏的“效果”项，选择“降噪（N）/恢复”里的“消除嗡嗡声（D）”选项，弹出“效果-DeHummer”对话框后在预设里选中“移除 50 Hz 与谐波（Harmonics）”，单击左下方的监听按钮播放音频，听着嗡嗡的回声消除得可以了，点击“应用”按钮，如所示。音频处理回音时在不知道怎么调参数的情况下一定要打开监听按钮，预设项里一共有九种效果，可以每种效果都试试，挑选中最合适这个音频处理回音的一种效果后再点击“应用”按钮。这是一种很好的方法，叫做排除法。

有的时候在应用完降噪或恢复效果后，音频的声音会变得小声些了，不用担心，在 Adobe Audition 程序里可以使用振幅效果增大音量或降低音量。单击菜单栏的“效果”项的“振幅与压限”选项，在出现的下拉选项里点击选择“增幅”效果。“效果-增幅”设置框里根据想要达到的声音大小选择增幅的倍率，或者手动调，往左是调低音量，往右是调高音量。点击监听按钮边听着边调，调节声音为满意的音量大小为止，最后点“应用”按钮即可，如图 15-17 所示。

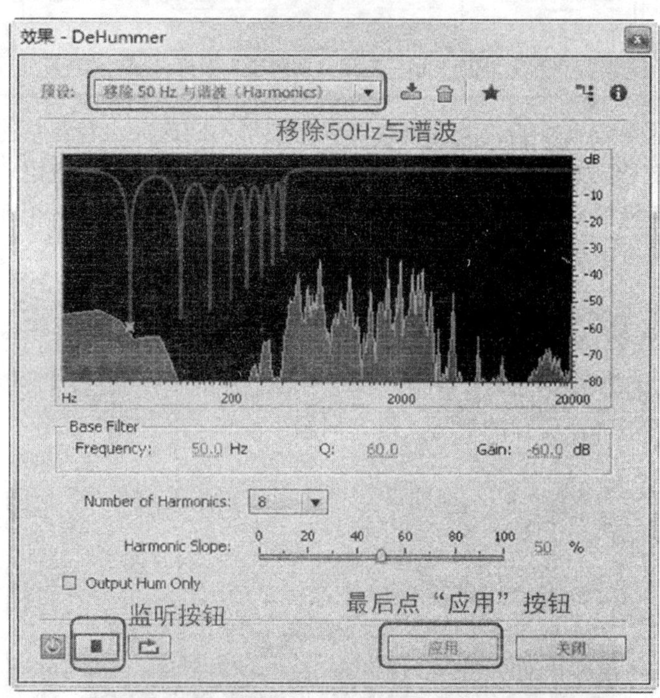

图 15-17 应用“移除 50 Hz 与谐波”（Harmonics）效果

录制音频的讲稿上有提问有应答时并且是同一个人的声音在录制，可以经过后期的声音处理变换声道或变调效果，处理成两种声音的对话效果，那怎么操作呢？在这里我们简单的讲讲处理成变调的声音效果，如提问的音段为男声调，回答的音段为女声调；录制音频时本身就是男声调，所以只需要更改回答的音频段为女声调即可。操作方法与上面讲述的效果的操作方法类似的，一样很简单！

框选中需要改变音调的一处波形段，点击菜单栏的“效果”选项选择“时间与变调（E）”里的“伸缩与变调（S）（处理）”。在弹出的“效果-伸缩与变调”对话框里可以自定义设置或者在预设里选择合适的一种效果后应用都是可以改变原音频的音调效果的，但是要更改为女声音的音调效果则建议自己手动调节会好些。如图 15-18 所示。

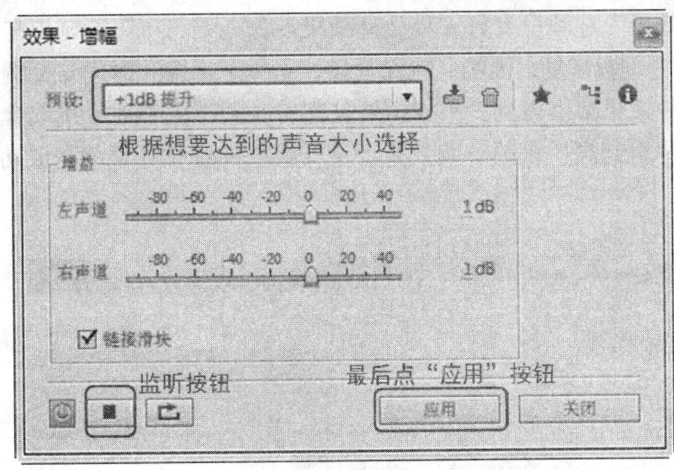

图 15-18　根据想要达到的声音大小调节音量

精度项选择“高”；伸缩与变调项里选择变调调节到“10”半音阶；打开高级设置项，勾选中“独奏乐器或人声”选项，共振变换调节到“-25”半音阶；音调一致里可以调节到“2.1”，如所示。在边调参数时就要打开播放按钮，实时监听每调节一项后是什么样的音频效果，这样有助于在调节效果时做到心里有数，方便下一步/项的调整。参数调好后，听着的音频效果也都很好，就点击“确定”按钮应用伸缩与变调效果即可。如果有几处音频波段需要更改为女声调的波段，同样的操作方法。Adobe Audition 里不能同时框选中多处波段，只能逐处框选中波段后再进行处理与调整。如图 15-19 所示。

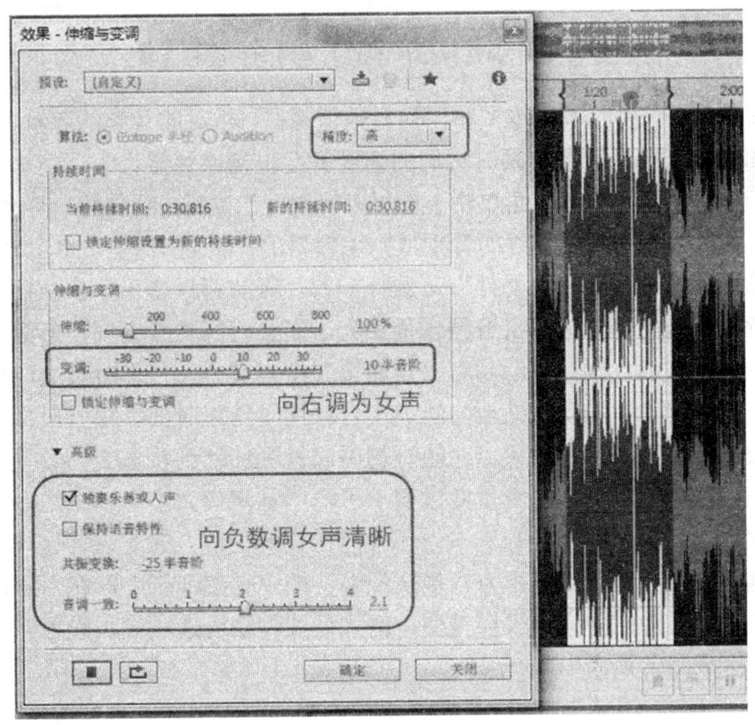

图 15-19　在“效果-伸缩与变调”里手动调节为女声音调

在菜单栏“效果”选项里有好多种处理效果，如振幅与压限、延迟与回声、诊断、滤波与均衡、调制、降噪/恢复、混响、特殊效果、立体声声像和时间与变调等，处理一个音频时不可能每一种效果都用得到，根据需要处理音频的不完善地方挑选合适的处理效果进行声音处理，最终达到高质量的音响效果，这样我们的音频处理就是成功的。如图 15-20 所示。

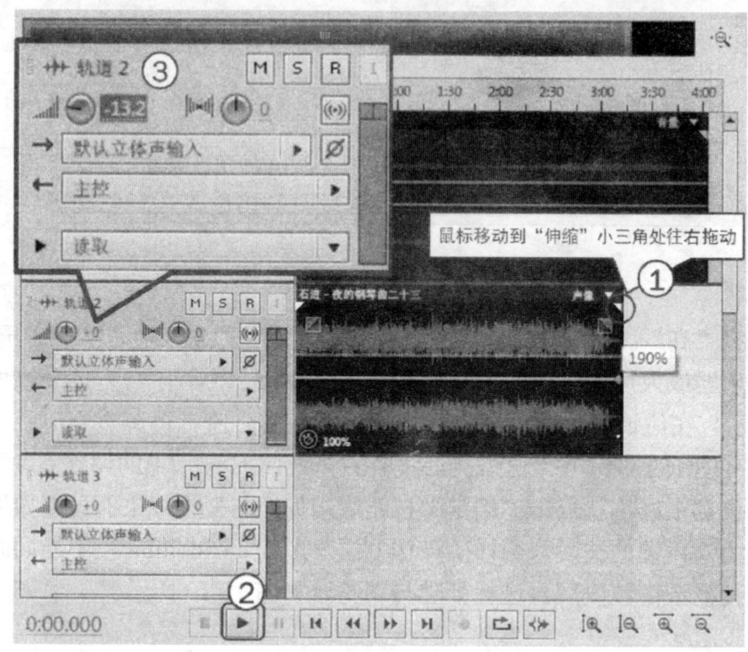

图 15-20　调整背景音乐的播放时间长度和音量

需要注意的是，应用的效果越多和调的参数值越高，相对的音频的容量大小就会越大，生成的效果和导出来的音频在转换时它们的速度就会很慢或更慢。

处理录音音频完毕后，点击菜单栏下的“多轨混音”按钮，新创建一个多轨混音项目。在“文件”栏里鼠标拖动刚处理好的音频放到编辑器的“轨道 1”里，单击“轨道 2”空白波形处右键选择“插入”项的“文件”，选择一首轻缓的背景音乐插入。插入背景音乐进来后，发现背景音乐的音量比演讲音频音量还大，而且时间长度不同，怎么办好呢？

选中背景声音波形，鼠标移动到右上角的第二个小实心三角形时会变成伸缩形的两头箭头鼠标，按住左键往右拖动，拖至与轨道 1 音频同时结束时间。松开鼠标后点击音频控制栏的播放按钮监听背景声音效果，在边听的时候鼠标移动到轨道 2 的音量调节器中间，按下鼠标往左移动，背景声音的音量慢慢变小了，感觉声音大小可以了之后松开鼠标。

男声问女声答，轻缓的背景音乐作为环境声衬托着主讲人的演讲，这样效果很好的一个微课音频就做好了。最后，导出为“多轨混缩”的“完整混音”，在“导出多轨缩混”的设置框里选择导出为的格式、采样类型、格式设置和缩混选项等，设置完成后点击“确定”按钮进行合成与转换。

第 16 章　混搭式微课合成平台 Camtasia Studio

16.1　认识 Camtasia Studio 平台

Camtasia Studio 是很实用的一款做微课的软件，以后要慢慢地学会它，对这个软件的熟悉程度要像熟练掌握 Word 和 PPT 一样。这个软件平台非常有意义，会越用越喜欢，如果家里面有孩子的活动照片、参加各种比赛的视频、自己录制的影像等以及自己要加进去的 PPT、录音并加上字幕等，在这里面都可以做得出来。

就利用这个平台，可以方便地进行屏幕操作的录制和配音、视频的剪辑和过场动画、添加说明字幕和水印、制作视频封面和菜单、视频压缩和播放等，这是做混合式微课里的一个重要平台，同时也是做 App 的重要平台，可以说是做微课的最佳平台，会声会影和 Premiere Pro 也赶不上它。

Camtasia Studio 的一个例子基本上把软件的操作方法讲述了一遍，我们可以观摩学习，建议开始接触 Camtasia Studio 程序都要看看这个案例，如图 16-1 所示。

图 16-1　学习 Camtasia Studio 程序的一个案例

“帮助”菜单里有 Camtasia Studio 帮助文件和教程，如果你的英文不是很好的话，建议不用看了，以免挫伤自信心。

菜单栏的内容不是很多，往往这种情况的一些软件大多数都以图标的方式表达了。菜单栏的下一栏有三个按钮选项，第一个是录屏以及录制 PPT；第二个是导入媒体文件，和一些谷歌云盘上的内容在线下载并导入 Camtasia Studio 程序里；第三个是导出或本地分享。

后面的几项用不到。

中间的图标按钮选项是上面项的子项，有剪辑箱、资源库、标注、放大局部、声音、转场效果、光标效果、视觉效果、配音、录制、字幕和在线测验，一共 12 个子选项，如图 16-2 所示。如果右侧的视频预览框挡住子项时，会以“More”图标的形式把盖住的子项收藏在里面，只要点击“More”选项时就可以对遮挡住的子选项进行选择了，看来 Camtasia Studio 也有灵活的一面。

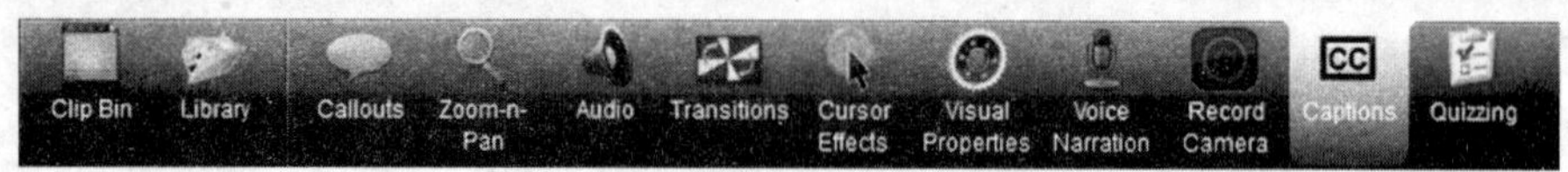

图 16-2 中间栏的子选项图标按钮

屏幕区域在右侧窗口显示，拖动窗口边侧线可以更改显示窗口的大小。下方是视图工具栏，音视频的编辑或裁剪等工作都是在视图工具栏里进行。

利用各个子项的特点，可以制作出优质的合成式微课、视频微课、交互式微课以及混合式微课。

通过剪辑箱存储住导入进来的视频或录制的原始文件、图片和音频，都可以添加到时间轴进行合并。

调用系统资源库的片头片尾，只要修改它的文字就可以使用了。

视频里少不了要点的注释或标注，添加引导箭头也是很好的一种选择！

放大局部功能可以实现镜头的缩放效果，也即说是局部放大动画，退回来又是一个整体。

声音在播放时可以添加淡入淡出效果、静音、添加声音和配音，根据需要添加或编辑。

多个视频之间的转场动画，只要是两个视频之间都可以添加一个转场效果，但是视频的切换效果用多了也不是很好看的。

视频播放到重点时或需要引起注意时就可以设置光标效果为探照灯或光标点击时出现的涟漪效果等。

视觉效果里添加动画或强调效果都可以的。

配音里就有点像当演员一样，后期录音及配音。

录制里可以实现画中画效果，就是整个声音和视频一起录，录完的时候它是又在原视频的基础上又形成了一个小视频，这个是不是很有意思？是的。

字幕里添加视频的字幕是一种很方便的事情，而且可以同步。

在线测验的添加就实现了一种交互形式的微课，如：这个视频看到一定程度之后，您如果磕睡了，它突然跳出一个问题，说要回答下面的问题才能继续看，而这个问题正好是前面那段视频的要点。如果您给别人看了，来应付考试就完蛋了，回答不了问题下面的就看不到，必须盯着看，看懂了前面的内容回答正确了，才能接着看后面的视频。这叫做中间增加一系列的问题的互动微课视频。

最后，导出的时候通过新的不同的设备，设置不同的格式，调整相应的参数，看整体的情况，没有问题了以后就可以把它进行输出。

16.2　录制屏幕或录制 PPT

前面已经介绍了很多，那怎么操作呢？下面我们来做一个例子。

在欢迎界面里很方便的可以直接录制视频或导入媒体文件等。我们先把欢迎界面关闭。

软件提供了强大的屏幕录像（Camtasia Recorder）、视频的剪辑和编辑（Camtasia Studio）、视频菜单制作（Camtasia MenuMaker）、视频剧场（Camtasia Theater）和视频播放功能（Camtasia Player）等。使用本套装软件，用户可以方便地进行屏幕操作的录制和配音、视频的剪辑和过场动画、添加说明字幕和水印、制作视频封面和菜单、视频压缩和播放。

（1）录制屏幕功能

Camtasia 录像器能在任何颜色模式下轻松地记录屏幕动作，包括光标的运动、菜单的选择、弹出窗口、层叠窗口、打字和其他在屏幕上看得见的所有内容。除了录制屏幕，Camtasia Recorder 还能够允许您在录制的时候在屏幕上画图和添加效果，以便标记出想要录制的重点内容。

（2）录制 PPT 功能

使用 Camtasia Studio PPT 插件可以快速的录制 PPT 视频并将视频转化为交互式录像放到网页上面，也可转化为绝大部分的视频格式，如 avi、swf 等。

无论是录制屏幕还是 PPT，您都可以在录制的同时录制声音和网络摄像机的录像。在最后制作视频时，您可以把摄像机录像以画中画格式嵌入到主视频中。

在录像时，您可以增加标记、增加系统图标、增加标题、增加声音效果、增加鼠标效果，也可在录像时画图。

您可以创建 Camtasia Studio 工程，以便在以后多次重复修改。

在时间线上，您可以剪切一段选区、隐藏或显示部分视频、分割视频剪辑、扩展视频帧以便适应声音、改变剪辑或者帧的持续时间、调整剪辑速度以便作出快进或者慢放效果、保存当前帧为图像、添加标记以便生成视频目录。

16.3　混搭式微课制作

首先，运行 Camtasia Studio，同时打开需要录制的 PPT 文件。在打开的 Camtasia Studio 界面里点击“Record the screen”按钮，进入全屏录制模式中需要对摄像机、麦克风和音量进行检查与设置，点击红色“rec”按钮开始录制，如图 16-3 所示。

图 16-3　检查与设置录制设备：摄像机、麦克风和音量

16.3.1 录屏与后期修剪

切换到 PPT 中，按键盘上 F5 放映幻灯片，这时就开始上课或者说是演讲了。需要注意一点：录制中摄像头正对自己；如果不是，那么在录制的过程中要一会儿看下摄像头，因为它是你的观众。

上课讲完了就是结束录制的时候了，按下键盘上的 F10 键录制终止。在预览视图里点击右下角的“Save and Edit”按钮，保存为“.trec”格式文件。旁边还有“Produce”和“Delete”选项按钮，如果只是录制视频而且不需要再编辑的情况下就直接点击“Produce”按钮，输出文件即可。

然后，回到 Camtasia Studio 界面。视图工具栏的轨道 1、轨道 2、轨道 3 里分别有 PPT 录制的系统音频、PPT 录制的屏幕、主讲人的视频。按下键盘的空格键进行预览，刚刚录制时在开始一小节和结束时一小节是不需要的，此时我们拖动工具栏的时间轴滑块到“开始位置”，单击选中其中一个轨道内容后按住 Ctrl 键再选中其他的两个轨道内容后点击上方的“分割”按钮，同时裁剪它们了然后分别选中前面一小节不需要的删除掉。继续拖动时间轴滑块到“结束位置”，全选中轨道内容后同样是点击左上方的“分割”按钮，分离后面一小节不需要的内容后，分别选中再按 Delete 键删掉它们，如图 16-4 所示。

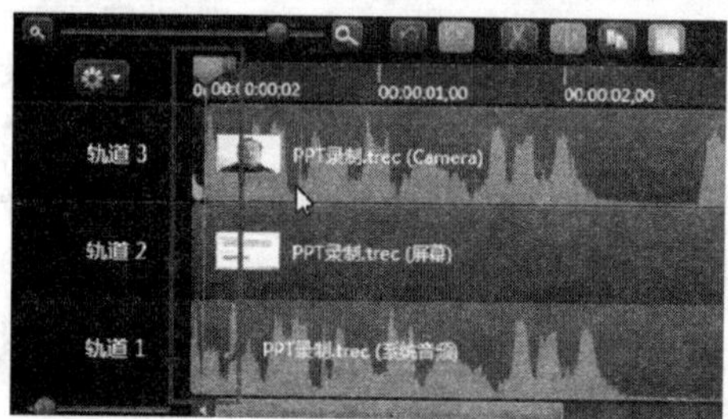

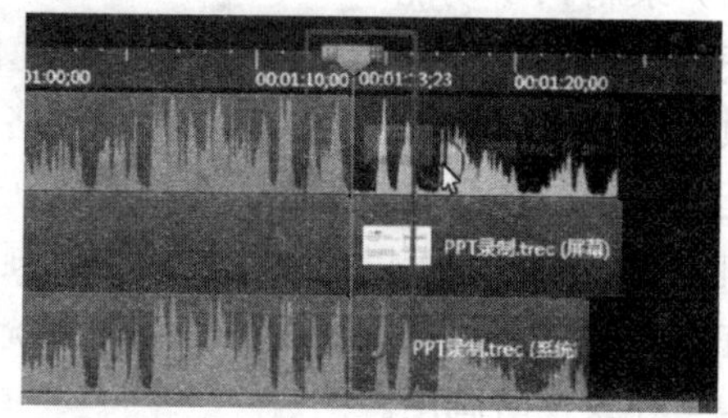

图 16-4 裁剪录制的视频

如果是在中间位置不想老看 PPT，想把主讲人的屏幕放大，那怎么办呢？

移动时间轴滑块到中间位置的“开始位置”处单击选中主讲人屏幕再按住 Ctrl 键选中 PPT 屏幕，这时就可以点击左上方的“分割”按钮，一刀下去把它们分离了；同样的操作方法：移动时间轴滑块到合适的“结束位置”时单击选中主讲人屏幕再按住 Ctrl 键选中 PPT 屏幕后点击“分割”按钮，如图 16-5 所示。

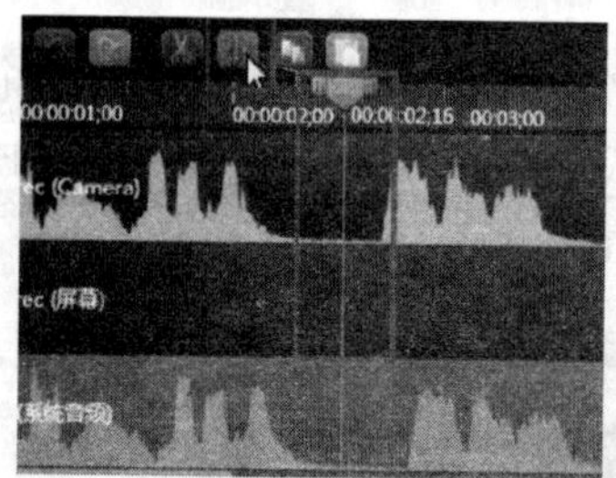
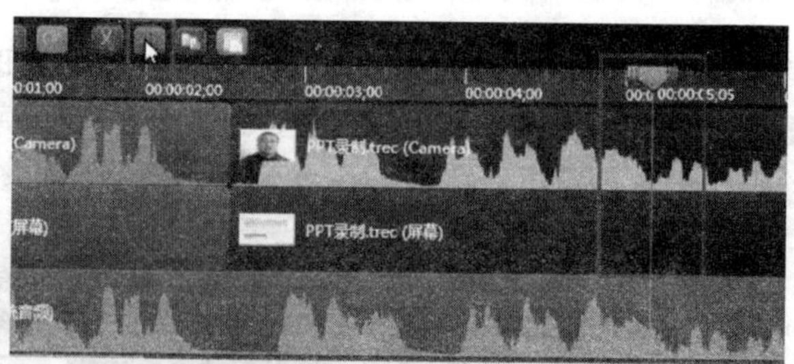

图 16-5 裁剪中间位置的主讲人屏幕和 PPT 屏幕

裁剪完成后，单击选中中间分离出来的 PPT 屏幕，按下 Delete 键直接删掉；然后点击选中中间分离出来的主讲人屏幕，在右上方的屏幕窗口中拖动主讲人屏幕到窗口的合适位置后，按住 Shift 键同时鼠标移到视频的控制点处进行等比例缩放，看到视频满屏幕窗口即可。

如果是多处需要裁剪与调整的情况下，操作方法同上面基本相同。

16.3.2　视频间的转场效果

按下键盘的空格键实时预览裁剪与调整后的视频效果，会发现视频之间的切换有些突然，此时我们应该给它们增加一个过渡效果，即转场动画“Transitions”。

回到工具栏，点击选中中间的主讲人视频后鼠标移到“Transitions”图标按钮上单击它打开，然后在转场效果里挑选任意一种切换动画后鼠标右键单击“添加到选定媒体”，如图 16-6 所示，这样就可以完成转场动画的添加了。

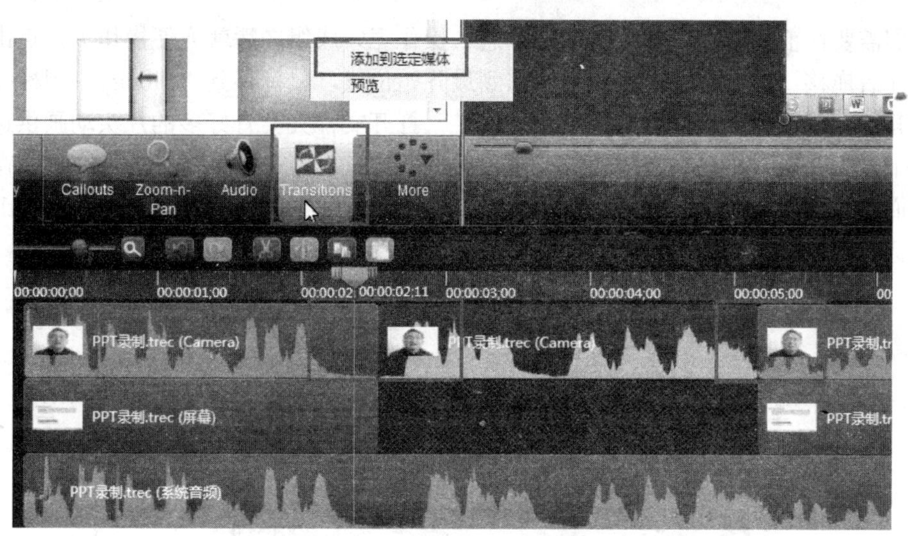

图 16-6　视频与视频之间增加转场效果

有人会问：我想要前后两个视频之间的转场效果不相同，怎么来实现呢？很简单的操作方法：单击选中同一轨道里的前后两个视频，然后点击“Transitions”图标按钮，在打开的“Transitions”里挑选中一个转场效果后直接拖动放置到同一轨道里的前后两个视频之间，松开鼠标就会发现转场动画就这样被添加进来了。想继续为后面的视频添加转场效果，其操作方法是一样的，是不是很简单啊？是的。

转场动画完成了，编辑或调整基本算是不用再作修改了，这时可以拖动左上角的时间轴水平缩放滑块，往左移进行水平缩小轨道内容；同样的在左下角的时间轴垂直缩放滑块上向左拖动到最小可以进行所有轨道高度的缩小。接着，单击选中轨道 1“系统音频”后按住 Ctrl 键分别单击选中轨道 2 和轨道 3 的全部内容，点击鼠标右键，在出现的选项列表里选择“组”单击，如图 16-7 所示，此时已经为选中的内容成了一个组。

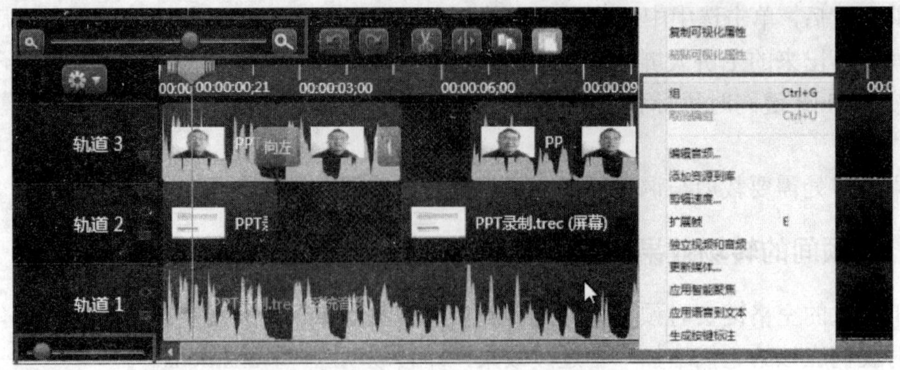

图 16-7 把轨道 1、轨道 2 和轨道 3 的内容选中组合成一个小组

16.3.3 从库中添加片头片尾动画效果

我们需要在前面添加一个片头动画，怎么操作呢？成组之后就方便操作了，点击选中该组，往后拖移一点后再把时间轴滑块移到最开始位置，鼠标移到“Library”图标按钮上单击打开它，可以看到这里面有好多个文件夹，打开文件夹会有好多的片头动画供选择，选中一个片头双击它可以在右侧的屏幕窗口中进行预览，总有一款是适合现在这个微课的或者我们还可进行修改哦！选择“Theme-Calling Lights”文件夹下的“Animated Title”片头，鼠标右键单击选择“添加到时间轴播放”，如图 16-8 所示。

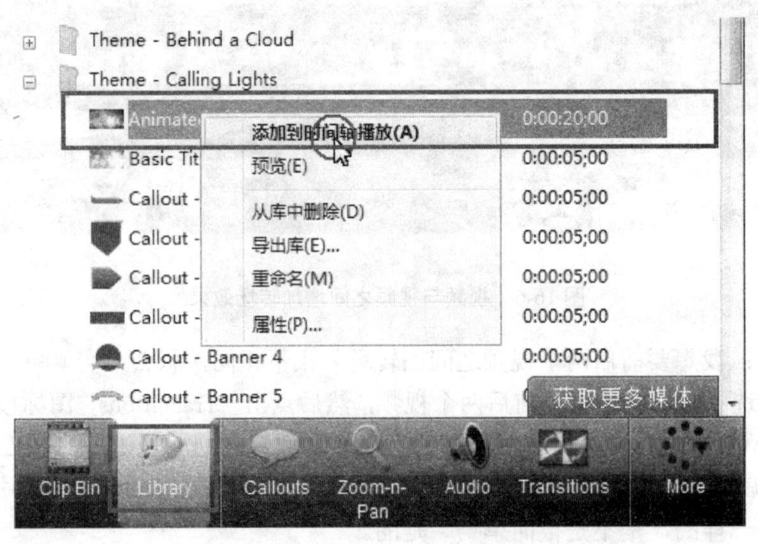

图 16-8 选择片头动画添加到时间轴

16.3.4 添加视频标注及背景音乐效果

回到工具栏，可以看到添加的片头动画其实它是一个组，点击它的左上角的“+”号显示组里的全部内容，然后双击“Text Callout 1”后进入“Callouts”选项，在“文本”的区域里输入这个微课的标题名，同时更改标题文字的颜色和字体都是可以的，字体通常选

择厚实点的，如迷你简特黑、黑体等，如图 16-9 所示。在右侧的屏幕窗口中可以观察到更改标题的效果，还可以移动标题文字放置在屏幕中的位置。

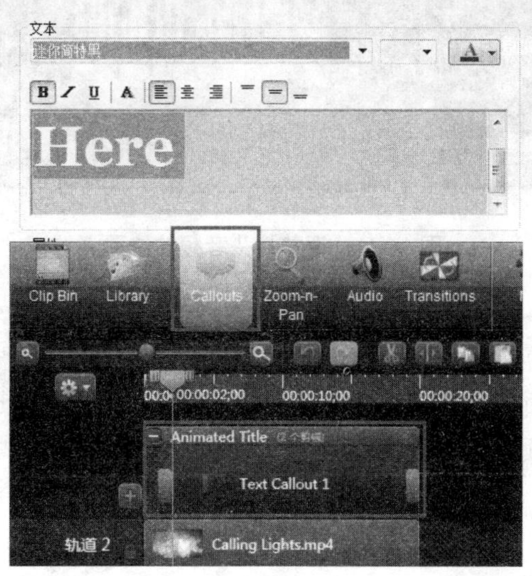

图 16-9 “Callouts”选项里输入标题名字

片头完成了，但是没有声音，我们可以在片头的时间段加入一小段音频，怎么添加呢？我们可以自己录制开头的演讲音频，点击工具栏上的“More”图标按钮，在出现的其他选项里选择“Voice Narration”后单击它进入“Voice Narration”录制界面，点击左上角的“开始录制”按钮开始录制演讲片段。注意：录制前先检查设备是否可以正常使用，包括麦克风和摄像机，系统音量和 Camtasia 程序音量同样需要注意的。录制进行中，如图 16-10 所示。再点击左上角的“停止录制”按钮结束演讲人音频的录制，接着存储录制的音频格式为 wav 格式即可。

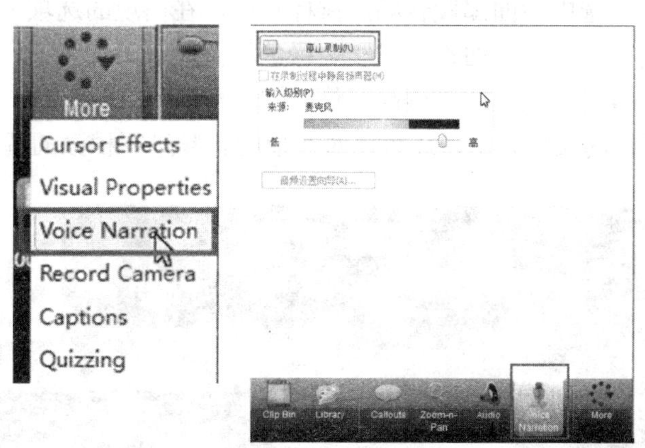

图 16-10　录制片头时间段的演讲人音频

回到工具栏，在轨道 3 里就是我们刚刚录制好的音频了，可以播放它的声音效果，还可以鼠标拖动它移到片头动画的中间位置，如图 16-11 所示。

图 16-11 调整片头音频的位置

点击“轨道 3”文字字样上方的右角处的“+”号添加轨道 4，继续点击“+”号还可以添加更多的轨道。移动鼠标到工具栏上方的“Clip Bin”图标按钮后点击，在音频处右键单击选择“导入媒体”项，打开磁盘上文件夹里准备好的一首背景音乐音频导入进来；接着选中刚导入进来的音频图标以右键点击“添加到时间轴播放”添加另一个音频到时间轴，如图 16-12 所示。

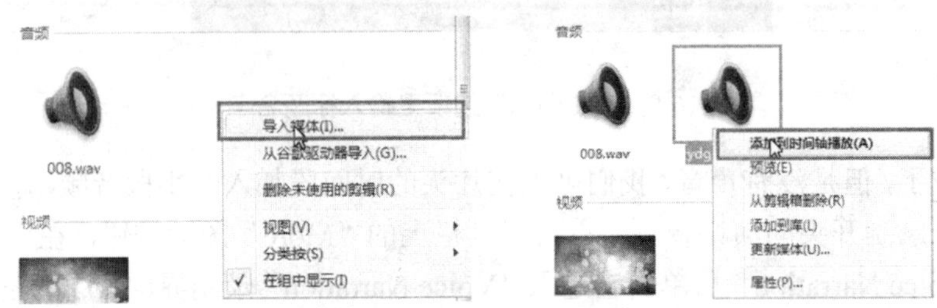

图 16-12 添加一首背景音乐

回到工具栏后，怎样对导入的音频进行编辑呢？

选中轨道 4 的音频，拖动时间滑块到片头动画的结束位置，点击“分割”按钮，裁切该音频为两段。然后，选中后面那段音频，鼠标右击，在出现的选项列表里选择“编辑音频”，此时轨道里的所有音频上面都多了一个绿色的控制框，点击该段音频上的控制框后往下压可以缩小音量或者往上拉就是调高音量，作为背景音乐就直接向下压调小音量即可，如图 16-13 所示。同样的操作方法，还可以对其他的音频进行稍微的调整。

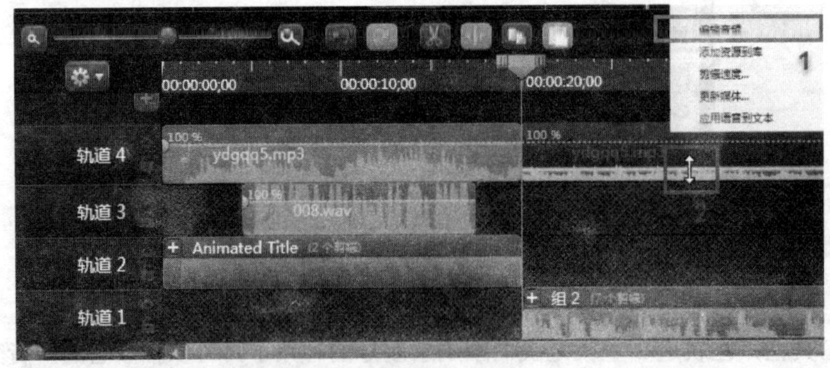

图 16-13 调节音频的音量

调整完成后，再次按下键盘上的空格键，从头开始预览一遍自己制作的这个微课效果。微课制作有的时候就是不断的修改和美化，调整到满意的效果为止。新建轨道 5，点击“Callouts”图标按钮进入添加标注选项页面，在这里可以添加多种不同的标注，那怎么添加呢？

首先，把时间轴滑块移动到需要添加标注的时间段的开始位置处，点击“形状”框右侧的“小三角形”，之后可以看到在出现的多种标注列表里有“Shapes with Text”、“Shapes”、“Sketch Motion”和“Special”四种类型的标注，如图 16-14 所示。现在想添加一个箭头来实现指引效果，可以选择“Shapes”或“Sketch Motion”类型里的箭头形状，单击“Sketch Motion”类型里的第三个箭头图标就直接的被添加进来了。然后，来到屏幕窗口中对添加进来的标注进行移动、调整大小和旋转角度，使它能很好的对 PPT 屏幕内容讲到的步骤或突出点起到指引效果。

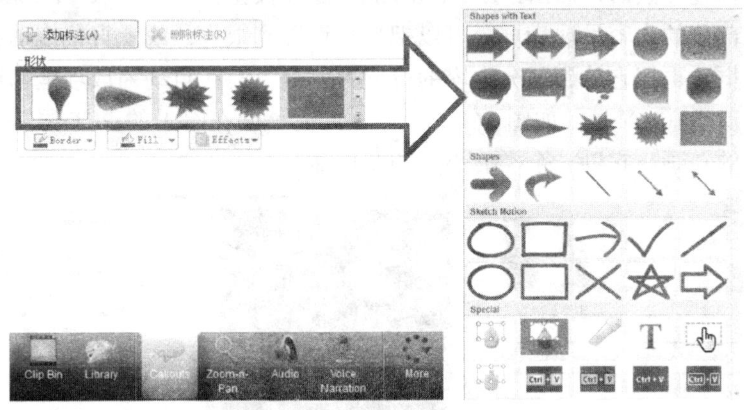

图 16-14　添加多种标注

当 PPT 屏幕内容中想对它的某个部分内容在讲解时需要强调讲解或标出重点时就可以使用“Shapes with Text”类型的标注图形，进行重点内容或重点词、疑句的提示或反问，选中文字图形后单击，添加进来。此时，可以在左侧的“Callouts”选项栏里设置图标形状的轮廓、填充和格式效果，文本编辑框里输入文字，同时可以对文字进行字体、颜色和大小等的修改。在屏幕窗口可以观察到更改的效果，如图 16-15 所示。

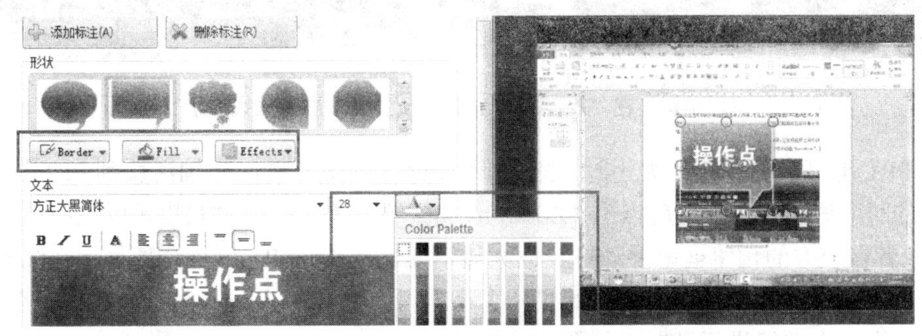

图 16-15　添加“Shapes with Text”类型的标注图形

有的时候微课内容里有提到的或者使用到的某个热键或纯文本，就可以使用“Special”类型的标注图形来进行标注，辅助这部分内容的认识。

需要注意的是在添加下一个标注时必须在前一个标注图形未被选中的状态下，同时把时间轴滑块拖移到需要标注的时间段位置。如果是前一个标注处在选中状态时，这时去添加其他的标注图形，就会是更改当前标注的形状。

PPT 屏幕内容中对这张幻灯片的内容进行放大显示，或切换到单个区域的内容啊，如果原PPT文件没有做放大显示的动画，现在我们在Camtasia里把放大某区域的效果补进来，怎么来实现它？

16.3.5 屏幕局部放大缩小功能的实现

回到工具栏，打开组 1 的内容，单击选中 PPT 屏幕，拖动时间轴滑块到需要放大显示的时间段开始位置。然后，点击“Zoom-n-Pan”图标按钮打开，进入“Zoom-n-Pan”选项栏。为了使这部分的内容呈现满屏，可以把尺寸设置到很大；或者直接拖动并缩小预览框里的显示编辑框，再把它放到部分内容的位置处就行了。在自动缩放项里勾选上“应用添加自动缩放到剪辑（A）”，如图 16-16 所示。此时就会在组 1 的 PPT 屏幕里自动生成了一个放大屏幕的动画，它以一个类似小人的图标显示。

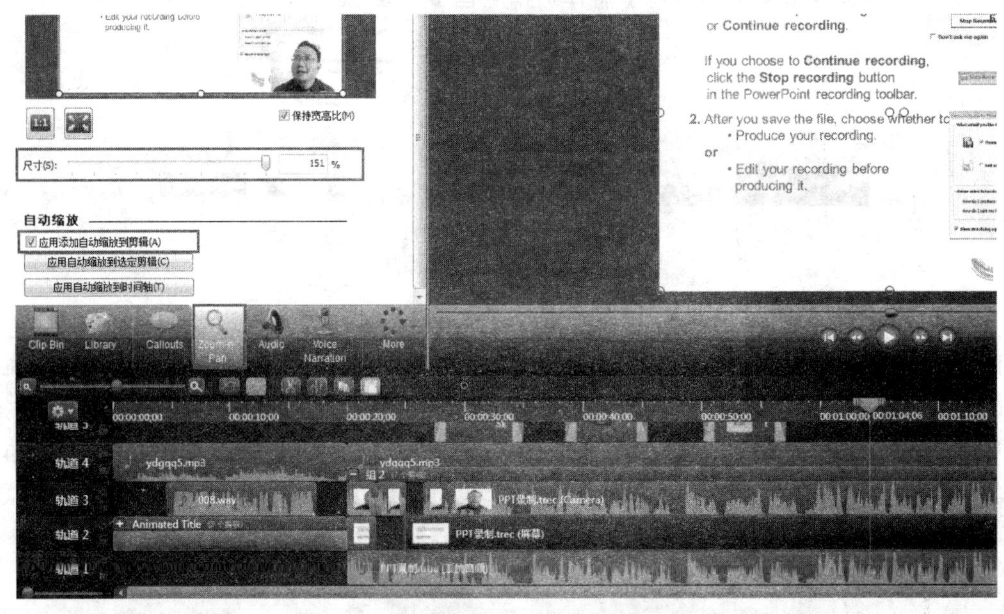

图 16-16 在“Zoom-n-Pan”选项里设置屏幕放大显示

使 PPT 屏幕恢复到原始大小时，怎么操作呢？首先，移动时间轴滑块到 PPT 屏幕的恢复屏幕的时间段位置处，然后点击“Zoom-n-Pan”选项栏的“媒体尺度，以适应整个画布”按钮；或者在上方的预览框里手动拖拉放大显示编辑框，使 PPT 屏幕全部显示在编辑框内；再或者直接在“尺寸”里设置为原始尺寸大小即可。同样的方法，接着再在后面有需要放大显示的内容上继续进行设置，如图 16-17 所示。

图 16-17　在“Zoom-n-Pan”选项里设置屏幕恢复原始大小显示

完成前面操作后，现在我们进行下一步的制作。新建轨道 6，点击“Clip Bin”图标按钮后在视频处右键单击选择“导入媒体”项，导入一个视频文件或者以前录制的视频文件进来，然后选中导入的视频文件，点击鼠标右键“添加到时间轴播放”。添加进来后可以在屏幕窗口中调整该视频的位置和它的屏幕大小，调至合适即可。

这时会发现这个视频文件的声音在这个混合式微课制作里是不需要的，而且要在视频上另外加讲解的声音和字幕，这怎么做得到啊？

16.3.6　字幕如何正确地与音频和图像相匹配

回到工具栏，我们先选中刚添加的视频，再点击“Audio”图标按钮，在选项栏里点击“静音”按钮即可去掉原先的声音了。鼠标拖动视频放置在屏幕内容的后面，与 PPT 视频刚好连接上的位置。然后，我们按照前面讲述的方法导入一个录制好的演讲音频文件，新建轨道 7 后再添加到时间轴里面来；接着把轨道 7 的音频文件的开始时间位置对齐轨道 6 的视频文件；最后，在 Word 文档里或记事本里拷贝字幕文字，返回到 Camtasia 程序的工具栏，把时间轴滑块定在它们的开始位置处，单击“Captions”图标按钮，进入字幕选项栏后可以先设置字幕字体和大小，再点击输入字幕的空白框，按下 Ctrl+V 粘贴字幕文本进来或者点击右键“Paste”，如图 16-18 所示。此时屏幕窗口的下方就出现了字幕文字。

现在我们需要做的是让字幕与音频同步，怎么操作法呢？在操作之前需要记住一点，就是当你听到最后一个字的时候就要点击该字的后一格位置，而且每段落的文字保持在一行或相同字数就可以了，通常就每段一行显示就行了。

在“Captions”选项栏里点击“Advanced”项里的“Sync captions”同步按钮，同步就是将文字与声音同步出现。

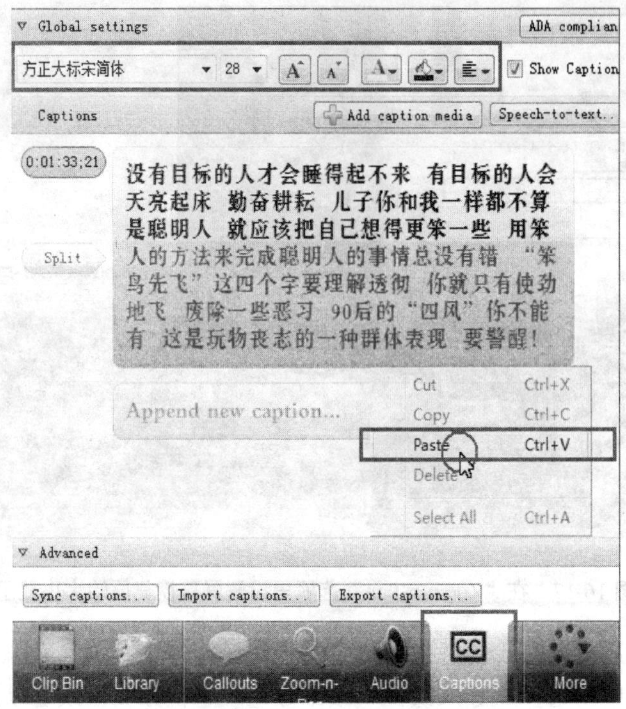

图 16-18 添加字幕文本

弹出对话框后直接点击“Continue”按钮。开始进行同步操作了，要同时进行：当看到字幕文本的字数或可以作一段文字时，与听到的这段文字的最后一字时就点击该文字的后面，以此同样的点击操作至音频和字幕结束，如图 16-19 所示。要能很准确地一次性成功同步音频字幕至少需要练习两遍以上，反复练习掌握就会加快速度。

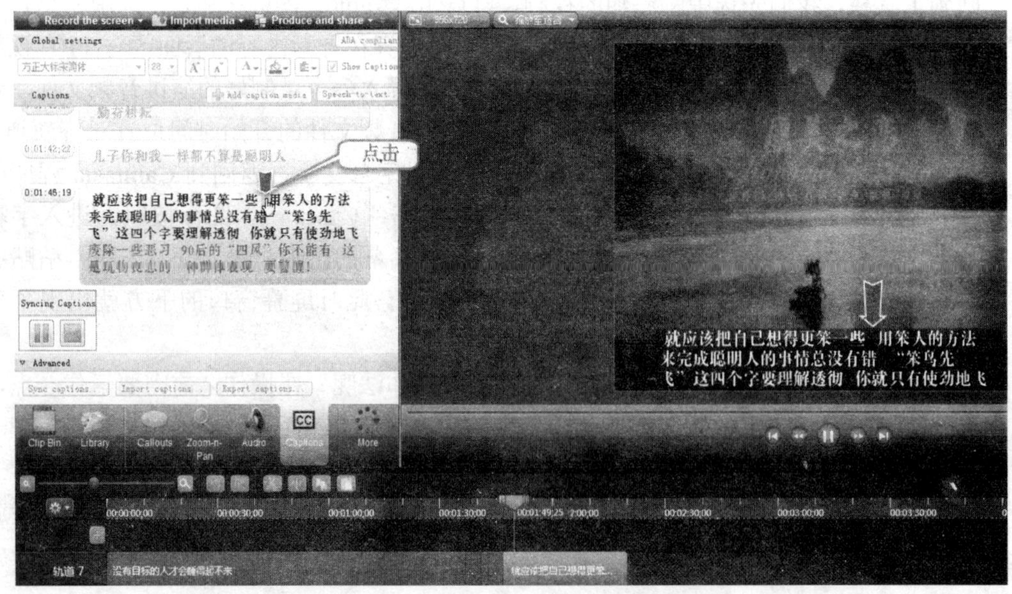

图 16-19 同步音频与字幕的操作

完成同步操作后，按下键盘空格键，预览刚制作的效果。会发现字幕的第一段是从一开始就出来了，这怎么得了，我们需要调整下。回到工具栏，点击选中第一段字幕文字，拖动它的开始位置回到与音频的开始位置处并对齐，因为程序默认了字幕的开始播放时间是整个时间轴的开始播放时间，我们调整后就可以了。

字幕同步完成后还可以作修改吗？可以的。“Captions”选项栏里可以改变字体、字体颜色和大小等，还可以把同步完成的字幕导出来另存储，都是可以的。不过最好是在做同步字幕之前先修改或调整好了再进行同步操作会好些。

注意，字幕完成后，第一句和最后一句的文字字幕往往超出了视频或音频的范畴，此时要把字幕的第一块左边和最后一块的右边拖到适合位置，相当于裁剪。这样字幕同步就完成了。

16.3.7　混搭式微课的输出与格式转换

最后一步，我们来为整个制作添加一个片尾效果，让整个微课有始有终的动画呈现，头尾相呼应的效果。最简单的方法就是直接拷贝片头动画，然后粘贴到视频的结束时间位置的后面，如图 16-20 所示。

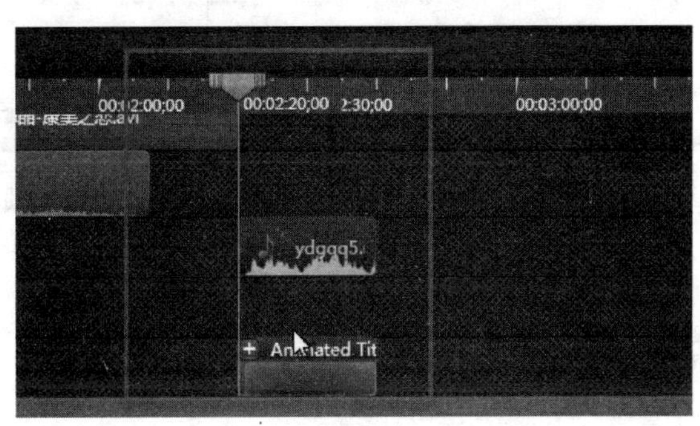

图 16-20　粘贴片头动画为片尾动画并放置到视频结束时间位置的后面

这时我们需要进行修改下片尾动画的文本，可以更改原标题文字为“天道酬勤”等感谢或结束的文字。片尾动画播放的时长修改短些，保留在十秒左右就可以了，选中片头动画后按住 Ctrl 键加选片头的背景音乐，然后移动鼠标至时间结束处当鼠标变成两头箭头时按下鼠标住左移动，缩小播放时间为合适时间后松开鼠标就可以了。

已经算是全部制作完成了，再次按下空格键从头到尾预览一遍制作完成的效果。当效果满意了，没有需要再作修改的时候，我们点击菜单栏下的“Produce and share”选项按钮，在弹出的“生成向导”对话框里选择“自定义生成设置”项，点击“下一步”按钮，如图 16-21 所示。

在生成格式里可以生成为 MP4-智能播放器（Flash/HTML5）、WMV-Windows Media 视频、MOV-QuickTime 视频、AVI-音频视频交错视频文件、M4V-iPod，iPhone 和 iTunes 兼容视频、MP3-仅音频和 GIF-动画文件的格式文件。现在我们选择“AVI-音频视频交错视频文件”即可，点击“下一步”后弹出提示信息，这个可以不用管它“确定”后继续“下一步”，在这里可以保留默认再继续“下一步”操作，最后在“输出文件”里输入项目名称和选择保存路径，点击“完成”按钮，就可以开始进行转换了，如图 16-22 所示。

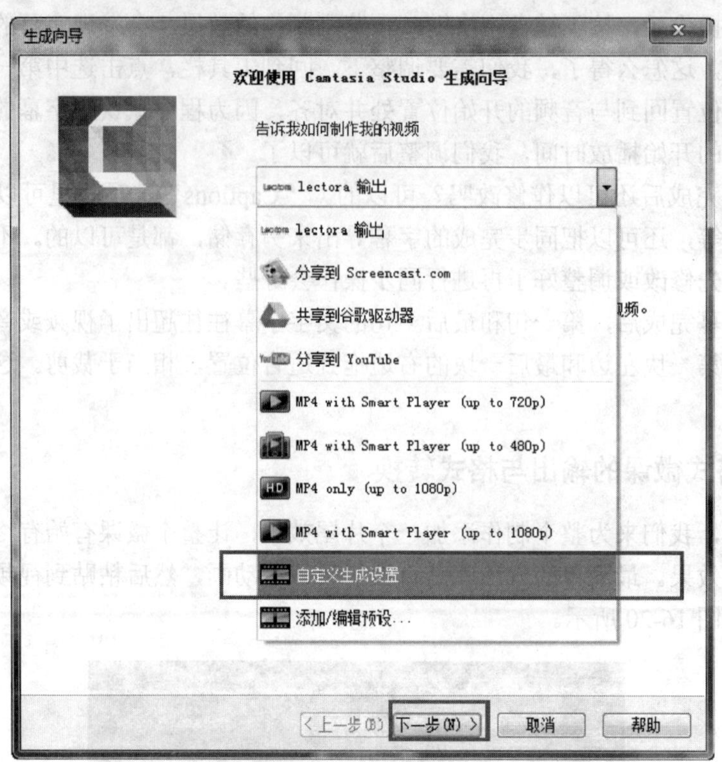

图 16-21 按下下拉列表后选择“自定义生成设置”项

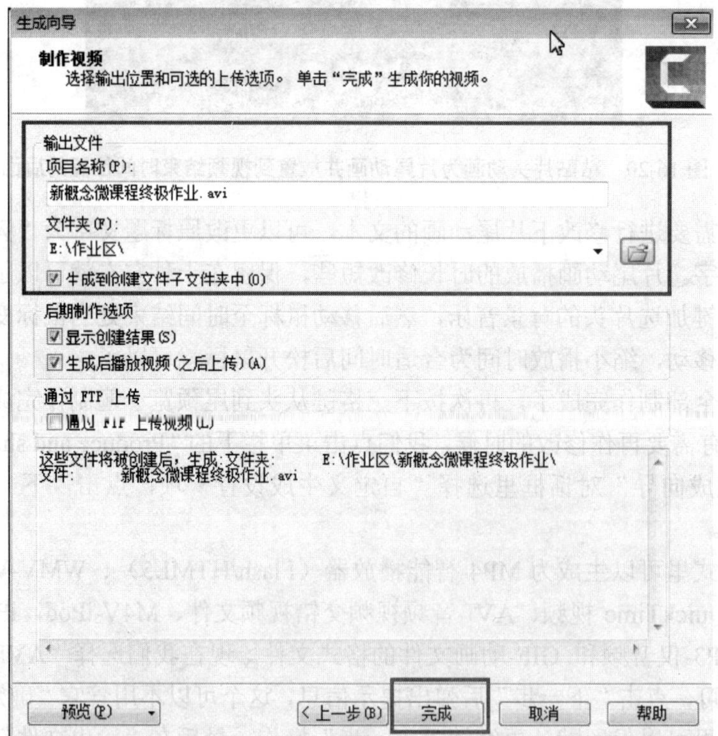

图 16-22 设置输出选项后点击“完成”按钮开始进行视频转换

第 17 章　PPT 演示的看图说话与 App 微课设计制作视频

17.1　PPT 演示的看图说话

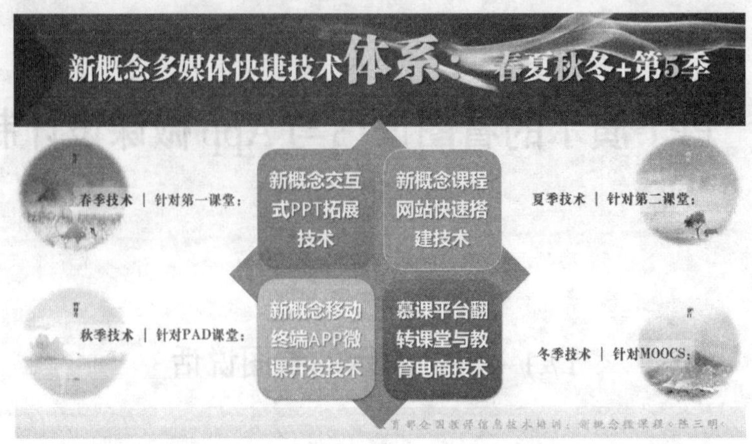
新概念多媒体快捷技术体系：春夏秋冬+第5季
春季技术 | 针对第一课堂：
新概念交互式PPT拓展技术
新概念课程网站快速搭建技术
夏季技术 | 针对第二课堂：
秋季技术 | 针对PAD课堂：
新概念移动终端APP微课开发技术
慕课平台翻转课堂与教育电商技术
冬季技术 | 针对MOOCS：

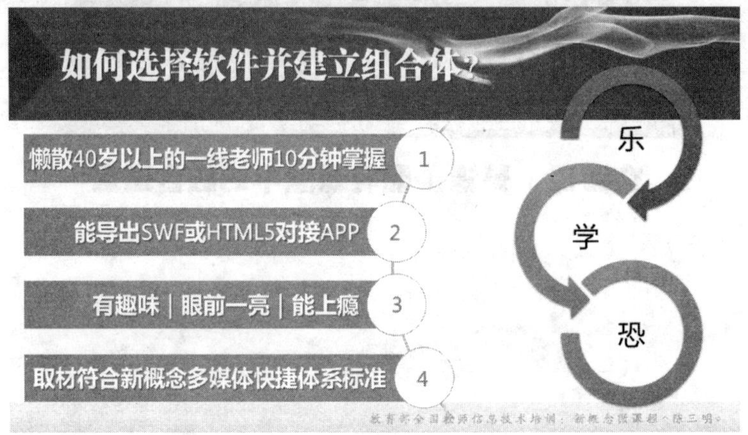
如何选择软件并建立组合体？
懒散40岁以上的一线老师10分钟掌握 1
能导出SWF或HTML5对接APP 2
有趣味 | 眼前一亮 | 能上瘾 3
取材符合新概念多媒体快捷体系标准 4
乐
学
恐

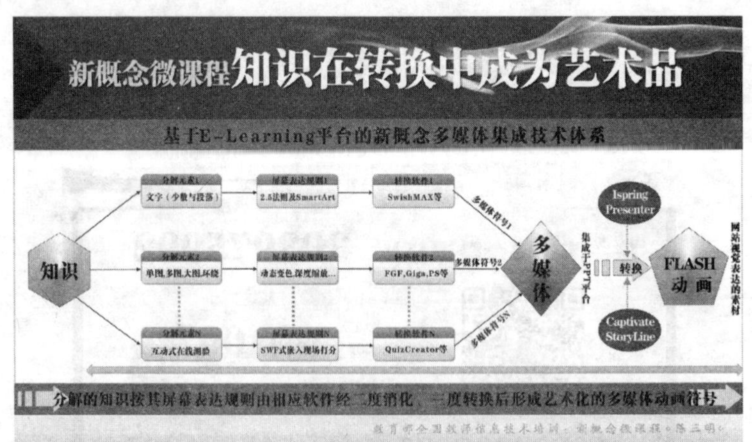
新概念微课程知识在转换中成为艺术品
基于E-Learning平台的新概念多媒体集成技术体系
知识
分解元素1
文字（少数与段落）
屏幕表达规则1
2.5法则及SmartArt
转换软件1
SwishMAX等
多媒体符号1
分解元素2
单图,多图,大图,环绕
屏幕表达规则2
动态变色,深度缩放…
转换软件2
FGF,Giga,PS等
多媒体符号2
分解元素N
互动式在线测验
屏幕表达规则N
SWF式嵌入现场打分
转换软件N
QuizCreator等
多媒体符号N
多媒体
集成于PPT平台
Ispring Presenter
转换
Captivate StoryLine
FLASH 动画
网站视觉表达的素材
分解的知识按其屏幕表达规则由相应软件经二度消化、三度转换后形成艺术化的多媒体动画符号

新概念微课程
事倍功半？事半功倍？
三度转换成APP微课知识艺术品，建立客户端
打乱章节顺序，找出干货做足“点”功，培养跳跃思维，完成微课群
初级转换
知识不只是收集而要转化一度收集二度消化三度转换
画龙点睛？画蛇添足？

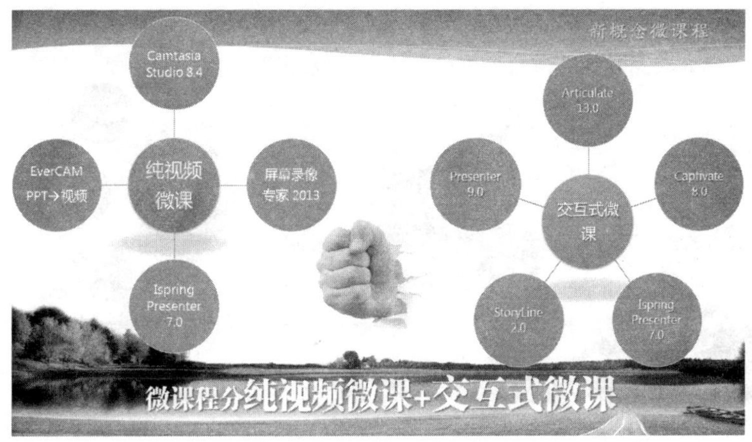
新概念微课程
Camtasia Studio 8.4
EverCAM PPT→视频
纯视频微课
屏幕录像专家 2013
Ispring Presenter 7.0
Articulate 13.0
Presenter 9.0
Captivate 8.0
交互式微课
StoryLine 2.0
Ispring Presenter 7.0
微课程分纯视频微课+交互式微课

新概念多媒体快捷技术体系简表
春 夏 秋 冬
第一课堂
翻转课堂
正
静
动
反
第二课堂
移动课堂

弄清楚关系后才能发现规律少走弯路

慕课是泛学平台，需要行政认可及认证的团队教学行为

微课是具体内容，分交互式与视频式，是教师个体行为

翻转课堂是形式，有了微课内容才能在慕课平台中实现

教育部全国教师信息技术培训：新概念微课程·陈三明

新概念微课程

认知大数据时代的网众世界

云

云存贮

云计算

云协同

端

新闻客户端

微信与微博

APP全息端

电子货币端

雾

物联网，智能，无线，近感，精定位，自识别

简单的技术练到秒杀的地步=核心竞争力
+大规模快速推广
列出自己的优势与劣势
趋势在哪
喜欢什么
潜心修炼差异化优势点
培养什么
尝试什么
差异化生存，符合时代发展的兴趣决定人生

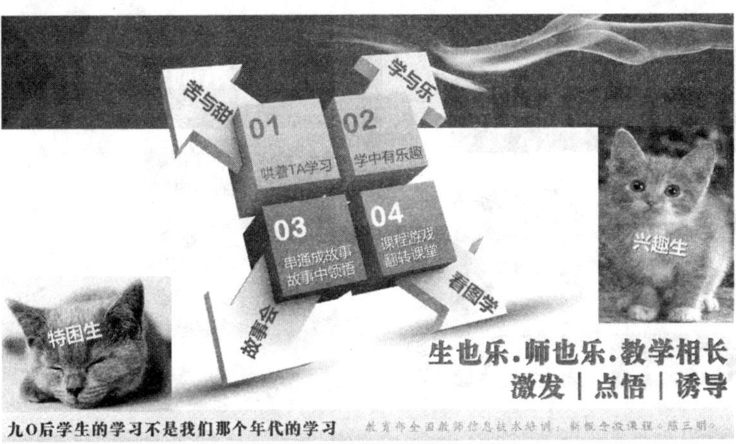
苦与甜
学与乐
01
哄着TA学习
02
学中有乐趣
03
串通成故事
故事中领悟
04
课程游戏
翻转课堂
看图学
故事会
兴趣生
特困生
生也乐.师也乐.教学相长
激发 | 点悟 | 诱导
九O后学生的学习不是我们那个年代的学习

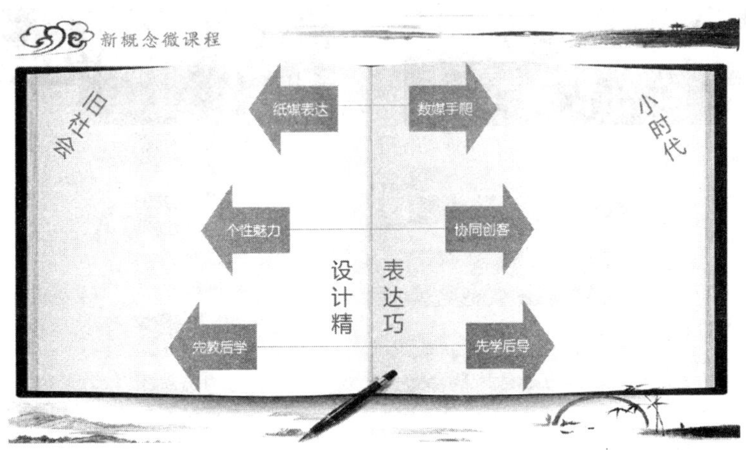
新概念微课程
旧社会
小时代
纸媒表达
数媒手爬
个性魅力
协同创客
完教后学
先学后导
设计精
表达巧

新概念微课程
03
新套路
04
新视界
新
概
01
新时代
02
新媒体

微课是做“点”工
做课程“干货”诠释
难点
易混点
疑点
易考点
重点
知识点

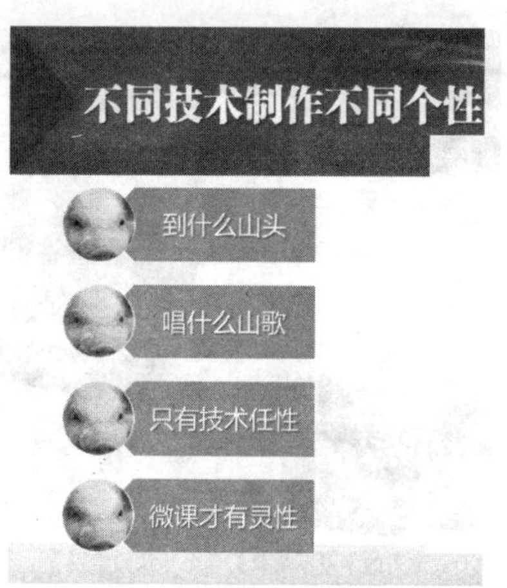
不同技术制作不同个性
到什么山头
唱什么山歌
只有技术任性
微课才有灵性

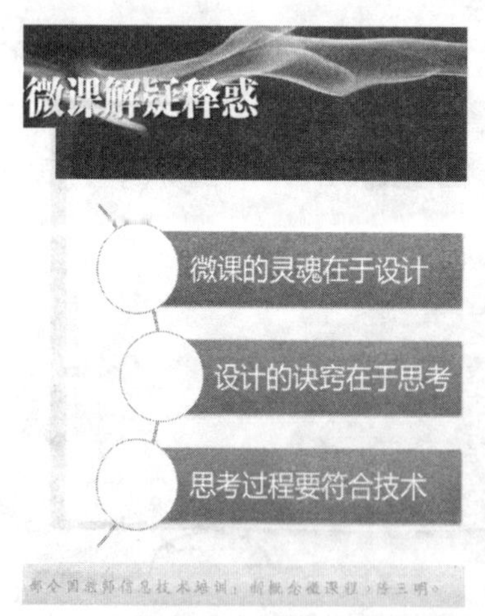
微课解疑释惑
微课的灵魂在于设计
设计的诀窍在于思考
思考过程要符合技术

视频+动画融合型微课
有设计
有技术
有内涵
有要点
精微课

动作分解型交互式微课

团队协作
精致小巧
慢慢积累
获得成就

不做无教学设计的微课

让学生眼前一亮
不让他眼前一黑

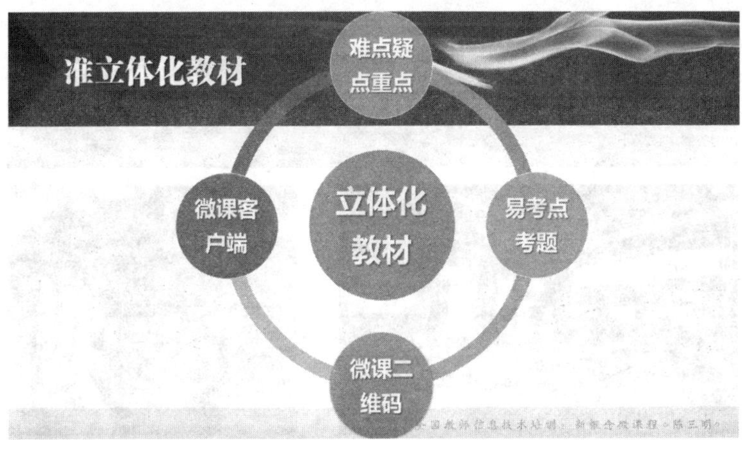

实训课程游戏带动技能学科的游戏化学科开发

技能点
APP微课

奖惩机制
用慕币

实训课程游戏

教育部全国教师信息技术培训：新概念微课程·陈三明。

虚拟现实沉浸式学习体验馆+穿戴式智能学习工具

教育部全国教师信息技术培训：新概念微课程·陈三明。

转化产生价值

信息互不对称的情况下，展示最为重要！

信息充分了解的情况下，内涵最为重要！

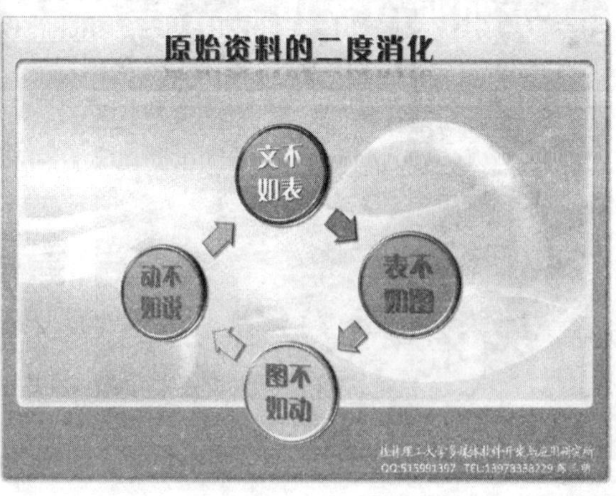

认知科学：知识视觉传达的集成创新

自然科学
认知科学
社会科学

埋头赶路，更要抬头看天，多结识大师级人物

原始创新需要国家层面的团队支持，难有作为

集成创新(二次创新)需要新理念新技术，有所为

找趋势和风向标，再埋头不停留地赶路

人生的正确定位比勤奋努力更重要

知识经二度消化三度转换后=多媒体艺术品

同样一堆植物，牛可以很强壮，人可以享受美味，**升值**在于转化。

厨师替代牛的多个胃

教师即是知识的厨师

微课认识的误区
微课是传统大课的分段分节
微课的时间尺度只能十分钟
微课是电教工作人员的事情
微课拍课堂的全部教学过程
短小精悍有趣
教师成为主体
难点疑点剖析
视频时间定长
电教拍摄全程
传统大课分解
时间尺度问题
时间控制大于3分钟小于10分钟！
以PPT为主体背景音乐不可或缺
剪辑网上资源加上互动效果导出
导演与演员的问题
1. 整个教学过程呈现并非微课
2. 演员是教师学生电教是辅助
3. 故事要有跌宕起伏情节设计
主体与辅助的问题
无法替代主体课程讲解
课外补充作业作为调节
并非所有过程都要微课
教育部全国教师信息技术培训：新概念微课程 · 陈三明

微课程的麻雀论：小而全+短而精
有故事纠结吗？
有互动测验吗？
有讲练结合吗？
有启承转合吗？
有做的必要吗？
教师是知识的大导演
亲，陈博士的新概念微课程从哪下手？好吃吗？
教育部全国教师信息技术培训：新概念微课程 · 陈三明

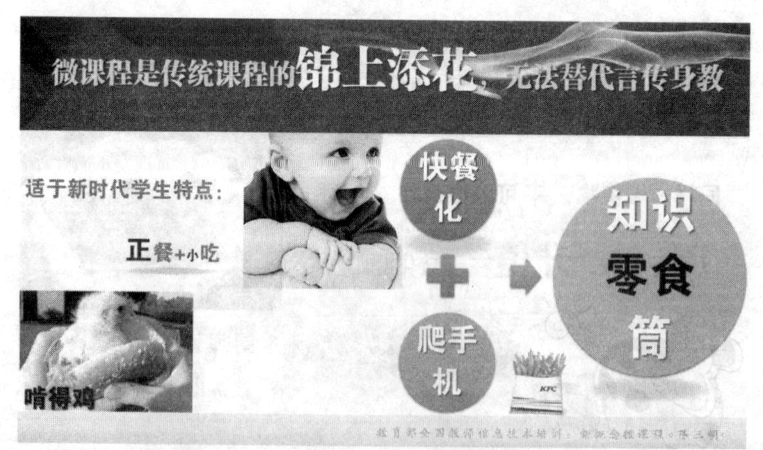
微课程是传统课程的锦上添花，无法替代言传身教
适于新时代学生特点：
正餐+小吃
快餐化
爬手机
知识零食筒
啃得鸡
KFC
教育部全国教师信息技术培训：新概念微课程 · 陈三明

所有学科都适于制作微课程，是真的吗？

学科的特点决定微课程的表达方式

表演类的课程——视频展示式[文科] —— FLV流媒体

探索类的课程——互动交互式[理科] ——网页或EXE

混合类的课程——混搭交错式[兼容] ——网页或APP

教育部全国教师信息技术培训：新概念微课程·陈三明。

视频式微课程体现点：故事包袱要勾起探究欲

不要骂学生：笨得像头牛？

否则真成牛人：一言九顶！

探索是人类的本性

只要让牛口很渴

展示型微课程

讲故事一定有包袱

不要按牛头喝水

原来如此

反向思维，纠结布局

走两步退半步

教育部全国教师信息技术培训：新概念微课程·陈三明。

微课程提交或分享的方式
视频累着电教们，交互累着教师们
视频式微课
音视频输出
视频的录制、下载、编辑、配音、效果、合成、流媒体、格式FLV
交互式微课
网页或EXE
优质精美PPT制作、加入互动要素、导出SWF格式或EXE、移动APP
教育部全国教师信息技术培训：新概念微课程·陈三明·

新概念微课程
我在某试验试点市的做法
“知识点微课程异构工程”
研究与实践

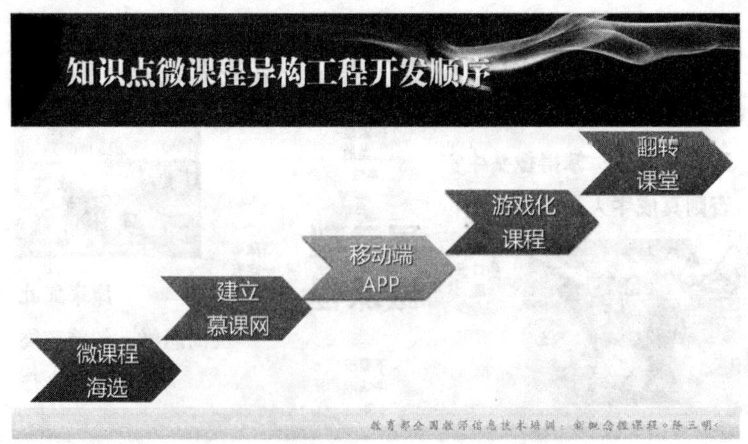
知识点微课程异构工程开发顺序
微课程海选
建立慕课网
移动端APP
游戏化课程
翻转课堂
教育部全国教师信息技术培训：新概念微课程·陈三明·

知识点 | 难点 | 疑点 | 易混点 | 常考点
五步教学法
教学反问
为什么？这是真的吗？结出结果
教程步进
怎么来的呢？步进教程剖析过程
剖析动画
可借鉴外来资源以动画继续剖析
测验在线
在线测验查看反馈结果掌握如何
拓展总结
老师总结学生抽练布置拓展作业
信息技术培训：新概念微课程·陈三明

新概念微课程
翻转课堂实现
网上事半功倍
0%
20%
40%
60%
80%
100%
幕课时代教育均衡化
对老师水平要求更高
微课APP
比赛海选
异构微课
交叉凝练
找知识点
下面做足功课

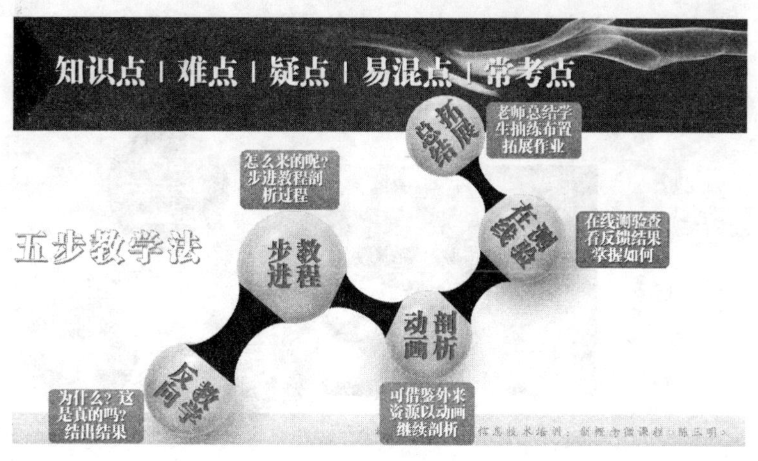

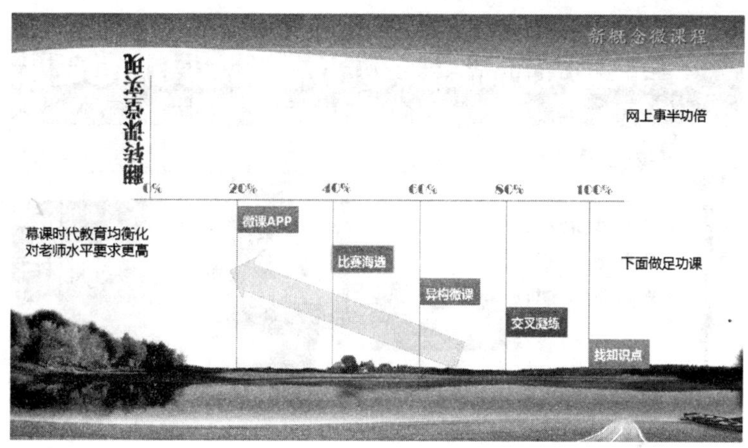

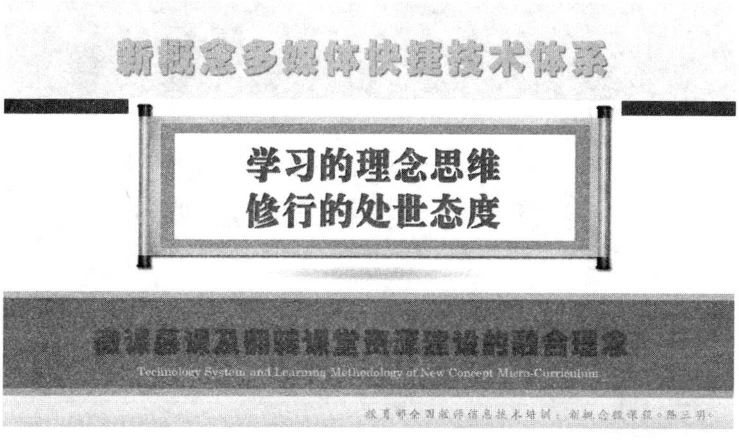

新概念多媒体快捷技术体系
学习的理念思维
修行的处世态度
微课慕课及翻转课堂资源建设的融合理念
Technology System and Learning Methodology of New Concept Micro-Curriculum
教育部全国教师信息技术培训：新概念微课程·陈三明

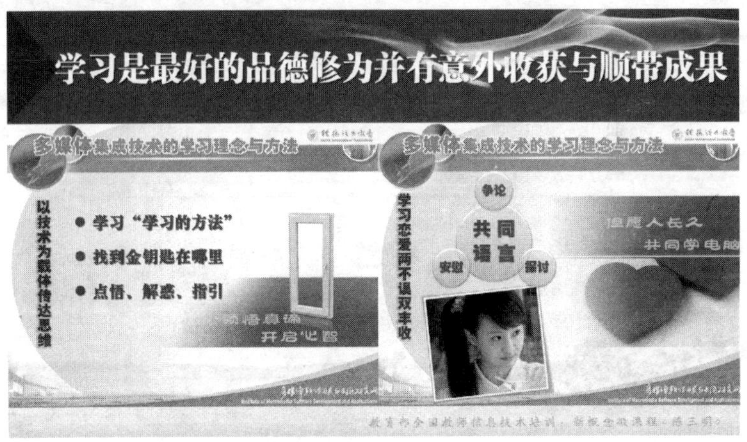

新概念多媒体快捷技术体系

学习是一种修行新常态
教书是一种执着的信仰

微课慕课及翻转课堂资源建设的融合理念

Technology System and Learning Methodology of New Concept Micro-Curriculum

教育部全国教师信息技术培训：新概念微课程 ·陈三明·

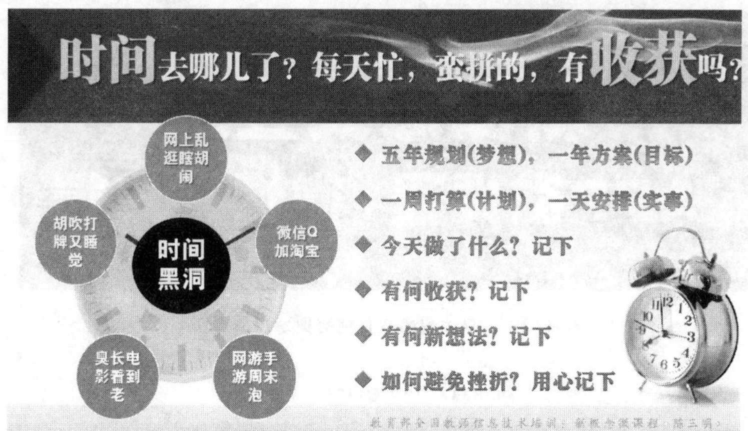

学软件的良好业余习惯有助于健康长寿

当您心情烦闷的时候，新概念多媒体能让您在虚拟的世界里与电脑谈心，忘却烦恼，身心投入，琢磨而成艺术品，浑然天成，忽地心境豁然开朗。

当您心情高兴的时候，新概念多媒体能让您废寝忘食，物我两忘，沉浸其中，潜心修炼，心系当下，快乐由此而生。

新概念多媒体是您生活的一部分，当您视教育为信仰的时候，无所畏惧，定胜乾坤

教育部全国教师信息技术培训：新概念微课程·陈三明

桂林理工大學多媒體軟件開發與應用研究所
陳 三 明
13978338229 | QQ515991397

17.2　App 微课设计制作视频

App 微课设计与制作简介

图形图像处理软件和 3D Page Filp Professional 软件讲解

Focusky 软件讲解

在线测试软件讲解

App 封装技术讲解

App 微课设计与制作后记

南开大学出版社网址：http://www.nkup.com.cn

投稿电话及邮箱： 022-23504636　QQ：1760493289
QQ：2046170045(对外合作)
邮购部： 022-23507092
发行部： 022-23508339　Fax：022-23508542

南开教育云：http://www.nkcloud.net

App：南开书店 app

南开教育云由南开大学出版社、国家数字出版基地、天津市多媒体教育技术研究会共同开发，主要包括数字出版、数字书店、数字图书馆、数字课堂及数字虚拟校园等内容平台。数字书店提供图书、电子音像产品的在线销售；虚拟校园提供 360 校园实景；数字课堂提供网络多媒体课程及课件、远程双向互动教室和网络会议系统。在线购书可免费使用学习平台，视频教室等扩展功能。